Franziska Ehmcke (Hrsg.)

野村享賢 KOKEN NOMURA

Einheit ist Vielfalt / Unity is Diversity
統一性から生まれる多様性

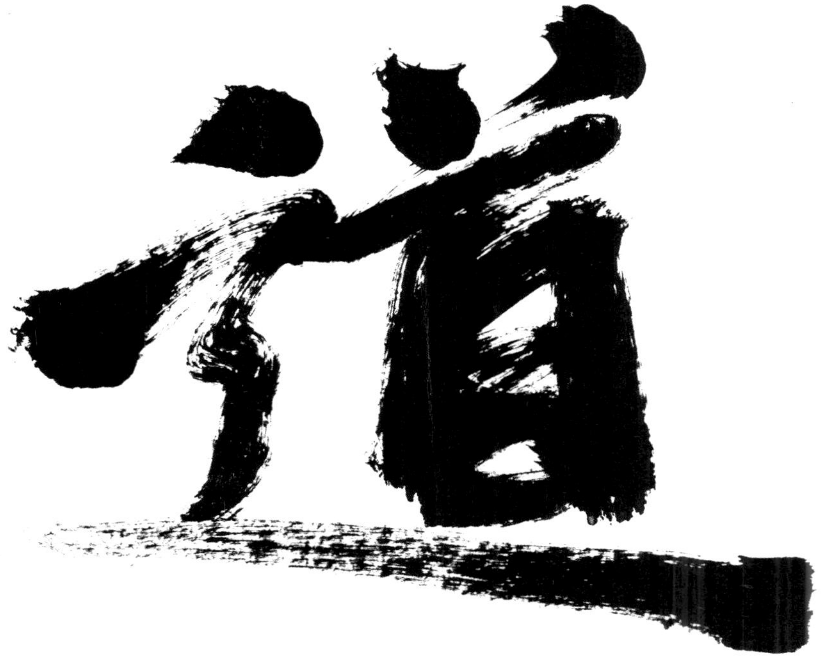

Franziska Ehmcke

Einheit ist Vielfalt
Koken Nomura – Kunstschaffender, Denker und Lebenskünstler

Koken Nomura (1948–2021) wuchs zwischen Reisfeldern am Rande der Kleinstadt Takefu (heute Echizenshi) auf. Daran schloss sich ein Studium mit Abschluss als Elektroingenieur in der Großstadt Yokohama an. In seiner Kindheit und Jugend prägten ihn Natur und Elektrotechnik. Hier zeigt sich bereits ein Motiv, dass sich durch sein ganzes Leben ziehen sollte: die Verbindung von auf den ersten Blick gegensätzlich erscheinenden Lebensbereichen.

Schon in der Jugend war er auf der Suche nach Unabhängigkeit von gesellschaftlichen Vorgaben oder Zwängen. Daher beschloss er nach Abschluss des Studiums 1972 nicht sofort in eine Firma einzutreten, sondern nach Deutschland zu fahren. Hier begegnete er nach einigen Jahren der modernen Kunst und absolvierte von 1980 bis 1987 das Studium der Freien Bildhauerei an der Fachhochschule Köln, Kunst & Design.

Seit meiner Begegnung mit moderner Kunst bewegt mich die Frage, nicht nur wie ich in der Natur lebe, sondern was meine Existenz in ihr bedeutet. Diese Gedanken fließen dann in meine Kunst ein.

In seiner Kunst war es ihm wichtig, unabhängig von Moden und den Trends des Kunstmarkts zu sein. So suchte er immer von Neuem seine eigenen Ausdrucksweisen. Aus diesem Grund wirken seine Kunstwerke auf den ersten Blick sehr unterschiedlich.

Um in Deutschland als Künstler zu bestehen, musste er die Verbindung von zeitgenössischer Kunst und seinen japanischen Wurzeln leisten. Er stand voll im deutschen bzw. westlichen Kunstbetrieb, ohne die in ihm veranlagten japanischen Perspektiven zu leugnen. Die kulturellen und spirituellen Traditionen seines Heimatlandes bezog er wie selbstverständlich in sein Schaffen ein. Dabei wollte er aber keineswegs kulturelle Klischees bedienen; sein Ziel war vielmehr eine universelle Bildsprache. Seine Werke sind jedem zugänglich, ganz unabhängig davon, ob man sich jemals mit der japanischen Kultur beschäftigt hat oder nicht.

Dadurch, dass ich in zwei Kulturen lebe – der asiatischen und der europäischen – erweitern sich meine Lebensweise und meine Gedanken, werden flexibler. Beide Kulturen bestehen für sich und erzeugen in mir eine Spannung, die schöpferisch wird.

Kreativität hieß für ihn Wandel und Herausforderung. Er suchte ständig nach neuen Materialien, Themen, Herangehensweisen und Ausdrucksmöglichkeiten. Sein Gesamtwerk umfasst Plastische Arbeiten, Installationen, Arbeiten auf Papier, Fotografie und Gedichte.

Im Frühwerk kreisten Nomuras Werke vor allem um die Thematik »Familie«, »Geburt« und »Woher wohin«. Später erweiterte er das Spektrum auf die Themen »Mitwelt (Umwelt)«. Das Thema »Mensch und Natur« durchzieht wie ein roter Faden seine künstlerische Tätigkeit von den skulpturalen Anfängen bis zur Fotografie.

Er selbst sagte, dass er sich in seinen Arbeiten mit folgenden Fragen beschäftige: das Leben, die Beziehung zwischen Mensch und Natur, die zunehmende Zerstörung unserer Umwelt und gesellschaftliche Probleme. Er sprach stets von »Mitwelt«, weil in diesem Wort die Natur gleichberechtigt mit dem Menschen ist.

Neben der physisch-konkreten war ihm die geistig-spirituelle Dimension des Menschenlebens – unabhängig von einer bestimmten Religion oder Weltanschauung – wichtig.

Zunächst entstanden plastische Arbeiten vorwiegend aus Holz. Schon früh folgte Nomura überdies seiner Überzeugung, dass alle Dinge eine eigene Ästhetik besitzen, man muss sie nur sehen. Dabei ist mit Ästhetik nicht das Dekorative, Gefällige gemeint, sondern eine eigene Wahrheit oder Schönheit. Das führte dazu, dass er auch ungewöhnliche Materialien verwendete: Olivenkerne, Katzenfutterdosen, Zeitschriften- und Werbeflyer-Papiere, Zahnbürsten und Fundstücke.

Eine große Inspirationsquelle war für Nomura die Lyrik. So schuf er zum Beispiel die beeindruckenden »Lyrik-Wasserfälle« und andere Installationen mit deutschen und japanischen Gedichten und dichtete auch selbst Haiku und Tanka.

Wenige Monate vor seinem Tod sagte er über seinen künstlerischen Werdegang:

Mein künstlerisches Leitmotiv sind die Fragen: Was bedeutet das Leben? Wozu lebt man? Diese Fragen begleiteten mich mein Leben lang. Aber das eigene Leben existiert nicht isoliert, sondern hängt immer mit Menschen, Tieren, der Natur, der Erde, dem Kosmos zusammen und alle sind ineinander verwoben, so dass unser Leben sehr komplex und vielfältig ist. Deshalb es ist nicht einfach, darauf eine umfassende Antwort zu erhalten.

Um mich der Antwort nach dem Leben stückchenweise zu nähern, habe ich Aspekte des Lebens als Titel genommen und in plastische Formen umgesetzt. Zum Beispiel »Schöpfung«, »Ein Mensch ist ein Kosmos«, »Woher wohin«, »Die Geburt«, »Kraft des Sonnengeflechts«, »Zen-Meditation«, »Wege«, »Die Familie« usw. Diese Skulpturen waren leicht abstrahiert, aber noch gegenständlich. Später gingen die Skulpturen in vollständige Abstraktion über und parallel dazu habe ich auch Installationen mit mehrteiligen ungegenständlichen Skulpturen angefangen. Trotzdem hat sich inhaltlich nichts geändert. Das war die erste Phase.

Die zweite Phase begann damit, dass ich nach anderen Ausdrucksmitteln mit anderem Material gesucht habe. Gefunden habe ich das Material »Wegwerf-Papier«. Als ich noch mit Papier-Ringen experimentierte und ein Konzept suchte, erschien mir, dass diese »Tausend Sonnen« als Ausdrucksmittel für eine Installation gegen das Nachwirken des Atomunfalls in Tschernobyl im Jahr 1986 geeignet seien.

Mein Konzept war zunächst, dass ein paar Hundert Menschen ihre individuell gestalteten Papierringe bringen, um sie gemeinsam an die Wand zu hängen und eine große Fläche zu bilden. Dadurch würden viele individuelle Herz-Sonnen zusammen strahlen und eine starke, intensive Gemeinschaft dem Atomunfall entgegensetzen. Dieser Plan ist gescheitert, weil Zeit, Geduld und Ausdauer notwendig sind, um einen einzigen Papierring herzustellen. Aber bei jeder neuen Installationsgelegenheit habe ich die Falttechnik interessierten Menschen gezeigt. Obwohl schlussendlich keiner an der Arbeit mitgewirkt hat, haben doch viele zu Hause selber Ringe gefaltet, wodurch sich die Idee weiterverbreitet hat.

Ich wollte diese Idee nicht aufgeben und habe sie allein weitergeführt. So entstanden meine verschiedenen Installationsarbeiten »Tausend Sonnen«. Die Installationen bestehen jeweils aus mehreren Hundert gefalteten Papierringen. Und bei jeder Ausstellungseröffnung habe ich die Papierfalttechnik vorgeführt. Ich denke, dass Papier-Sonnen in vielen Wohnungen strahlen.

Durch diese Installationen war ich mit dem jeweiligen Raumcharakter intensiv konfrontiert. Für die Kunst sind leere Räume oder Flächen von großer Bedeutung. Die Kunst lebt von Raum, Licht und dem Betrachter. Ohne Raum können Kunstwerke nicht ausgestellt werden. Ohne Licht kann die Form, die Farbe nicht erkannt werden. Ohne Betrachter kann eine geistige Auseinandersetzung mit der Kunst nicht stattfinden.

Der chinesische Meister Laozi (6. Jh. v. Chr.), der als Begründer des Daoismus gilt, hat über die Bedeutung von Leerräumen, ob groß oder klein, sinngemäß gesagt: Eine Keramikschale hat einen leeren Raum, deshalb ist die Schale nützlich. Jedes Haus hat leere Räume, so dass man in Zimmern leben und sie gestalten kann.

Normalerweise denkt man, dass nur fassbare Dinge wichtig sind. Aber ohne leere Räume gibt es kein Leben. Alle Lebewesen haben in ihren Körpern Hohlräume und außerhalb des Körpers Leerräume. Die Erde und der Kosmos können ohne leere Räume nicht existieren. Daher wurden parallel zu meinen Kreationen Räume immer wichtiger in meiner Kunst.

Seit 2003 arbeitete ich überdies intensiv an Monochrom-Fotoserien, die räumlich aufgenommen sind. Beispiele sind: »36 Ansichten des Kölner Doms« (2003), »Bäume/Räume« (2004) »Himmel und Erde« (2004–2008). Hinzu kamen die Farbfotoserien »Steinwelt von Grimmershörn« (2012–2013) und »36 Ansichten des Kölner Doms« (2013–2020).

Die dritte Phase begann nach den »Tausend Sonnen« mit neuen Installationen und Raum-Inszenierungen. Sie sind eine Synthese meiner bisherigen Arbeiten. In diesen Installationen werden Plastiken, Objekte, Zeichnungen, Papierbahnen, Fotos und Gedichte mit dem Raum zu einem größeren Ganzen zusammengeführt; einige Installationen sind begehbar und werden selbst zu einem Raum, so dass die Zuschauer in die Kunst hineingezogen werden.

Für die Atmosphäre des Raumes, in dem seine Werke stehen oder hängen sollten, hatte Nomura ein untrügliches Gespür. Der Dialog der Kunstwerke mit dem Raum war für ihn von zentraler Bedeutung. Ihn störte es, dass häufig entweder die Kunstwerke zu dominant sind und der Raum dahinter verblasst oder aber der Raum die Kunst darin erschlägt.

Koken Nomuras Stärke lag darin, dass beides, der jeweilige Raum und seine Kunstwerke, miteinander harmonieren. Er besuchte vorher so oft wie möglich den Ort, in dem er ausstellen würde. In seinem Inneren verbanden sich dessen besondere Gegebenheiten mit seinem künstlerischen Schaffen. Sie verstärkten sich gegenseitig in ihrer Ausstrahlung und kreierten für die Dauer der Ausstellung eine einzigartige Atmosphäre. Er wollte mit seiner Kunst den Charakter eines Raumes nicht völlig verändern, sondern ihn durch seine künstlerischen Aktivitäten verstärken, sodass Kunst und Raum eine Symbiose eingehen. Daraus entstand jedes Mal eine meditativ-ruhige Atmosphäre. Der in die Rauminszenierung einbezogene Betrachter konnte spüren, dass durch die Kunst etwas Nicht-Materielles entstanden war.

Für Koken Nomura war die Beschäftigung mit Kunst sein Schulungsweg. Diesen Weg beschreitend ging er der Frage nach dem Sinn des Lebens nach, ohne die einzige Antwort zu erwarten oder zu finden. Sein künstlerisches Lebensmotto war die untrennbare Wechselwirkung des Menschen in und mit der Natur, oder anders herum gesagt der Natur im und mit dem Menschen. Sein Begriff der »Mitwelt« schloss auch immer die anderen Menschen mit ein. Kein Mensch und keine Naturerscheinung sind ihm zu gering, um Beachtung zu finden.

Wer die Natur in ihrer verletzlichen Schönheit sehen kann, wird sie auch respektieren.

Schönheit wollte er auch aus Material entbinden, das nach Gebrauch entsorgt wird. Zum Beispiel reinigte er Katzenfutterdosen und schuf aus ihnen ein großes Triptychon. Benutzten Zahnbürsten, Zeitschriften, Briefumschlägen oder übrig gebliebenen Olivenkernen wurde in Kunstwerken neue Bedeutung beigemessen.

Nomura arbeitete häufig in Serien und inszenierte seine Installationen je nach Raum neu. Seit 2008 stand im Mittelpunkt seiner Installationen die Beziehung des Menschen zu den fünf

Naturelementen Feuer, Wasser, Wind, Erde und Baum. Für seine Inszenierungen bediente er sich Skulpturen, Objekte und Fotografien. Ein häufiges Element war von ihm mit japanischer und deutscher Lyrik beschriftetes Papier. Insgesamt kann man die Werke von Koken Nomura als lyrisch-poetisch bezeichnen.

Koken Nomura war ein Philosoph oder Denker, der nicht mit Worten, sondern mit Kunstwerken seine Lebensphilosophie übermittelte. Er weist durchaus auf Missstände und große Herausforderungen hin, vor denen wir stehen. Aber er möchte nicht bei einer bloß aufzeigenden Kritik stehenbleiben, sondern auf seine Weise zu individuellen Lösungen anregen – ohne erhobenen Zeigefinger. Das geht nur mit Kreativität und Achtsamkeit. Dabei war ihm die Stärkung des ästhetischen Bewusstseins durch seine Werke unverzichtbar.

Der stille Genuss eines Kunstwerks kann die schöpferische Kraft fördern. Die Arbeiten von Koken Nomura laden zum ruhigen Verweilen ein.

Ich habe immer versucht Kunst zu schaffen, die den Betrachtern seelisch-therapeutische Impulse vermittelt. Die von mir »entlassenen« Werke sind unabhängig vom Künstler. Meiner Meinung nach strahlen sie einerseits aus, was ich, der sie geschaffen hat, gedacht und empfunden habe. Andererseits ist der Betrachter ganz frei was er darin sieht und davon mitnimmt.

Franziska Ehmcke

Unity is Diversity
Koken Nomura – Artist, Thinker, Renaissance Man

Koken Nomura (1948–2021) grew up among rice fields on the edge of Takefu (now Echizenshi). He went on to study electrical engineering in Yokohama. During his childhood and youth, he was shaped by his experiences of nature and technology. Here, we can discern a motif that ran through his whole life: uniting realms that seem, at first glance, to be polar opposites.

Even in his youth, he sought independence from social guidelines and constraints. So, after completing his studies in 1972, he decided not to seek a job immediately, but to go to Germany. There, after a few years, he encountered modern art. From 1980 to 1987, he completed a degree in free sculpture at Cologne University of Applied Sciences.

Since my encounter with modern art, I have been moved by the question of not only how I live within nature, but what my existence within nature means. These thoughts then flow into my art.

Because he wanted his art to remain independent of market fashions and the trends, he was always looking for his own modes of expression. For this reason, his works of art seem to differ considerably at first sight.

To survive as an artist in Germany, he had to create a bridge between contemporary art and his Japanese roots. He stood firmly within the German or Western art establishment, without denying the Japanese perspectives he had inherited. Nomura incorporated the cultural and spiritual traditions of his birth country into his work, but never to promote stereotypes; rather, his goal was a universal visual language. His works are accessible to everyone – they require no familiarity with Japanese culture.

By living in two cultures – the Asian and the European – my way of life and my thoughts expand, become more flexible. Both cultures exist in and of themselves and generate a tension in me that becomes creative.

For Nomura, creativity was synonymous with evolution and challenge. He was constantly seeking out new materials, themes, approaches, and expressive possibilities. His body of work includes sculptures, installations, works on paper, photography, and poetry.

In his early period, Nomura's works revolved primarily around the themes of »Family«, »Birth«, and »Where From, Where To?«. Later, he expanded the spectrum to include the themes of »co-vironment« (environment). »Man and nature« runs like a thread through his artistic activity from his sculptural beginnings to his later photography.

He himself said that, in his works, he dealt with the following issues: life, the relationship between man and nature, the increasing destruction of our *Umwelt* (environment), and social problems. He always used *Mitwelt* (»co-vironment«) when speaking of the environment because, in this word, nature is equal to man. Alongside the physical and tangible world, the spiritual dimension of human life – independent of a particular religion or worldview – was also very important to him.

Initially, Nomura created sculptural works primarily from wood. Early on, he also followed his conviction that all things have their own aesthetic, you just have to learn to see it. Here, »aesthetic« does not mean decorative or simply pleasing, but refers to an object's inherent truth or beauty. As a result, he also worked with unusual materials: olive pits, cat-food tins, magazines and advertising flyers, toothbrushes, and found objects.

Nomura received a great deal of inspiration from poetry. This can be experienced in his impressive »Poetry Waterfalls« and other installations featuring German and Japanese poems. He also wrote haiku and tanka himself.

A few months before his death, Nomura reflected on his artistic career:

My artistic leitmotif are questions: What does life mean? What is life for? These questions have accompanied me throughout my life. But your own life does not exist in isolation; it is always connected with people, animals, nature, the earth, the cosmos, and all are interwoven, which makes our life very complex and diverse. So it is not easy to get a comprehensive answer.

To approach this answer bit by bit, I have taken aspects of life as titles and transformed them into sculptural forms. For example, »Creation«, »A Human is a Cosmos«, »Where From, Where To?«, »Birth«, »Power of the Solar Plexus«, »Zen Meditation«, »Pathways«, »Family«, and so on. These sculptures were slightly abstracted, but still representational. Later on, the sculptures became completely abstract. In parallel, I also started installations of multi-part, non-representational sculptures. However, nothing changed in terms of content. That was the first phase.

The second phase began with me seeking different means of expression with different material. I found the material »disposable paper«. As I was experimenting with paper rings and looking for a concept, it seemed to me that these »Thousand Suns« would be a suitable installation in response to the Chernobyl disaster and its many negative effects.

My initial concept was that a few hundred people would bring their individually-designed paper rings to hang on the wall, forming a large field. This would allow many individual heart-suns to shine together and create a strong, intense community to counter the nuclear accident. This plan failed because of the time, patience, and stamina required to make a single paper ring. But at each new installation, I showed the folding technique to interested people. In the end, no one participated in the work, but many did fold rings at home, spreading the idea.

I did not want to give up this idea and have continued it alone. This is how my various »Thousand Suns« came into being. The installations each consist of several hundred folded paper rings. And at each exhibition opening, I demonstrated the paper folding technique. I think that paper suns shine in many homes now.

Through these installations, I was confronted by the character of the respective space. For art, empty rooms or surfaces are of great importance. Art depends on space, light, and the viewer. Without space, works of art cannot be exhibited. Without light, the form, the color cannot be recognized. Without a viewer, engagement with the artwork cannot take place.

The Chinese master Laozi (6th century BC), considered the founder of Taoism, spoke about the importance of empty spaces, large or small. To paraphrase: A ceramic bowl has an empty space, therefore the bowl is useful. Every house has empty spaces, so you can live in rooms and make them your own.

Normally, only tangible things are considered important. But without empty spaces, there is no life. All living beings have hollow organs inside their bodies and empty spaces outside. The earth and the cosmos cannot exist without empty spaces. Therefore, parallel to my creations, spaces became more and more important in my art.

Beginning in 2003, I also worked intensively on monochrome photo series, shot in three dimensions. Examples are »36 Views of Cologne Cathedral« (2003), »TreeSpaces« (2004), »Heaven and Earth« (2004–2008). In addition, the color photo series »Stone World of Grimmershörn« (2012–2013) and »36 Views of Cologne Cathedral« (2013–2020).

The third phase began after the »Thousand Suns«, with new installations and new spatial stagings. They are a synthesis of my previous works. In these installations, sculptures, objects, drawings, paper webs and strips, photos, and poems are united with the space to form a larger whole. Some installations can be walked through, becoming a space themselves, so that the viewers are drawn into the art.

Nomura had an unerring sense for the atmosphere in which his works were to stand or hang. The dialogue of the artworks with the space was of central importance. It bothered him that, all too often, the artworks are too dominant and the space pales in comparison, or that the space swallows up the art shown in it.

Koken Nomura's strength was that the respective space and his artworks harmonize with each other. Prior to exhibiting in a location, he would visit it as often as possible. In his inner world, its special conditions combined with his artistic work. They mutually reinforced each other's radiance and created a unique atmosphere for the duration of the exhibition. Nomura did not want to completely change the character of a room, but to heighten it, so that art and space form a symbiosis. Every time, this resulted in a meditative, calm atmosphere. The viewer, becoming part of the room, could feel that something non-material had been created through the art.

For Koken Nomura, engaging with art was a path of personal growth. Following this path, he pursued the question of the meaning of life, without expecting or finding the conclusive answer. His artistic guiding principle was the inseparable interaction of man in and with nature – or, in other words, nature in and with man. His concept of »co-vironment« always included the people around him, too. Nomura considered every human being and every natural phenomenon, no matter how small, worthy of attention.

Those who can see nature in all its vulnerable beauty will also respect it.

He also wanted to release beauty from materials that are typically discarded. For example, he cleaned empty cat-food tins and created a large triptych from them. Used toothbrushes, magazines, envelopes, and olive pits were given new meaning in works of art.

Nomura often worked in series and re-staged his installations depending on the space. Since 2008, his installations focused on man's relationship to the five natural elements of fire, water, wind, earth, and tree. For his stagings, he made use of sculptures, objects, and photographs. A frequent element was paper, which he inscribed with Japanese and German poetry. Overall, Koken Nomura's works can be described as lyrical, in the poetic sense. He was a thinker who conveyed his philosophy of life not with words, but with works of art. While he highlights injustices and significant challenges that we are facing, he does not want to stop at mere criticism. Instead, he seeks to encourage individual solutions – without pointing fingers. This calls for creativity and attentiveness. Through his works, Nomura aims to strengthen our aesthetic awareness.

The quiet enjoyment of a work of art can encourage creative energy. The works of Koken Nomura invite you to calmly linger.

I have always tried to create art that gives the viewers a sense of healing and invites them into balance. The works »released« by me are independent of the artist. In my opinion, they radiate what I, who created them, thought and felt. But each viewer is completely free as to what he or she sees in them and takes away.

フランツィスカ・エームケ

統一性から生まれる多様性
野村亨賢 – 芸術家、思想家、そして人生の名手

野村亨賢（1948年〜2021年）は、武生（現・越前市）郊外の田んぼに囲まれた小さな町に育ち、後に横浜の神奈川大学電気科で学位を取得した。幼年期と青年期を特徴付ける二つの要素、「豊かな自然」と「電気工学」は彼の生涯を通じて見られるモチーフであるが、生活の中では一見相反する関係である。

野村は若い頃から社会的な規範や制約からの独立を求めていた。1972年の学位取得後、すぐに職を求めることなく、ドイツへ渡ることを決めたのもその現れだろう。渡独して数年後に現代美術と出会い、1980年から1987年までケルン専門大学芸術デザイン科で彫刻を学んだ。

現代美術と出会ってから、私は自然の中でどのように生きるかだけでなく、その中での私自身の存在は一体何を意味するのかという問いに常に動かされていた。これらの思考が私の芸術作品に流れ込んでいる。

野村の考える芸術においては、流行やアート市場の傾向から独立していることが特に重要であったので、彼は常に新たな自分自身の表現方法を探求した。そのため、その作品群は一見すると非常に種種雑多である。

ドイツで芸術家として生き残るためには、現代美術の文脈と自身の日本人としてのルーツを結びつける必要があった。野村は自分の中に内在する日本的な視点を否定することなく、ドイツや西洋の美術界に深く入り込んでいった。彼の作品には、母国の文化的および精神的な伝統が自然に取り入れられている。しかし、決して文化的なステレオタイプに甘んじることなく、むしろ普遍的な視覚言語を創造することを目指していた。日本文化に対する知識の有無に関わらず、誰もが彼の作品に親しみを感じられるのは、そのためかもしれない。

アジアとヨーロッパという二つの文化で生活することにより、私の生き方や思考はより広がり、より柔軟になる。どちらの文化もそれぞれに存在し、私の中の創造性につながる緊張感を生み出している。

野村にとって、創造性は変化と挑戦を意味しており、常に新しい素材、テーマ、アプローチ、表現方法を模索していた。彼の作品群には、彫刻作品、インスタレーション、紙を素材とした平面作品、写真、詩が含まれる。

初期の作品では主に「家族」「誕生」「どこから来て、どこへ向かうのか」という主題が扱われており、後には「共世界（環世界）」というテーマへと範囲が広がっていった。「人間と自然」というテーマは初期の彫刻から写真作品に至るまで彼の芸術活動に一貫している。

野村自身、自分の作品は「生命」「人間と自然との関係」「進行し続ける環境破壊や社会問題」を扱っていると語っていた。彼は常々「共世界」に言及した。この言葉の中では、自然が人間と同等の権利を持つ対等な存在として扱われているからである。人間世界の物理的・具体的な次元に加えて、特定の宗教や世界観に依存しない人間生活の精神的・霊的次元が彼にとっては重要な要素だった。

初期の活動において、野村は主に木を素材とした彫刻作品を制作している。いずれにせよ彼は早くから、あらゆる物には独自の美学が存在するという信念を持ち、それを見出す必要があると考えていた。ここで言う美学とは、装飾的なもの、好ましいものという意味ではなく、それ自体が持つ独自の真実や美しさを意味する。その結果、オリーブの種、キャットフードの缶、雑誌や広告チラシの紙、歯ブラシ、拾い物など突拍子もないマテリアルを作品に用いるようになった。

また詩は野村の大きなインスピレーションの源であった。例えば、「詩の滝」と題された作品や、ドイツ語および日本語の詩を用いた印象的なインスタレーションを制作し、また自ら俳句や短歌を詠んだ。

亡くなる数カ月前、自分の芸術家としてのキャリアについて次のように語っている。

私の芸術的主題は「生命とは何か」「なぜ人は生きるのか」という問いである。この問いは生涯を通じて常に私につきまとってきた。しかし、私たち自身の生活は孤立して存在しているわけではない。常に人間、動物、自然、地球、宇宙とつながり、それらが互いに織り合うことによって、私たちの生活は非常に複雑で多様なものになっている。したがって、これらの問いに包括的な答えを得ることは決して容易ではない。

生命への問いに対する答えに少しでも近づくため、私は生命の一側面を作品の題名 とし、それを立体的な形に具現化した。例えば、「創造」「人は宇宙である」「どこからどこへ」「誕生」「太陽神経叢の力」「座禅」「道」「家族」などである。これらの彫刻はやや抽象寄りとはいえ、未だ具象的だったと言える。後に、私の彫刻は完全なる抽象へと向かい、それに並行してシリーズものの非具象のインスタレーション制作を始めたが、内容的には何も変わったとは言えない。それが最初の段階だった。

第二の段階は、異なる素材を用いた他の表現手段を模索することから始まった。私が見つけた素材は「使い捨ての紙」で、その紙の輪で実験をしながら適したコンセプトを探していた。そして1986年のチェルノブイリ原子力事故の余波に対するインスタレーションとして、この素材を使用した「千の太陽」が表現手段としてふさわしいと感じたのだ。

私の最初のコンセプトは、数百人の人々がそれぞれにデザインした紙の輪を持ち寄り、それらを共同で壁に掛けて大きな平面を形成することだった。無数の「心の太陽」が一斉に輝くことで、原発事故に対抗するための強いコミュニティを作ることができるだろうと考えたのだ。しかし、ひとつの紙の輪を作るには時間と忍耐と根気が必要だったため、この計画は失敗に終わった。それでも、新たな作品設置の機会があるたびに、私は興味を持った人々に輪を折る技術を伝え続けた。結局、誰も共同作業に参加することはなかったが、多くの人が自宅で輪を折っていき、こうしてこのアイデアは少しずつ広がっていった。

その後も私はこのアイデアを諦めることなく、自分ひとりで輪の制作を続け、多様なインスタレーション作品「千の太陽」が誕生した。この作品は、それぞれ数百個の折り紙の輪で構成されている。展覧会のオープニングでは毎回、輪の折り方を披露した。この紙の太陽はきっと多くの家庭で輝いていることだろう。

これらのインスタレーションを通して、私はそれぞれの空間の特性と深く向き合うことになった。芸術にとって、何もない空っぽの空間や面は非常に重要である。芸術は、空間、光、そして鑑賞者によって生命を得ている。空間がなければ作品は展示できない。光がなければ、形も色も認識できない。鑑賞者がいなければ、芸術との知的対話は成立しない。

道教の開祖とされる中国の老子は紀元前6世紀に、何もない空間の重要性について、陶器の器には大小を問わず、空の空間があるからこそ、その、器は有用である。どの家にも空の空間があるからこそ、人々は部屋に住み、部屋を整えることができる、と述べている。

通常、人は把握可能で具体的なものだけが重要だと考える。しかし、何もない空間がなければ、生命は存在しない。生きとし生けるものの身体の中には空洞があり、身体の外にも空洞がある。空の空間がなければ、地球も宇宙も存在できないのだ。そのため、創作と並行して、空間という概念は私の芸術の中でますますその重要さを増していった。

更に2003年からは、空間的に撮影したモノクロ写真シリーズにも集中的に取り組んだ。例えば「ケルン大聖堂三十六景」(2003年)、「木々／空間」(2004年)、「天と地」(2004年～2008年)等である。またそれに続くカラー写真シリーズとして「グリンマールスヘルンの石の世界」(2012年～2013年)や「ケルン大聖堂三十六景」(2013年～2020年)がある。

第三の段階は「千の太陽」の後に発表した新しいインスタレーションと空間インスタレーション作品である。これらは、私のこれまでの作品を統合したもので、彫刻、オブジェ、ドローイング、紙の帯、写真、詩などが空間と一体となって、より大きな全体を形成している。いくつかのインスタレーションでは鑑賞者が中に入ることもでき、つまり作品自体が空間そのものとなり、鑑賞者がその芸術の中に引きこまれるように設計されている。

野村には、作品が置かれたり掛けられたりする空間の雰囲気に対する確かな感覚があった。作品と空間との対話こそが彼にとっては極めて重要なことであった。時に作品が支配的になり過ぎてその背後にある空間が薄れてしまったり、あるいは芸術が空間に圧倒されてしまうという事実に心を痛めていた。

野村作品の魅力は、空間と作品の両方が調和していることにある。野村は展示会場に事前に何度も足を運んでいた。その場所の特殊な条件が彼の内部で芸術的創造と結びつき、お互いに影響を与えながら、展示期間中、独特な雰囲気を創出した。彼は自分の芸術によって空間の性格を完全に変えることより、むしろ芸術行為を通して空間の個性を引き出し、芸術と空間が共生することを望んだ。その結果、展示空間は毎回、瞑想的で穏やかな空気に包まれていた。その空間に入り込んだ鑑賞者は、芸術を通じて物質的ではない何かが生み出されたことを感じ取っていただろう。

野村にとって、芸術の実践は修行の道であった。この道を辿りながら絶対的な答えの存在を期待したり、それを見つけようとしたりすることはなく、生命の意味という問いを追求した。その芸術的な生活における基本理念は、人間が自然の中で自然と共に存在し、また逆に自然が人間のなかで人間と共に存在するという不可分の相互作用だった。彼の「共世界」という概念には常に他の人間も含まれており、いかなる人間や自然現象も注意を払うべき対象であった。

自然の脆弱な美しさを感じ取れる人ならば、誰でも自然を尊重するだろう。

彼はまた、使い捨てられるものからも美を引き出したいと考えていた。例えば、彼はキャットフードの缶を洗浄し、そこから大きな三連画を制作した。使い古された歯ブラシ、雑誌、封筒、あるいはオリーブの種の残骸は、芸術作品として新たな意味を与えられた。

野村はしばしば作品をシリーズ化し、空間に応じてインスタレーションを再構築してきた。2008年以降、その主題は、人間と5つの自然要素（火、水、風、土、木）の関係性に置かれている。インスタレーションの主な構成要素としては、彫刻、オブジェ、写真の他、日本やドイツの詩が刻まれた紙も素材として頻繁に使われている。野村亨賢の作品は総じて叙情的であり、詩的であるといえるだろう。

野村は哲学者あるいは思想家であり、言葉ではなく芸術作品によって自らの人生哲学を伝えた。その中では確かに、私たちが直面している問題や大きな課題が指摘されている。しかし彼は単に批判で終わることを望まず、思想を強制することもなく、彼なりの方法で個々の解決を促したいと考えており、それは創造性と注意深さを持ってこそ達成が可能なのだった。自らの作品を通して美意識を高めることは、彼にとって不可欠なことだった。

芸術作品を静かに楽しむことは、創造的なエネルギーを刺激する。野村亨賢の作品は、静かにその場に留まる時間を鑑賞者に与えてくれる。

私は常に、鑑賞者に精神的・ヒーリング的な刺激を与える芸術を創造することを試みてきた。そして私から「解放された」作品は、作家である私自身からも独立している。私の見解では、これらの作品は創造した私自身が考え、感じたことを発している一方で、その中に何を見出し、何を感じ取るかにおいて、鑑賞者は完全に自由なのである。

17 千の太陽

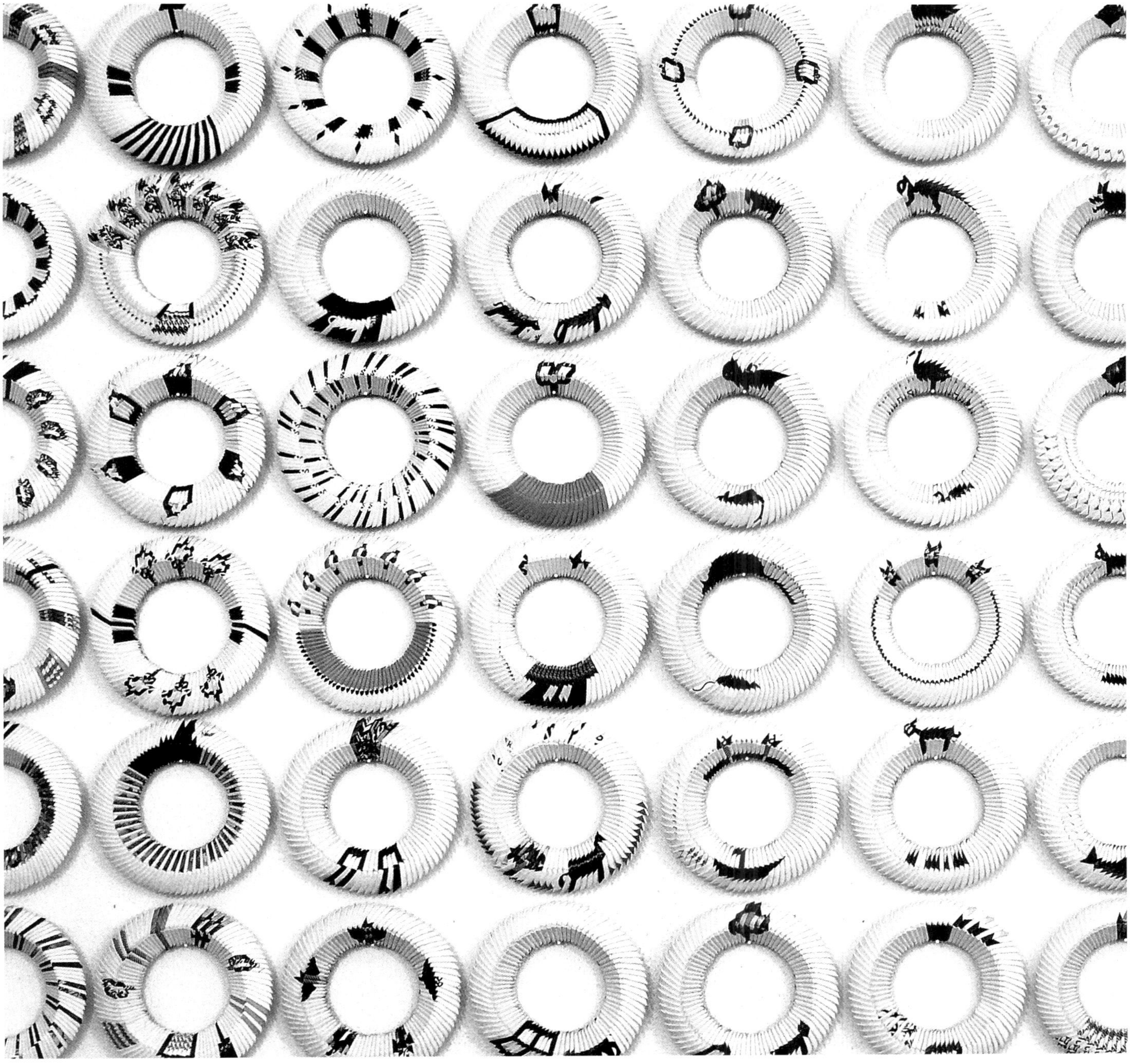

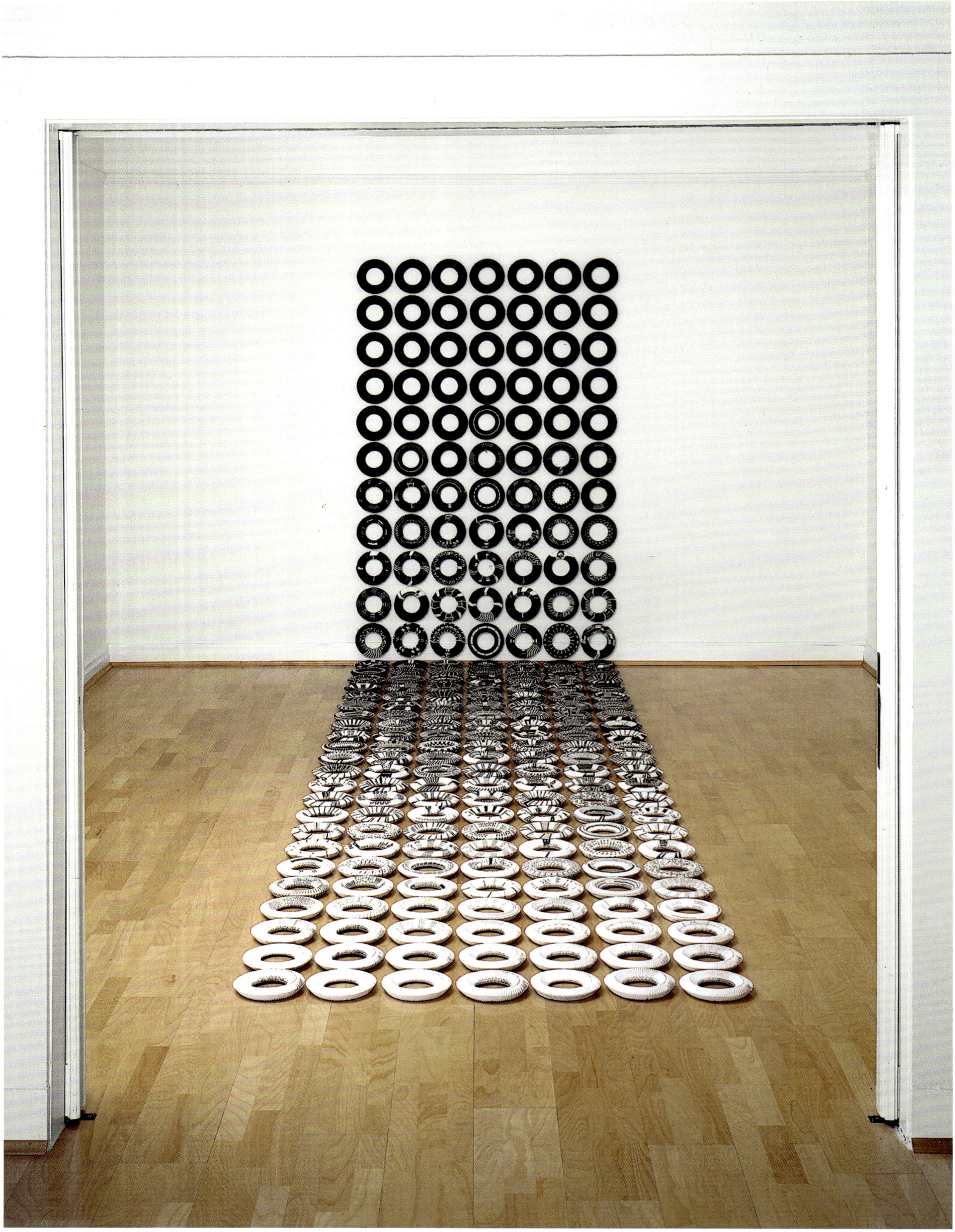

Tausend Sonnen / *Thousand Suns* / 千の太陽, 1998, 150 × 720 cm, Galerie Claudia Delank, Bremen

千の太陽

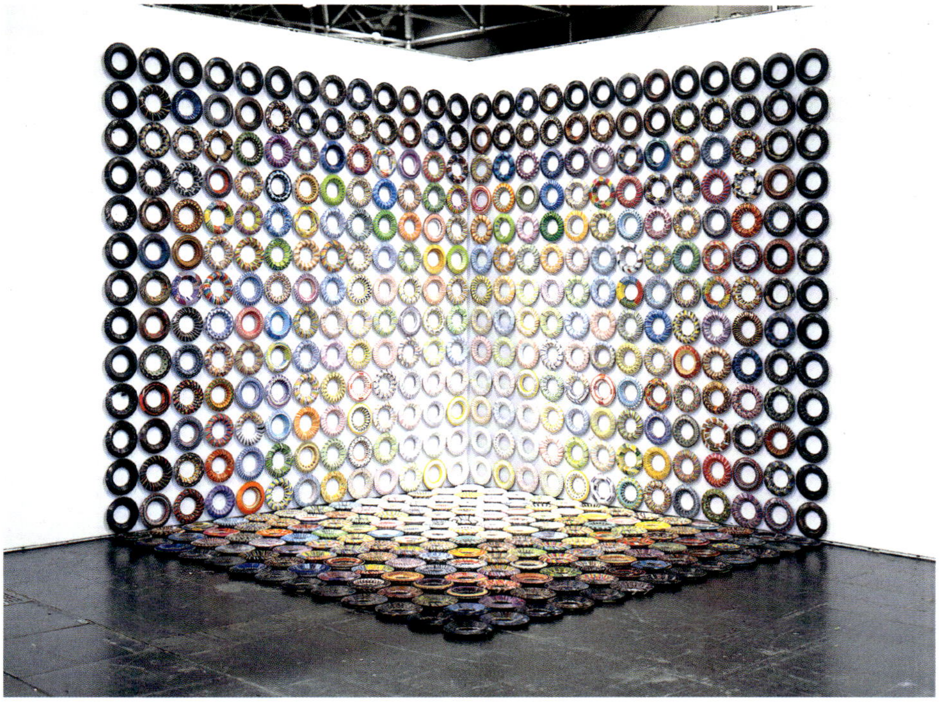

Tausend Sonnen / *Thousand Suns* / 千の太陽, 2001, 273 × 273 × 273 cm, Die Grosse Kunstausstellung NRW, Düsseldorf

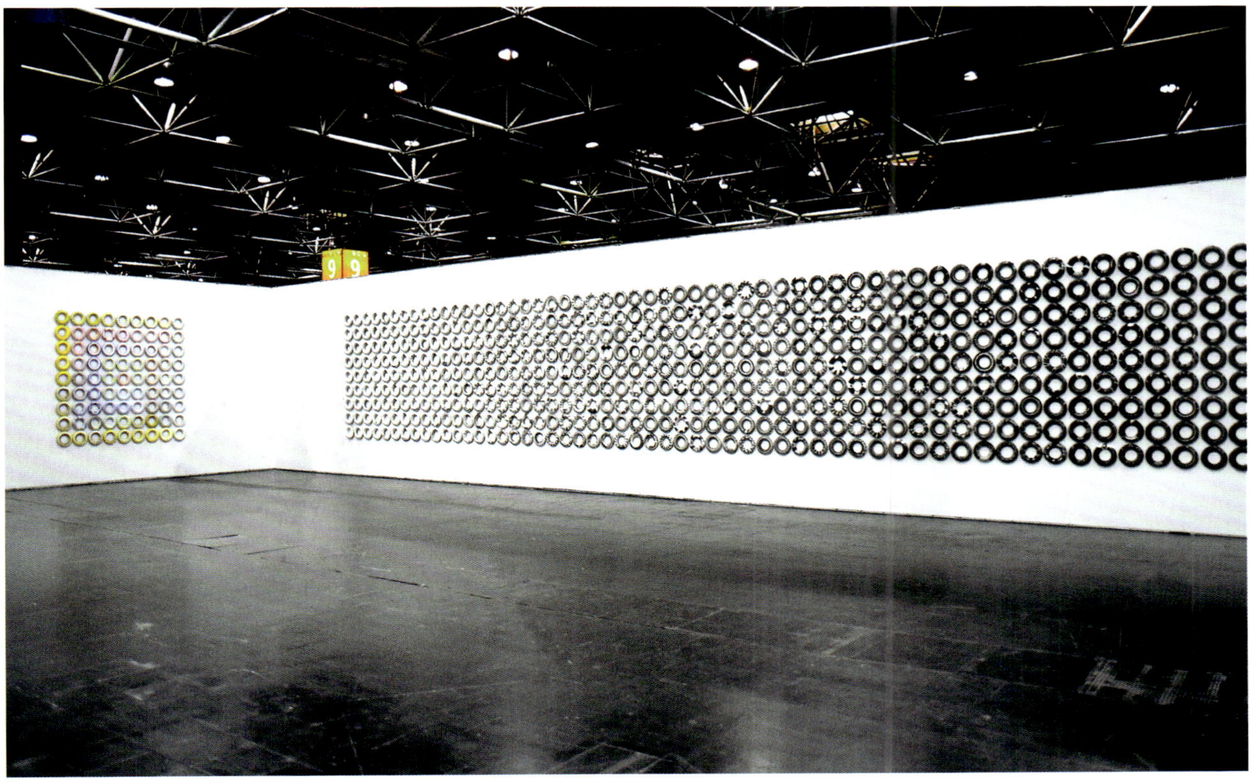

Tausend Sonnen / *Thousand Suns* / 千の太陽, 2000, 1218 × 189 cm Die Grosse Kunstausstellung NRW, Düsseldorf

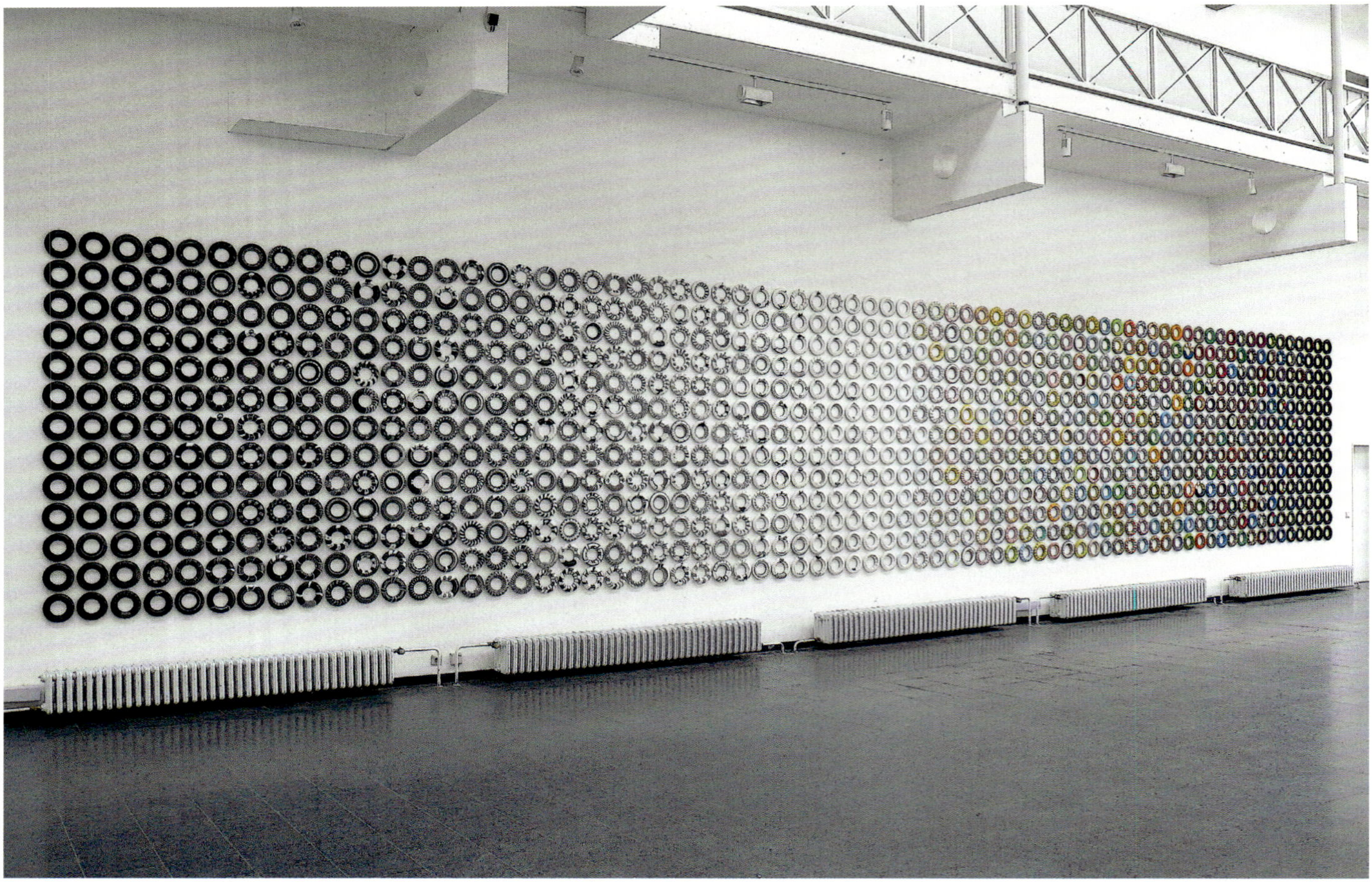

Tausend Sonnen / Thousand Suns / 千の太陽, 2008, 1500 × 273 cm, Neues Kunstforum, Köln

21 千の太陽

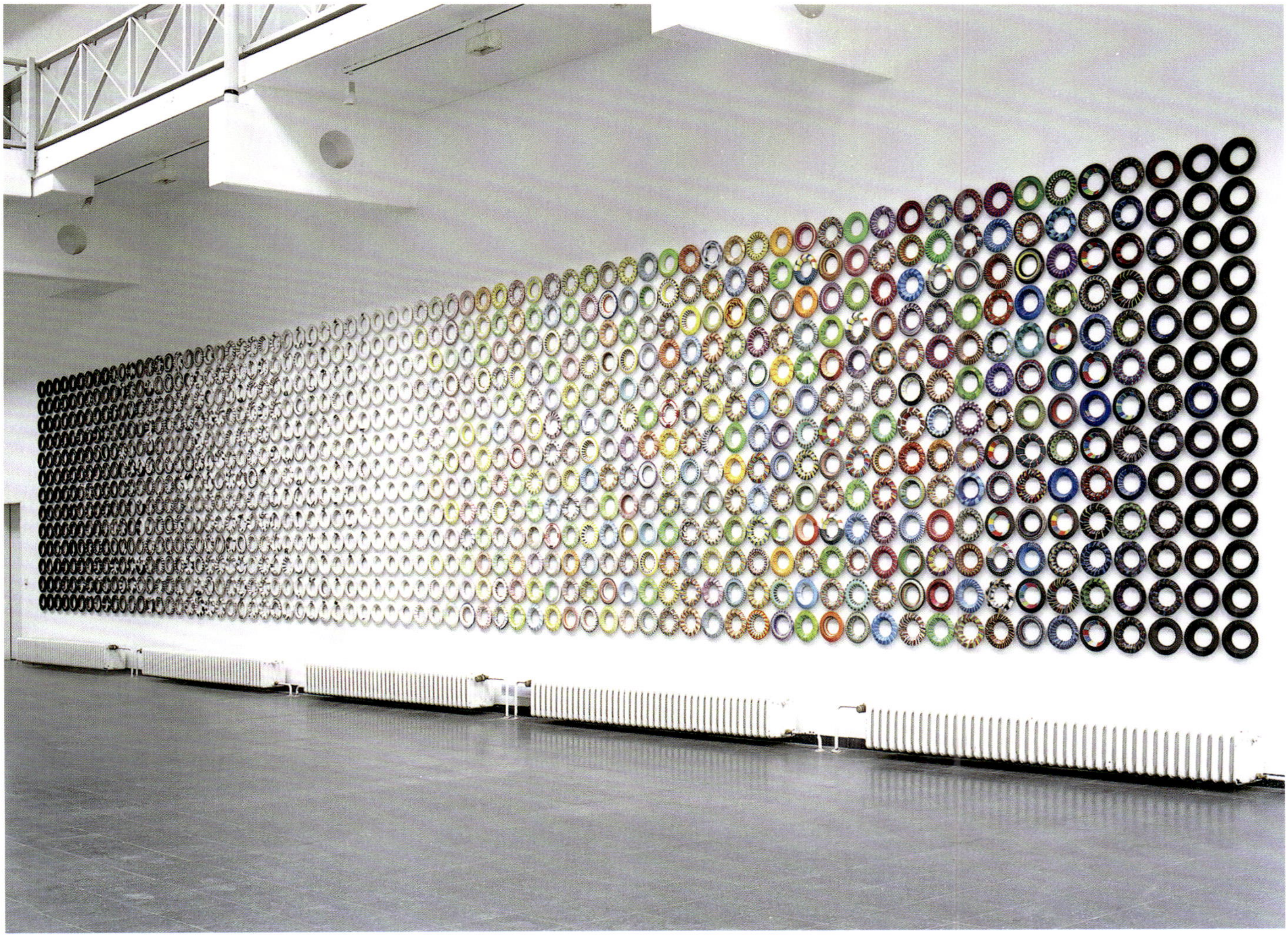

Tausend Sonnen / *Thousand Suns* / 千の太陽, 2008, 1500 × 273 cm, Neues Kunstforum, Köln

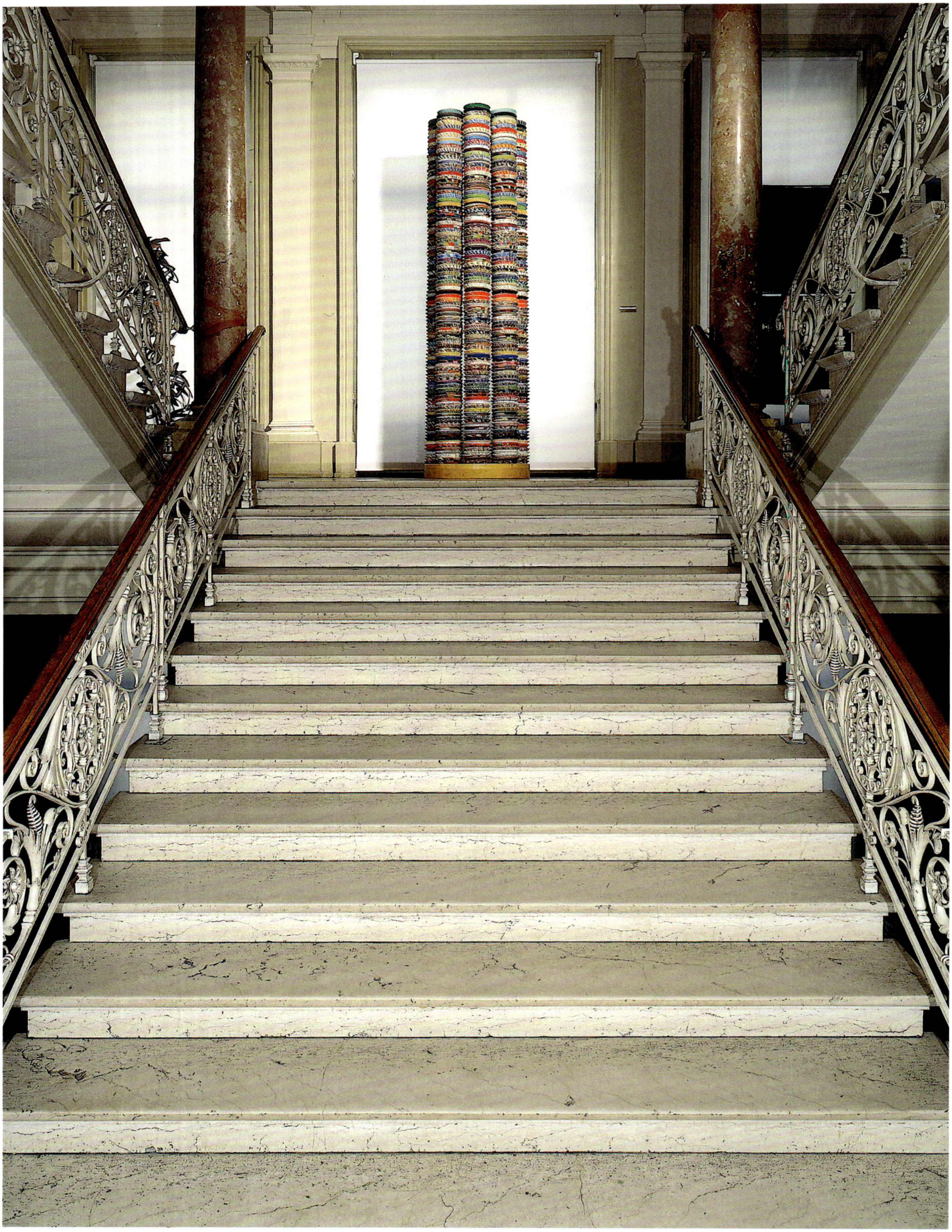

Tausend Sonnen-Säule / Thousand Suns Column / 千の太陽の柱, 1997, 280 cm, Ø: 82 cm, Textilmuseum St. Gallen, Schweiz

千の太陽

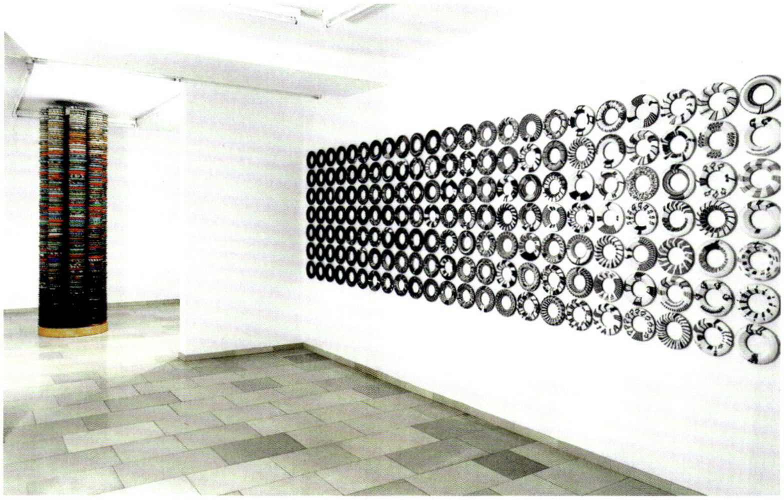

Tausend Sonnen / *Thousand Suns* / 千の太陽, 1998, 630 × 147 cm, Galerie Brehm, Köln

Tausend Sonnen-Säule / *Thousand Suns Column* / 千の太陽の柱, 1996, 280 cm, Ø: 82 cm, Provincial Museum voor Religieuze Kunst Begijnhofkerk, Sint-Truiden, Belgien

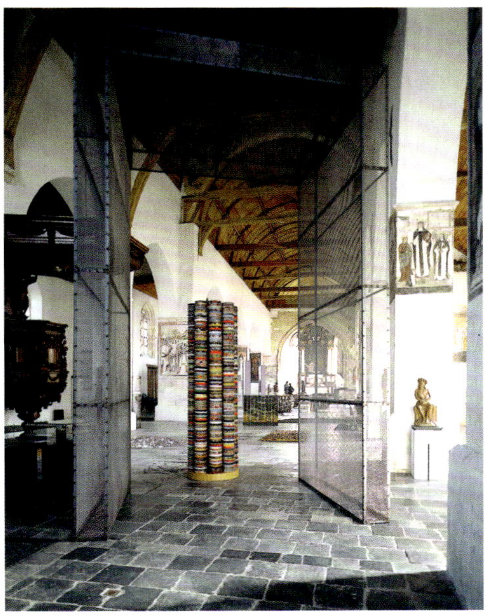

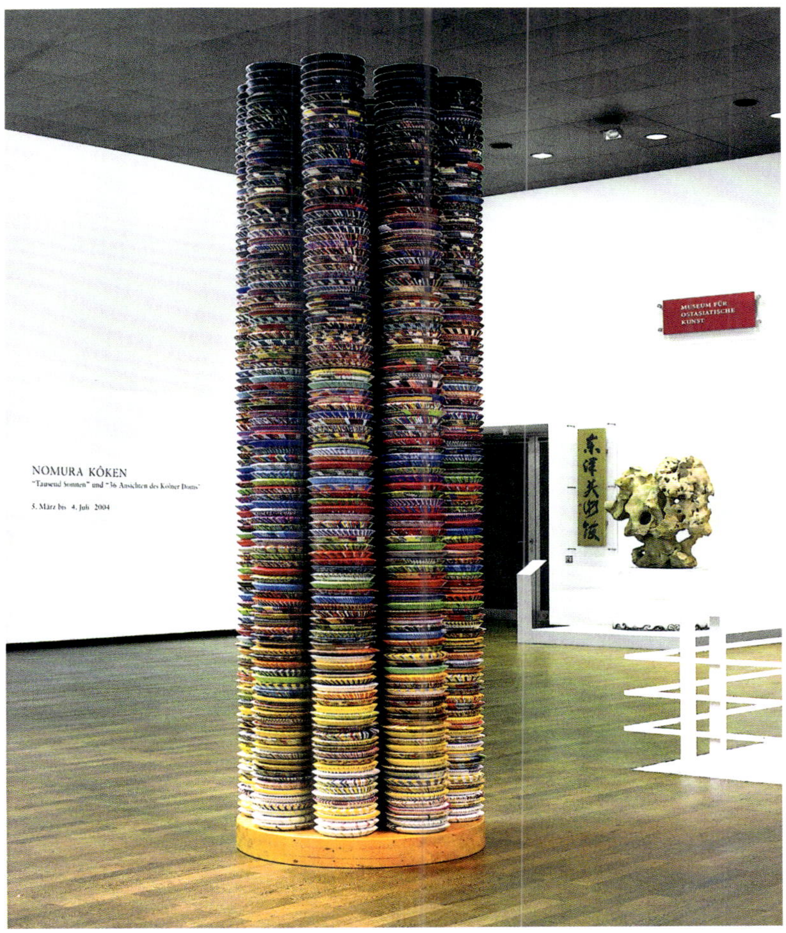

Tausend Sonnen-Säule / *Thousand Suns Column* / 千の太陽の柱, 2004, 310 cm, Ø: 82 cm, Museum für Ostasiatische Kunst, Saatliche Museen zu Berlin

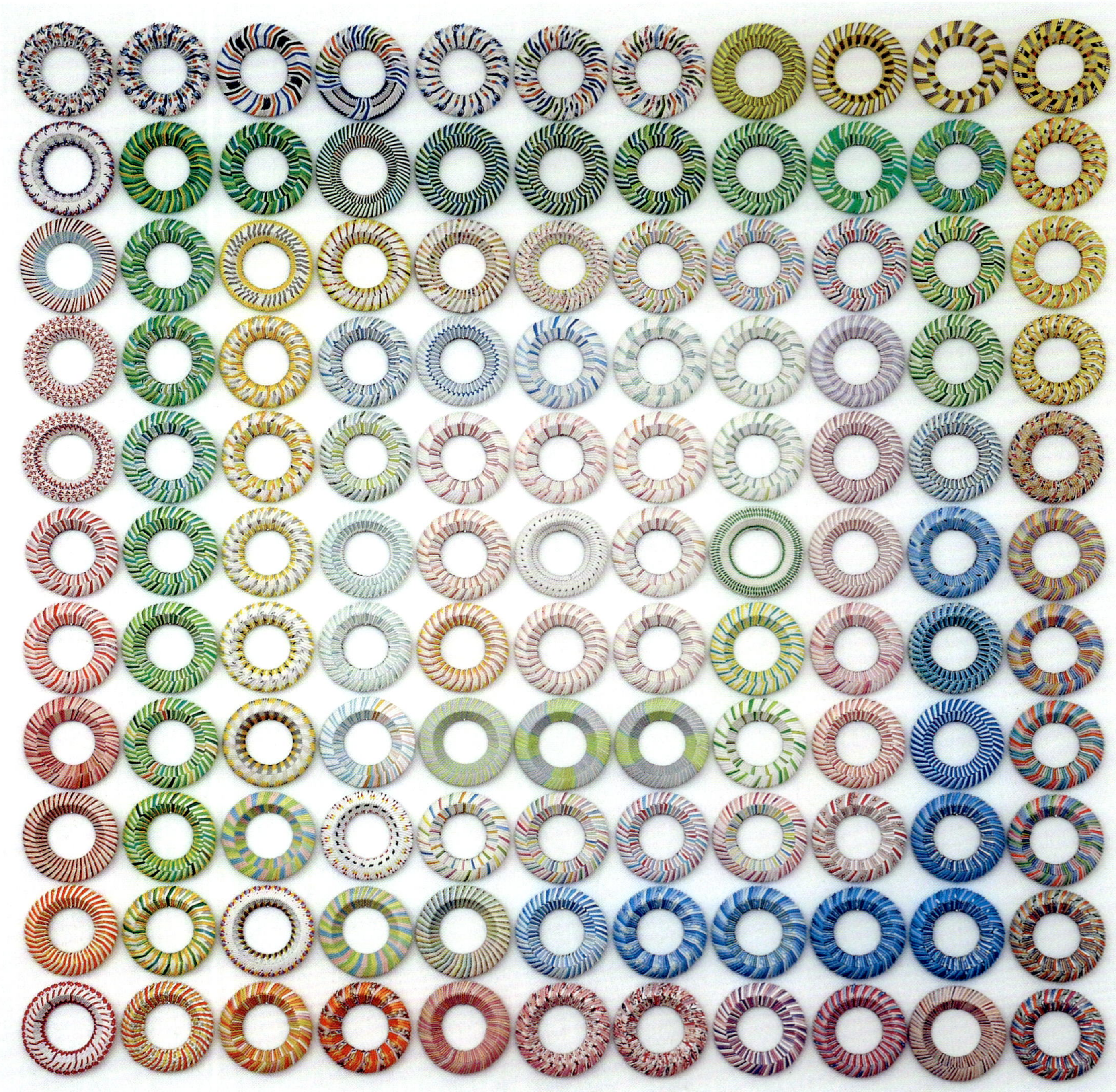

Tausend Sonnen-Mandala / *Thousand Suns Mandala* / 千の太陽の曼荼羅, 2010,
231 × 231 cm, TENRI Japanisch-Deusche Kulturwerkstatt, Köln

千の太陽

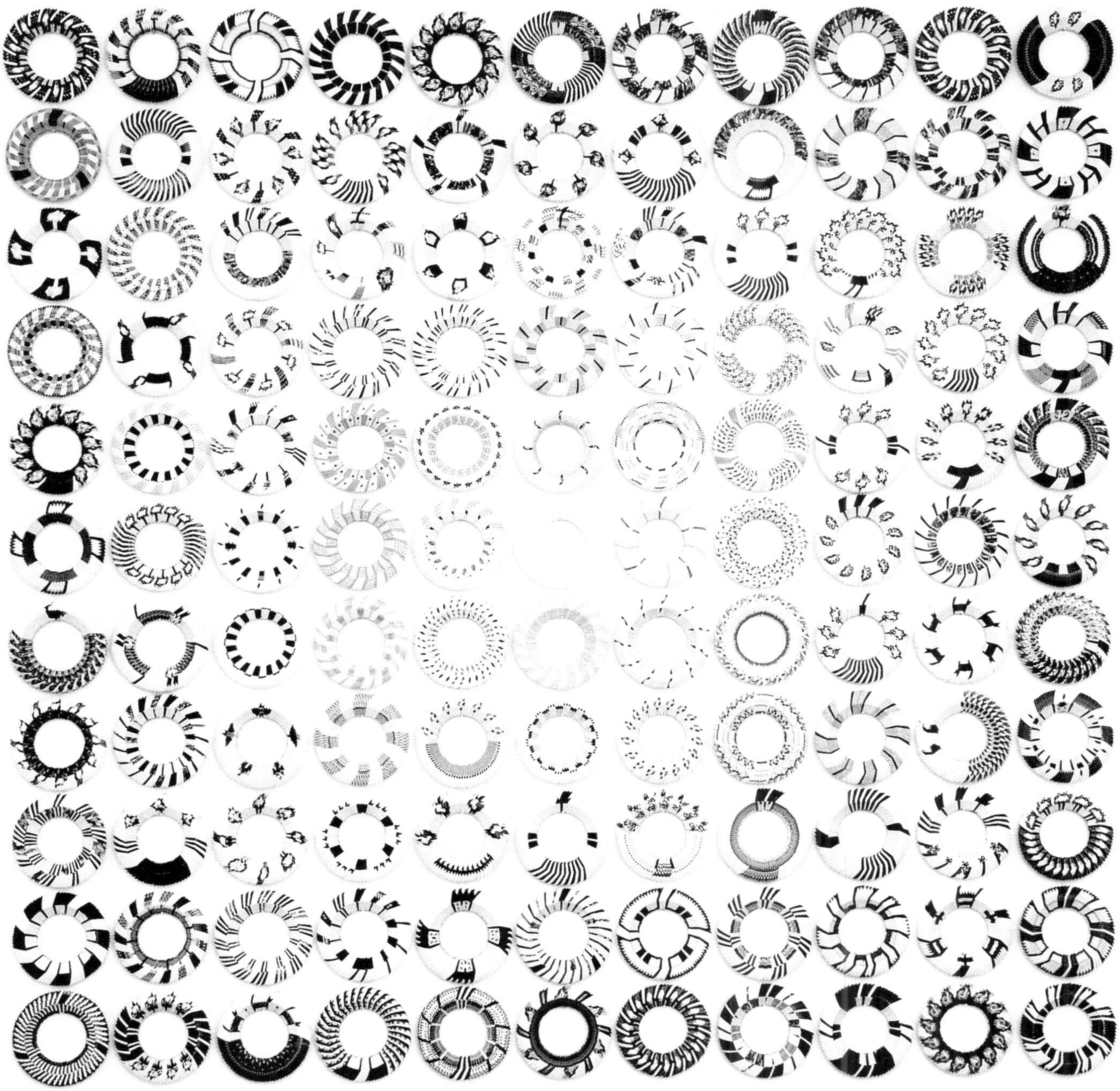

Tausend Sonnen-Mandala / *Thousand Suns Mandala* / 千の太陽の曼荼羅, 2010,
231 × 231 cm, TENRI Japanisch-Deusche Kulturwerkstatt, Köln

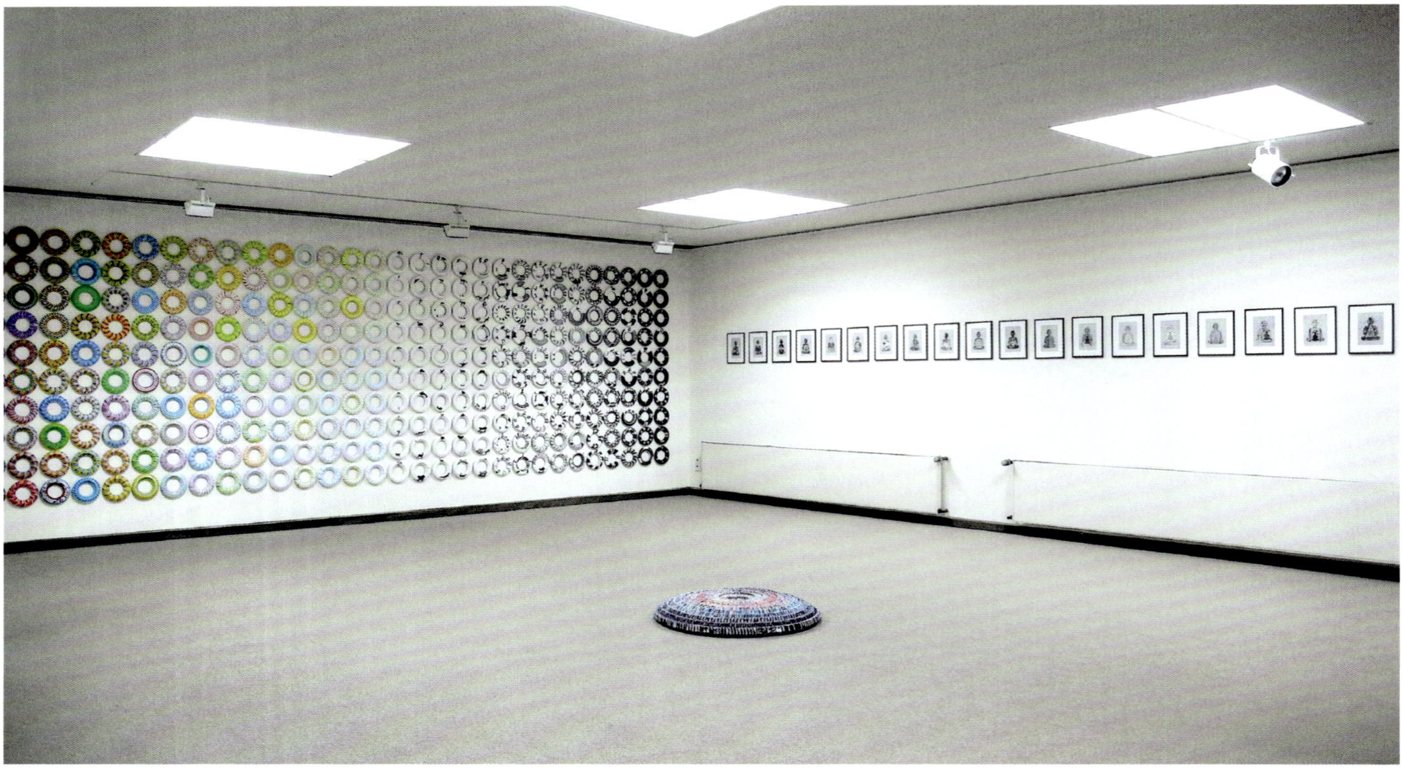

Tausend Sonnen / Thousand Suns / 千の太陽, 2011, 630 × 210 cm, EKO-Haus der Japanischen Kultur, Düsseldorf

千の太陽

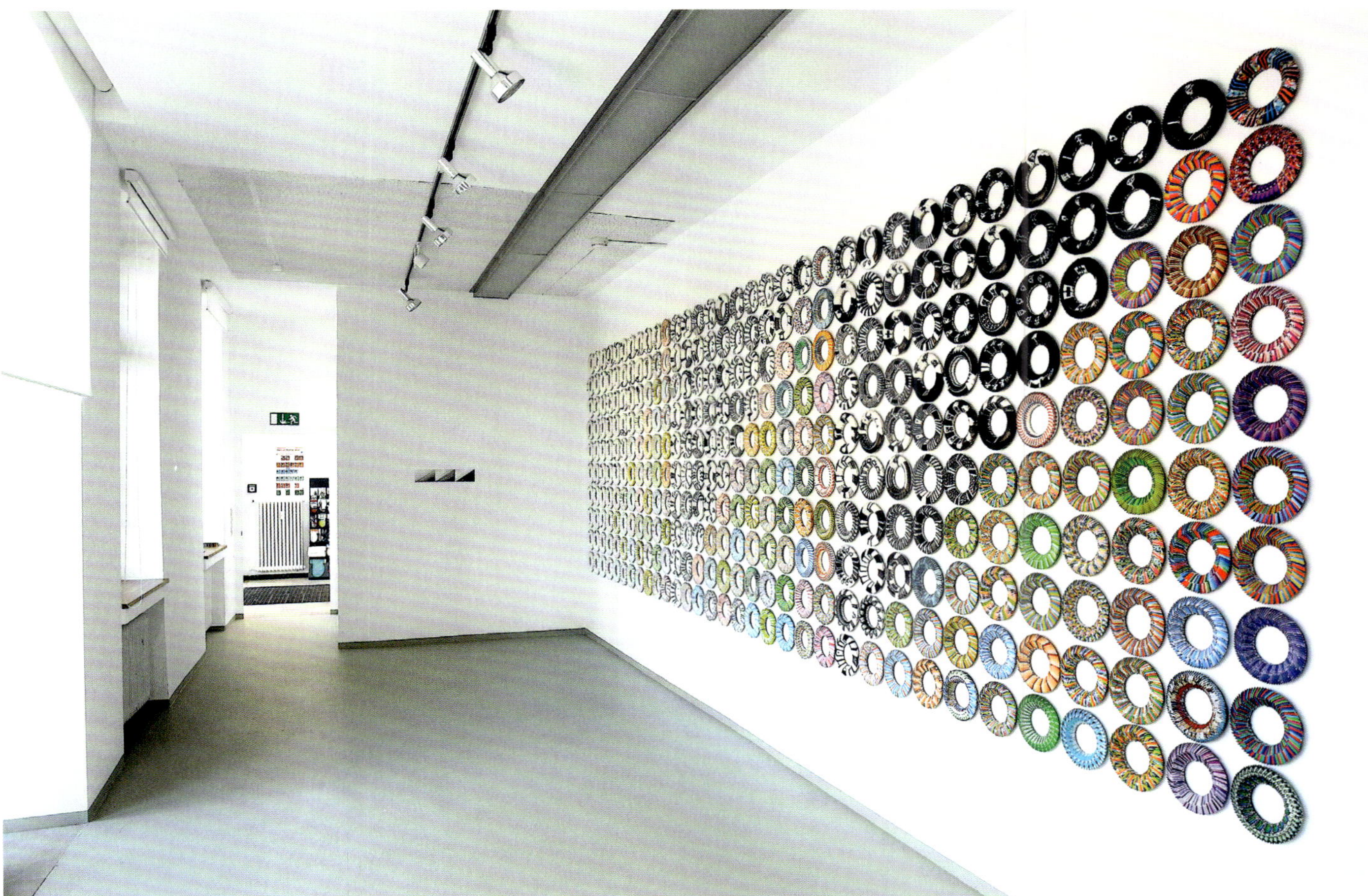

Tausend Sonnen / *Thousand Suns* / 千の太陽, 2010, 210 × 693 cm, Städtische Galerie Schloss Borbeck, Essen

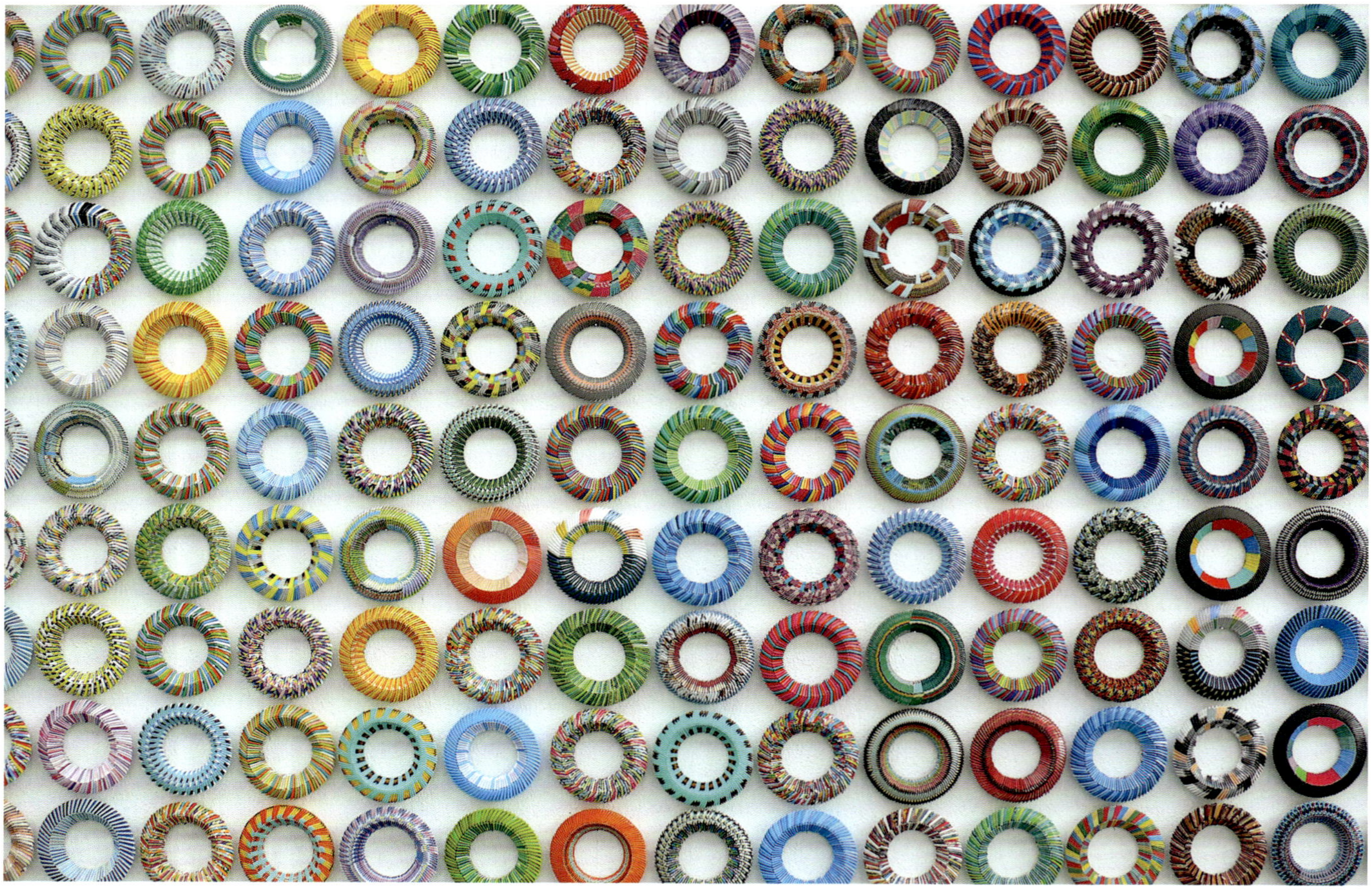

Tausend Sonnen / *Thousand Suns* / 千の太陽, 2001, 273 × 1500 cm, Neues Kunstforum, Köln

千の太陽

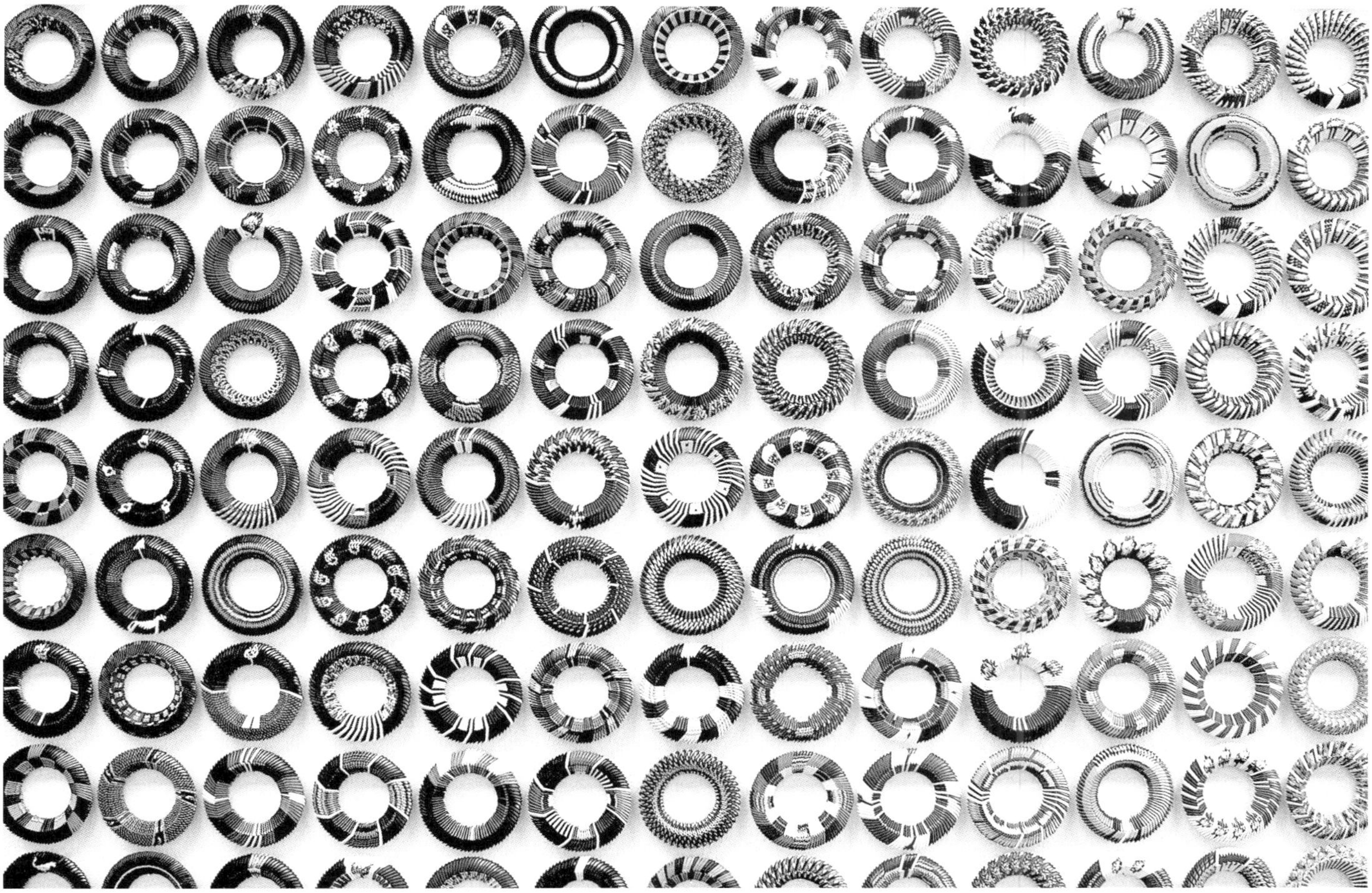

Tausend Sonnen / *Thousand Suns* / 千の太陽, 2001, 273 × 1500 cm, Neues Kunstforum, Köln

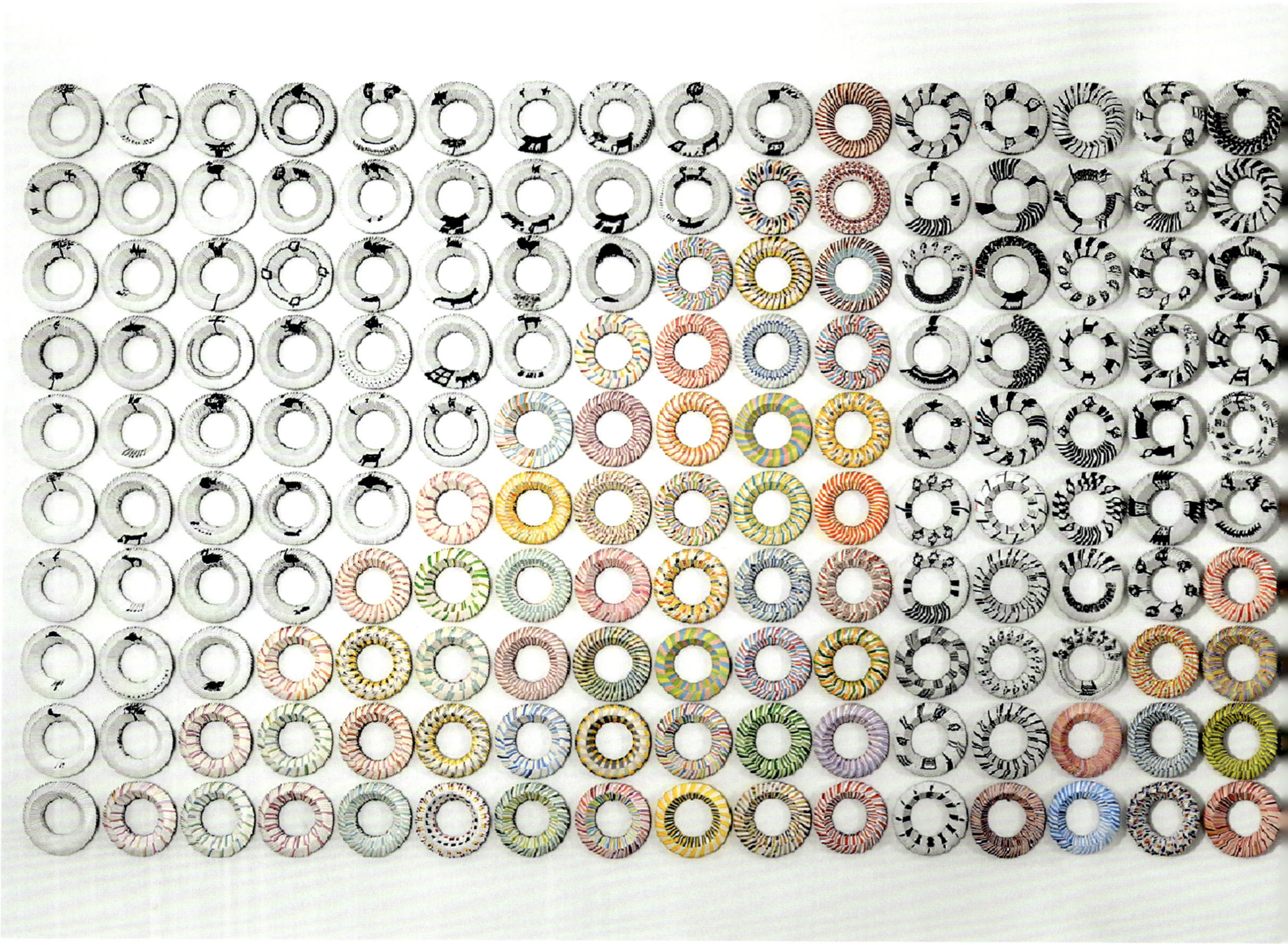

千の太陽

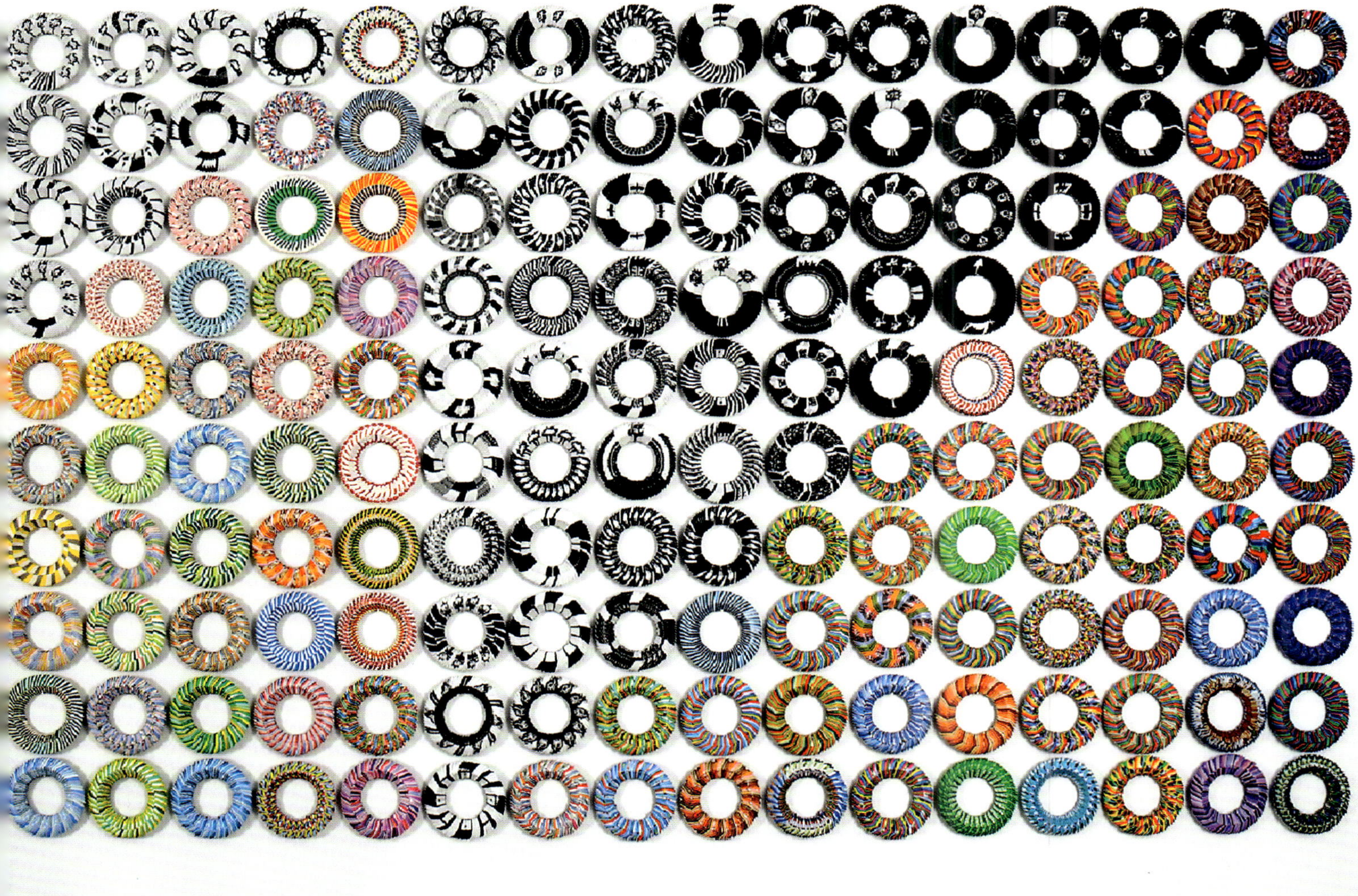

Tausend Sonnen / *Thousand Suns* / 千の太陽, 2011, 210 × 693 cm, Städtische Galerie Schloss Borbeck, Essen

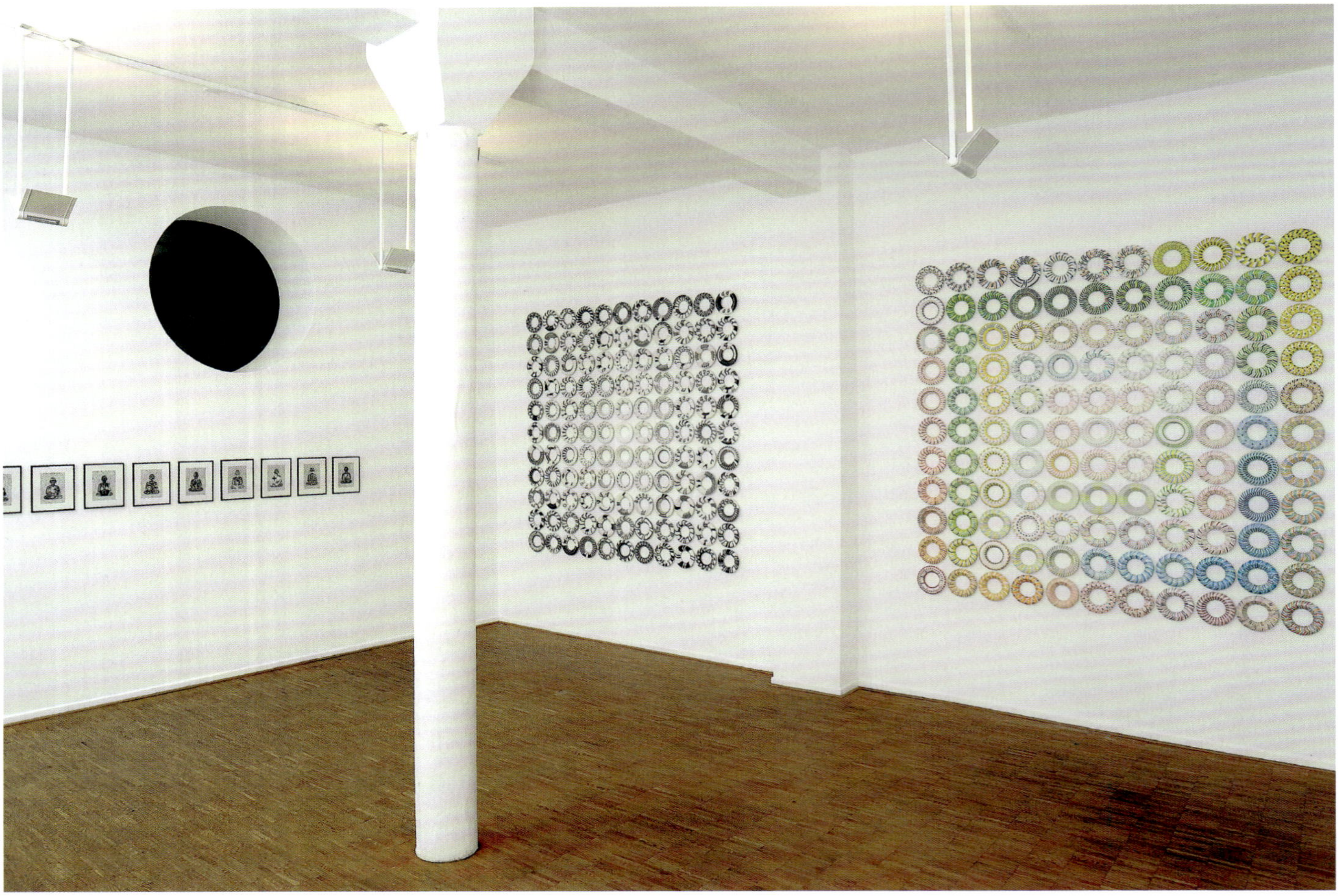

Tausend Sonnen-Mandala / *Thousand Suns Mandala* / 千の太陽の曼荼羅, 2010,
231 × 231 cm, TENRI Japanisch-Deusche Kulturwerkstatt, Köln

千の太陽

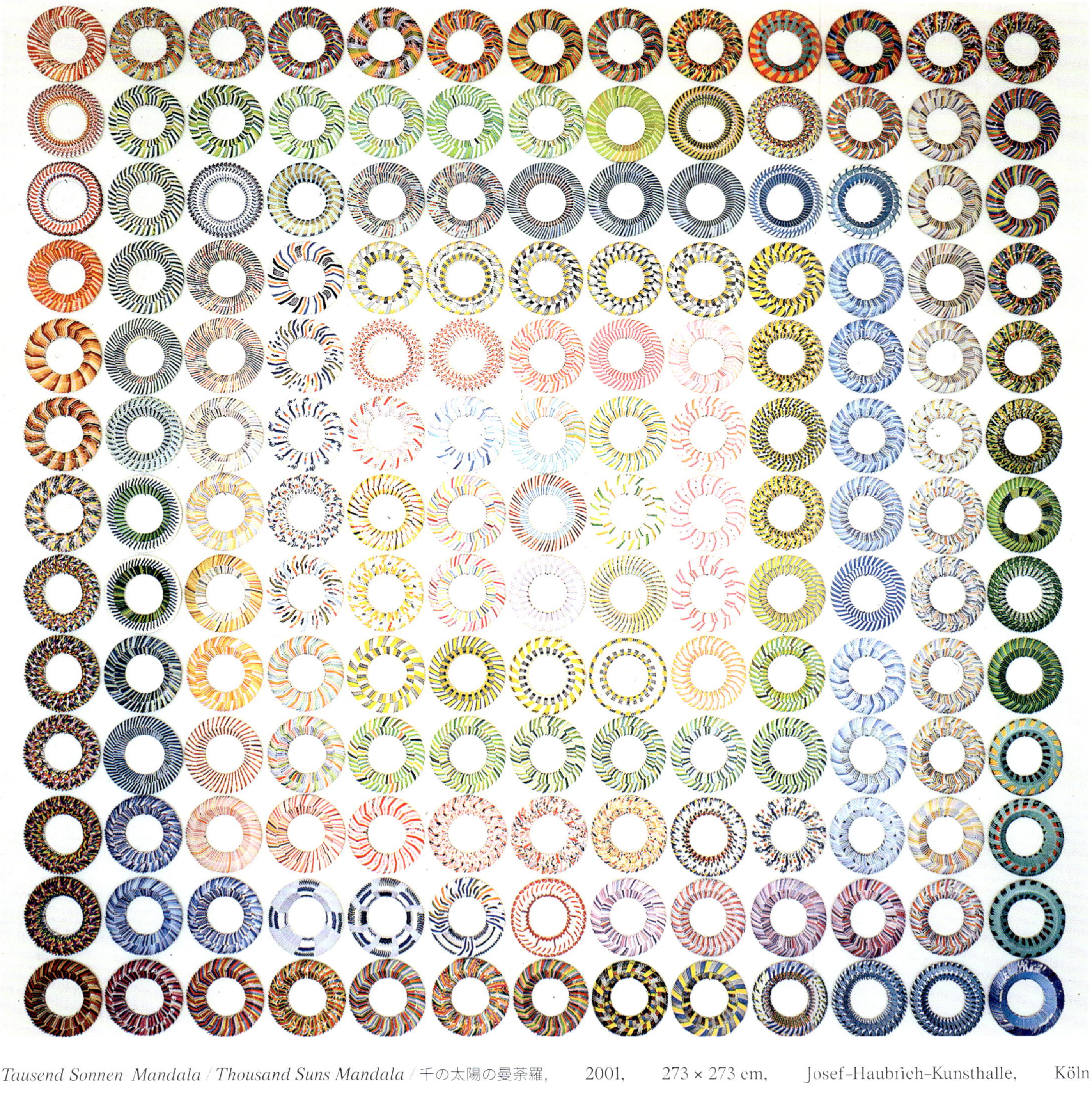

Tausend Sonnen-Mandala / *Thousand Suns Mandala* / 千の太陽の曼荼羅, 2001, 273 × 273 cm, Josef-Haubrich-Kunsthalle, Köln

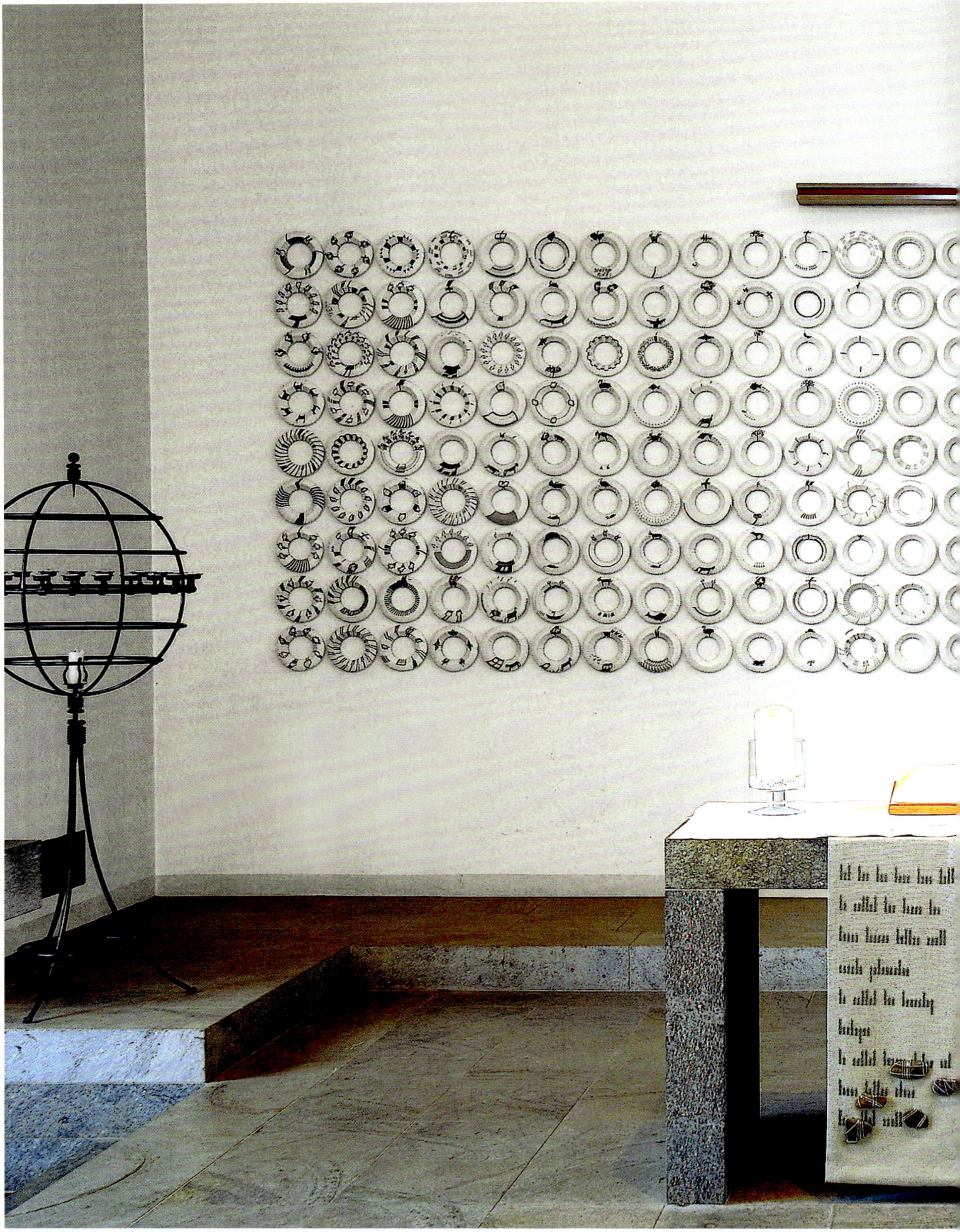

千の太陽

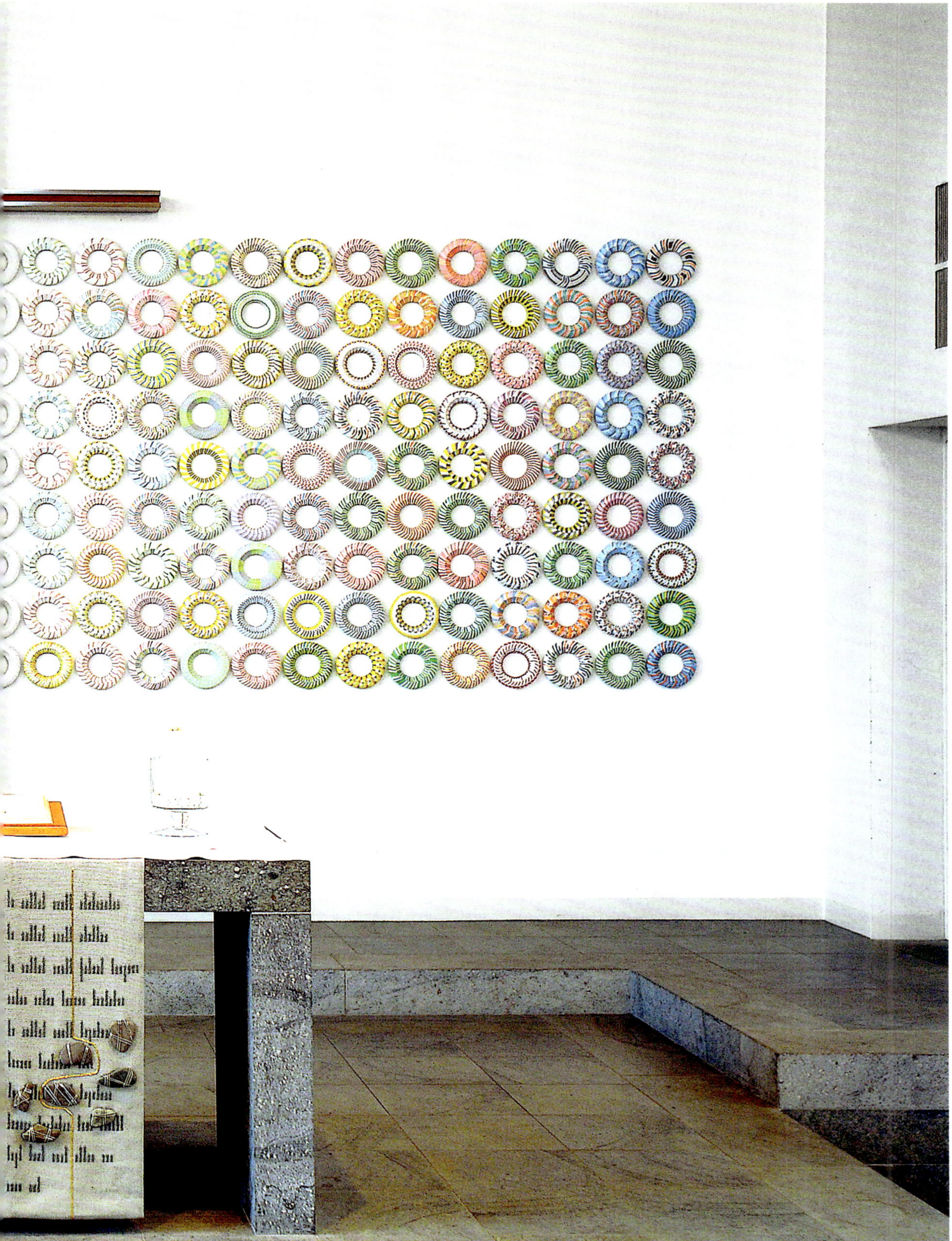

Tausend Sonnen / *Thousand Suns* / 千の太陽, 2010, 189 × 588 cm, Christuskirche, Köln

インスタレーションと立体作品

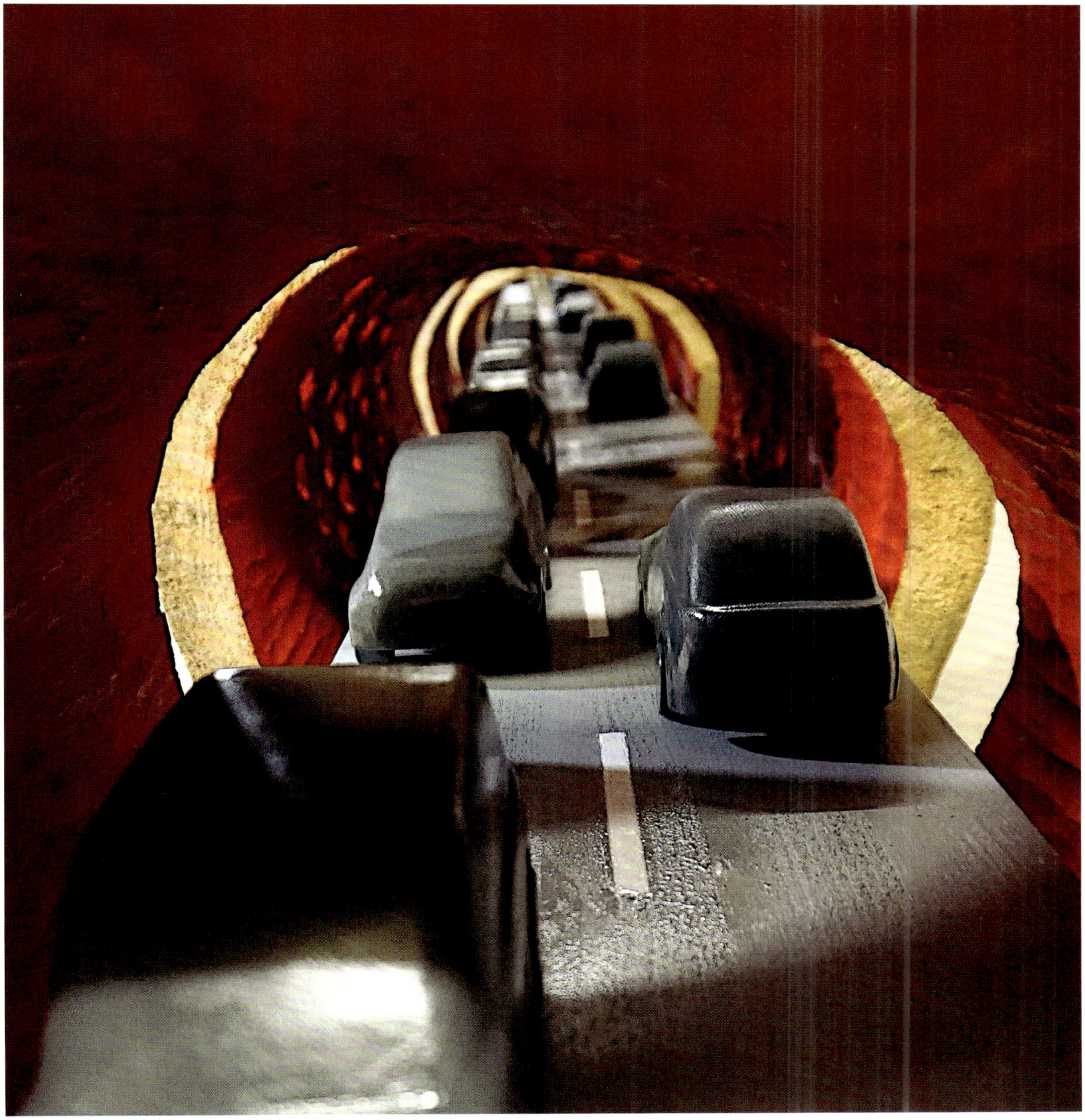

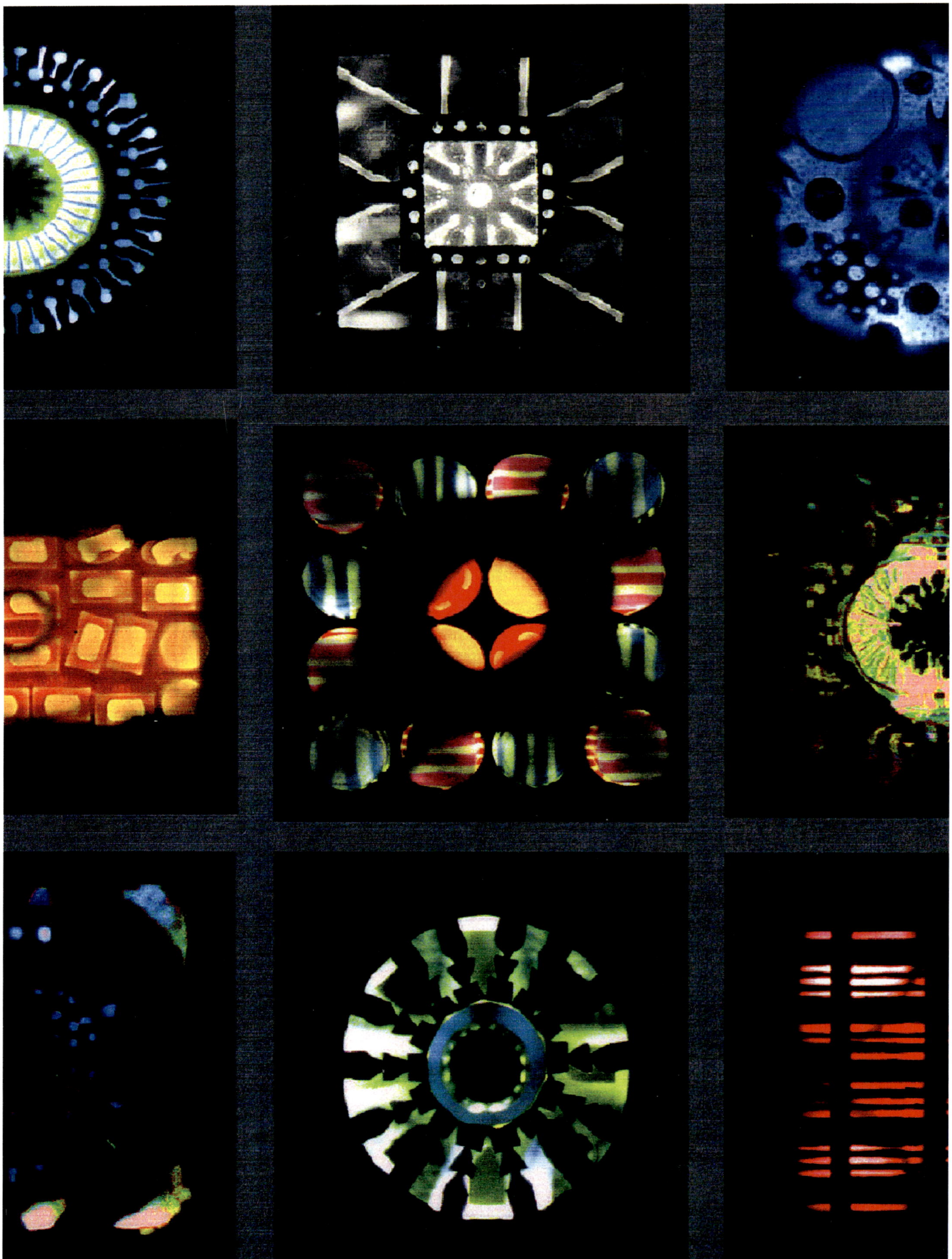

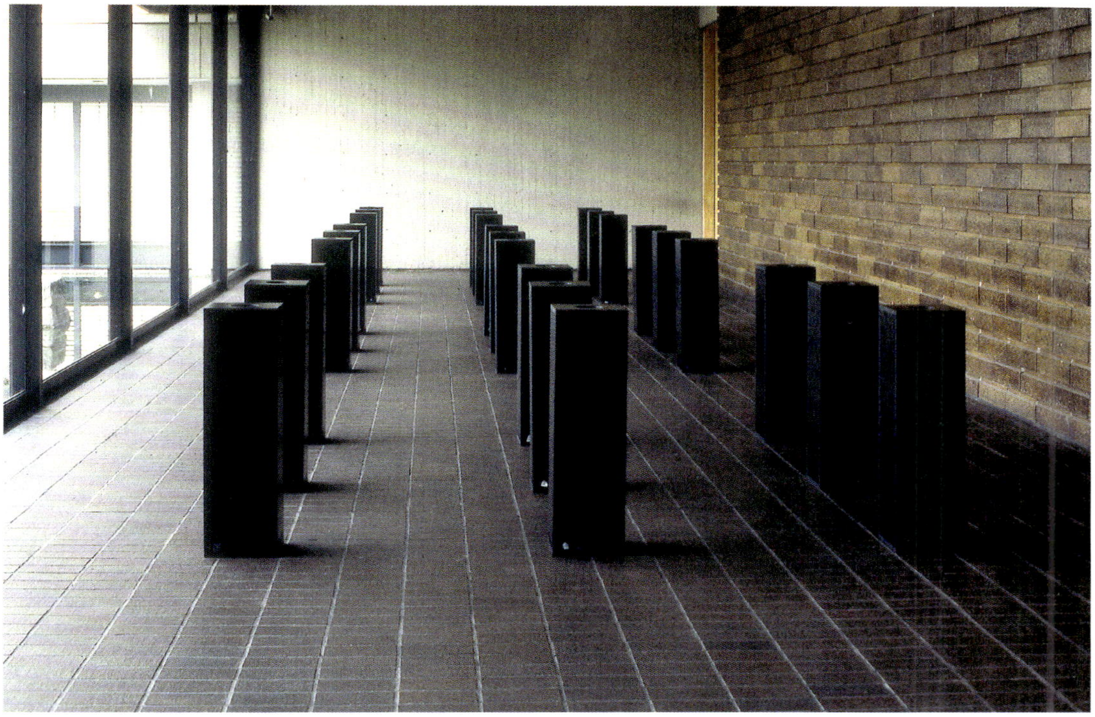

Ort der Verdichtung | *Space of Concentration* | 凝縮の空間, 1997, »Indras Netz«, Museum für Ostasiatische Kunst, Köln

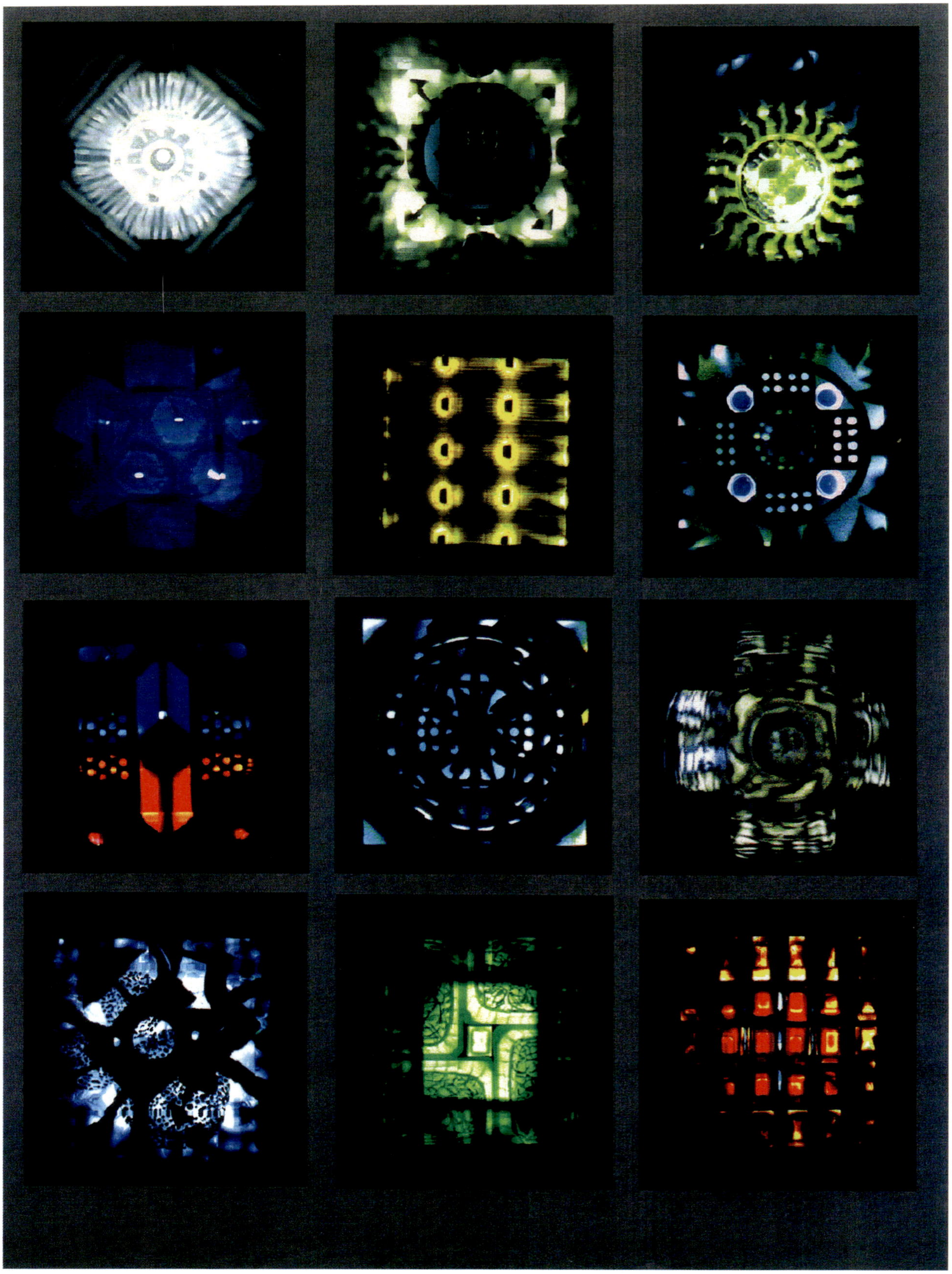

Ort der Verdichtung / *Space of Concentration* / 凝縮の空間, 1997, Innenansichten, »Indras Netz«, Museum für Ostasiatische Kunst, Köln

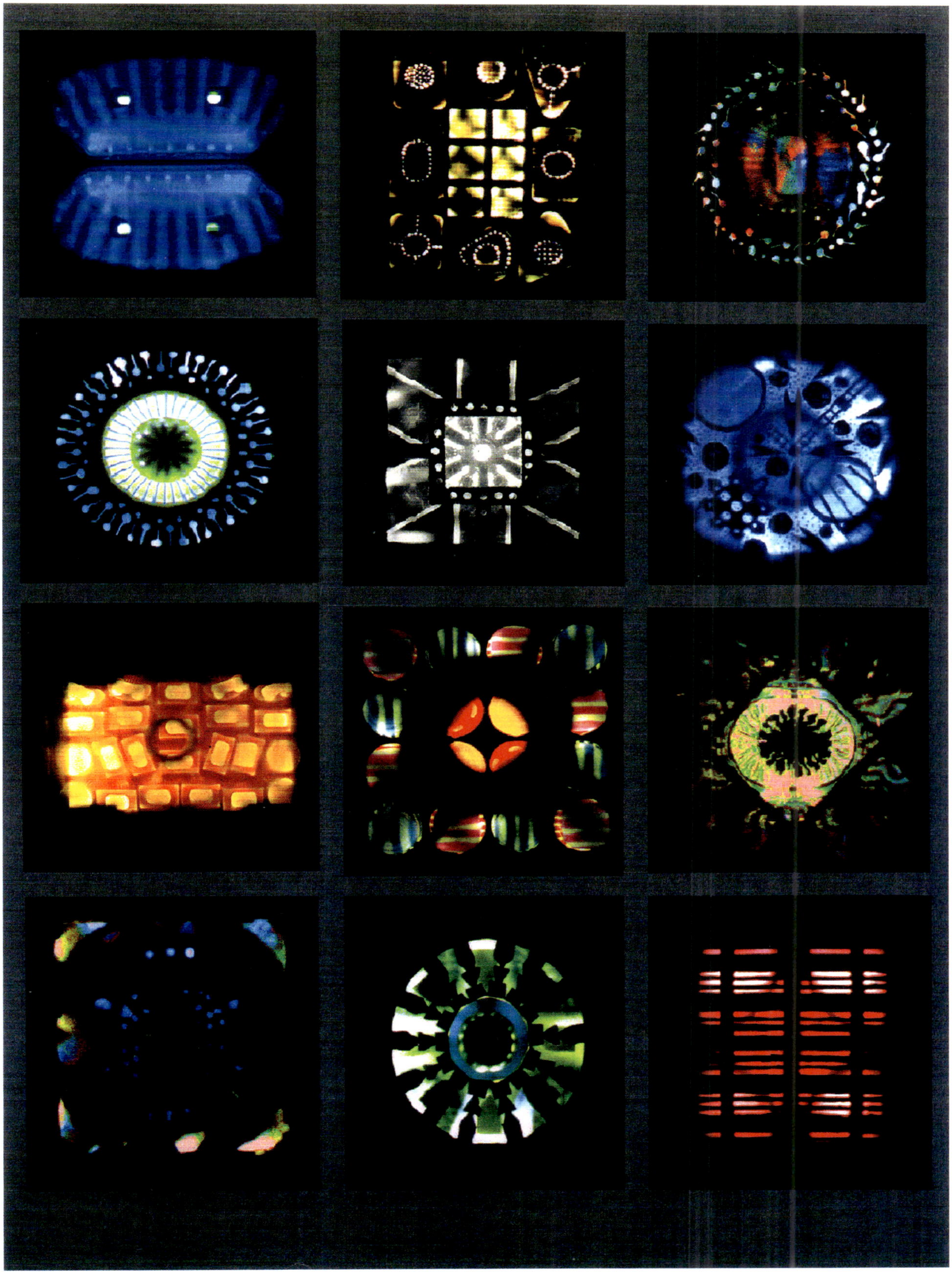

Ort der Verdichtung / *Space of Concentration* / 凝縮の空間, 1997, Innenansichten, »Indras Netz«, Museum für Ostasiatische Kunst, Köln

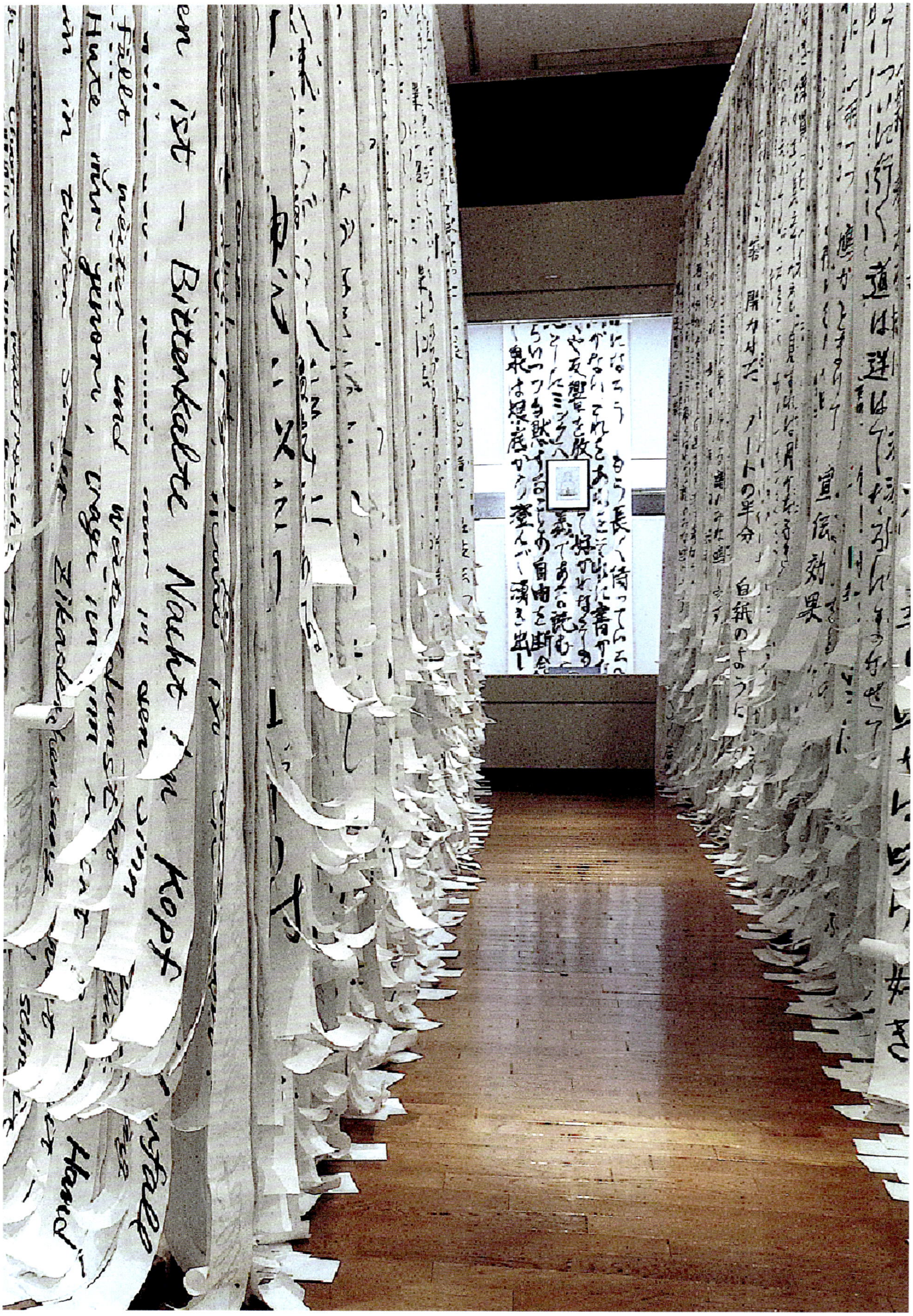

Lyrik-Wasserfall / *Poetry Waterfall* / 詩の滝, 2013, 1000 × 700 × 320 cm, Städtische Galerie Kôkaidô, Echizenshi, Japan

インスタレーションと立体作品

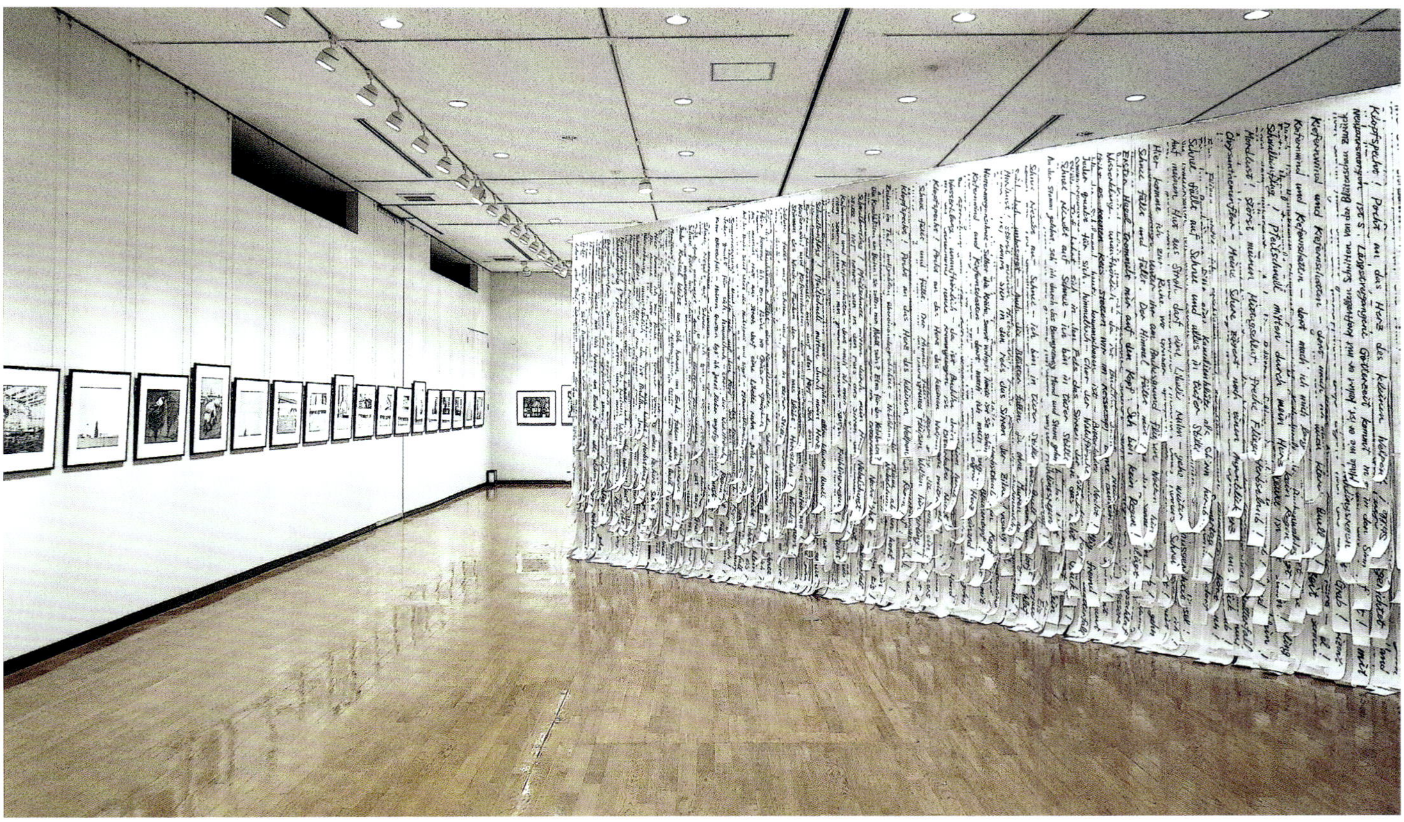

Lyrik-Wasserfall / *Poetry Waterfall* / 詩の滝, 2013, 1000 × 700 × 320 cm, Städtische Galerie Kôkaidô, Echizenshi, Japan

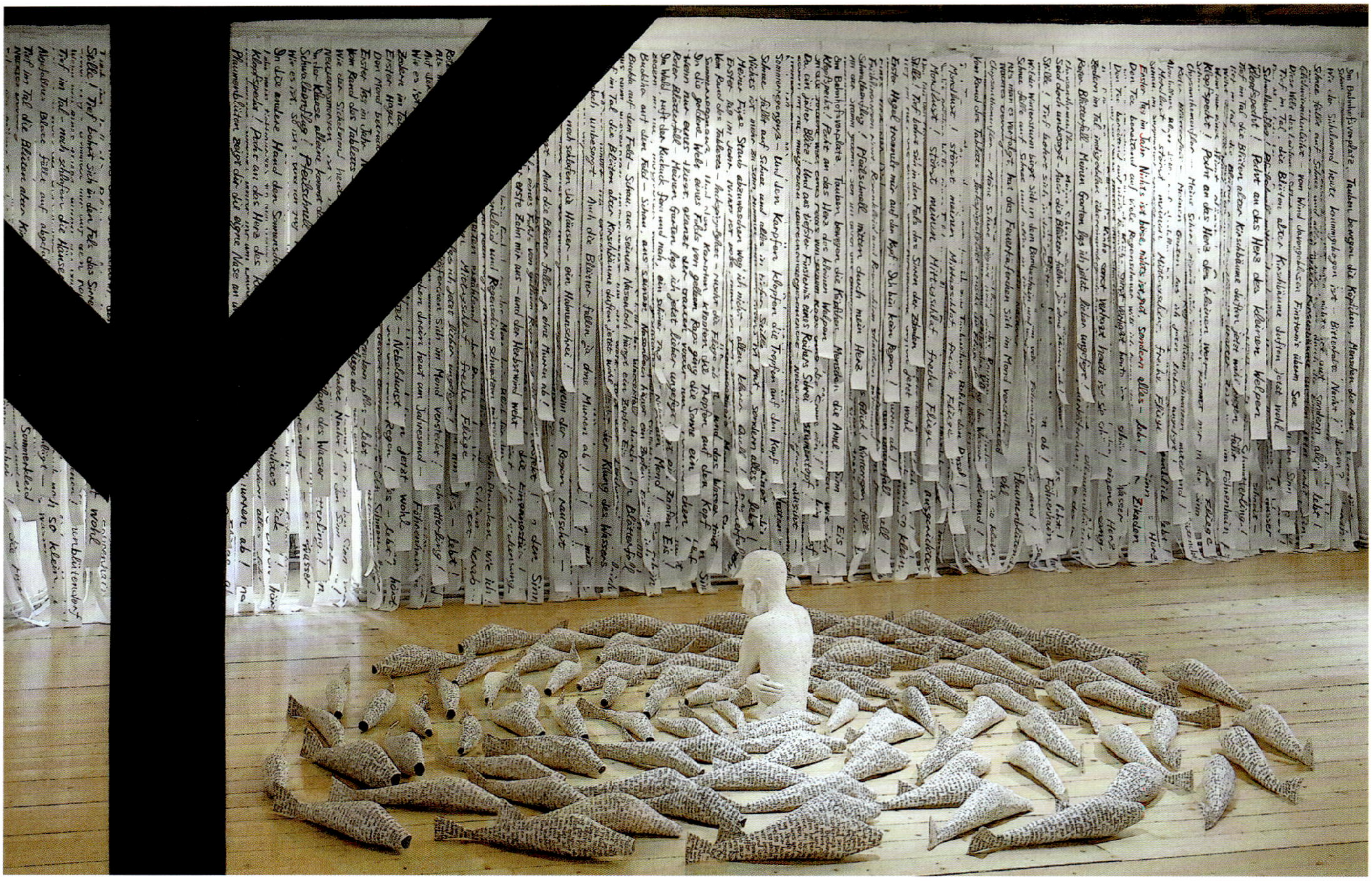

Lyrik-Wasserfall III / *Poetry Waterfall III* / 詩の滝 III, 2013, 270 × 720 cm, Schloss Ritzebüttel, Cuxhaven

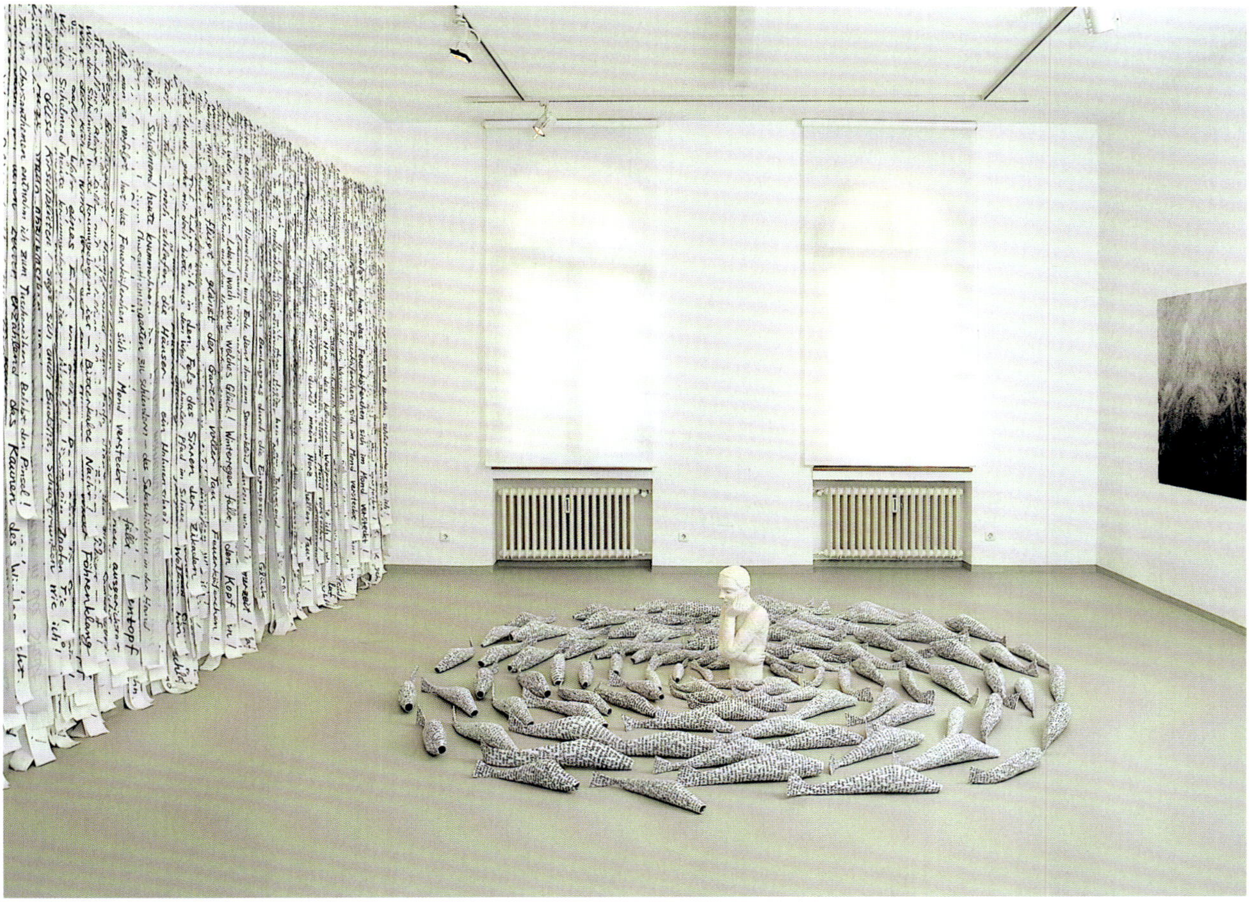

Du bist ein Fisch, der über Durst klagt / *You Are a Fish Complaining of Thirst* / きみは喉の渇きを訴える魚だ, 2011, »Horizonte«, Städtische Galerie Schloss Borbeck, Essen

インスタレーションと立体作品

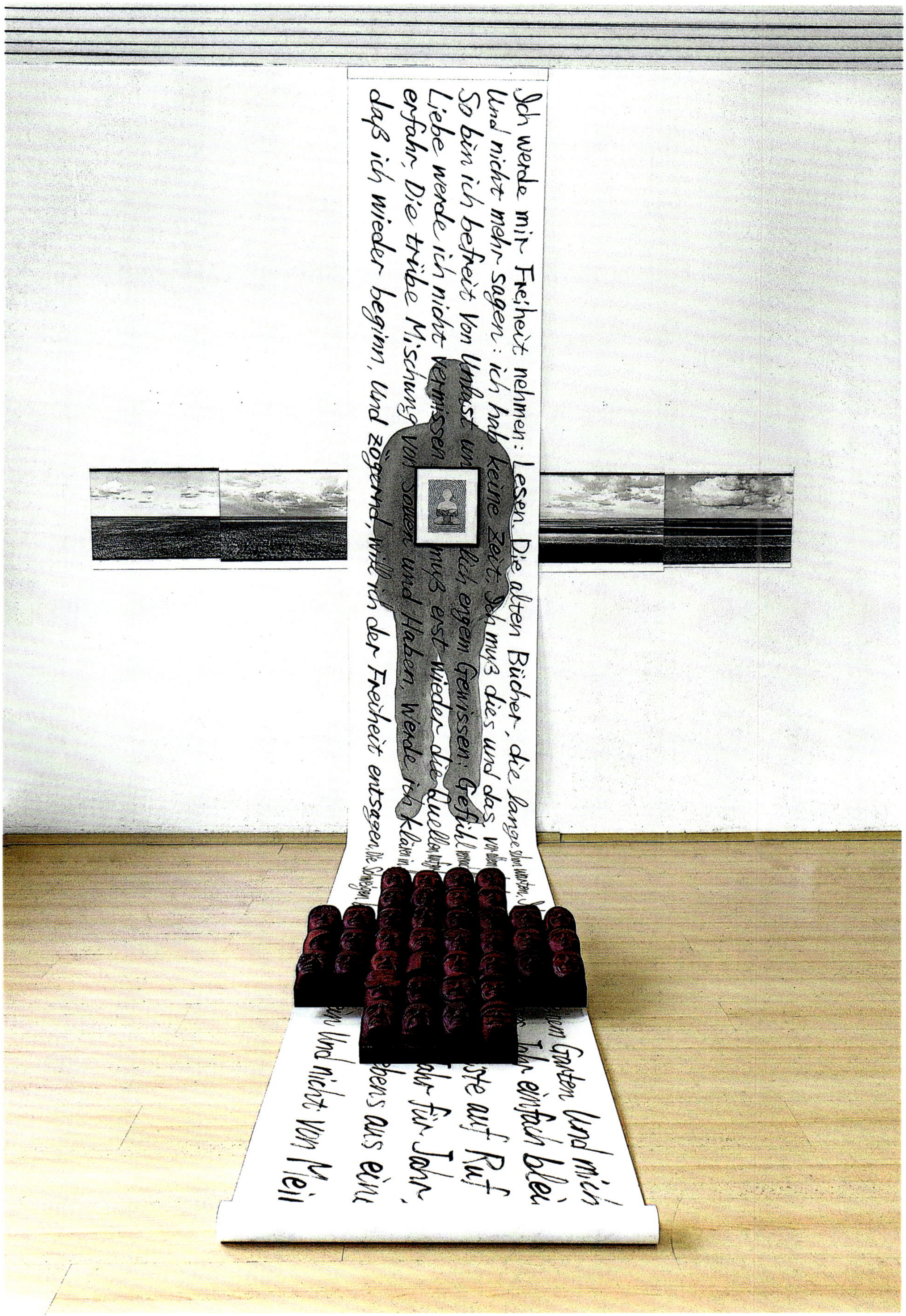

Blick nach Innen | *Inward Gaze* | 内観, 2011, 320 × 270 cm, Galerie Seidel, Köln

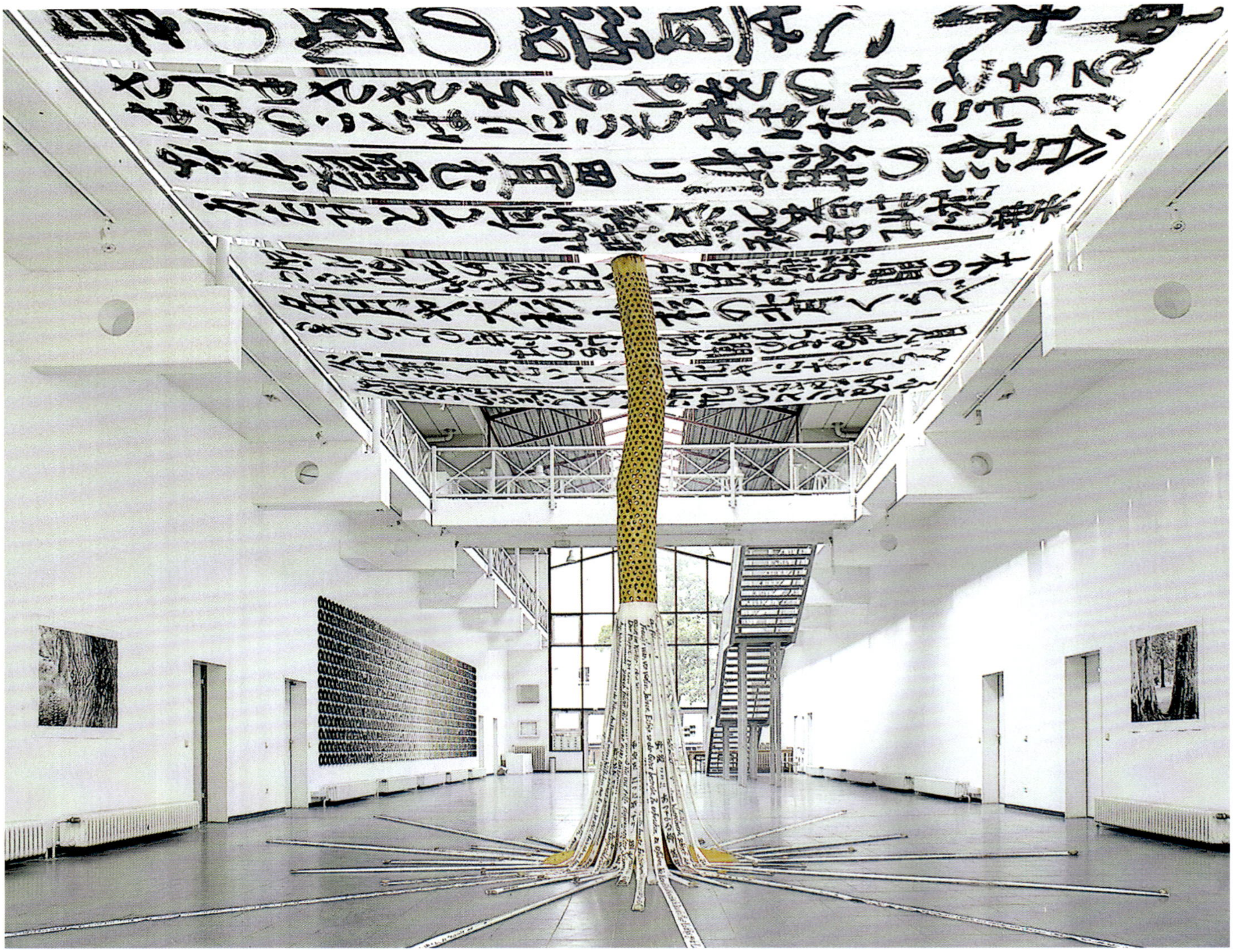

Lyrik-Baum / *Poetry Tree* / 詩の木, 2008, 500 × 700 cm, Neues Kunstforum, Köln

インスタレーションと立体作品

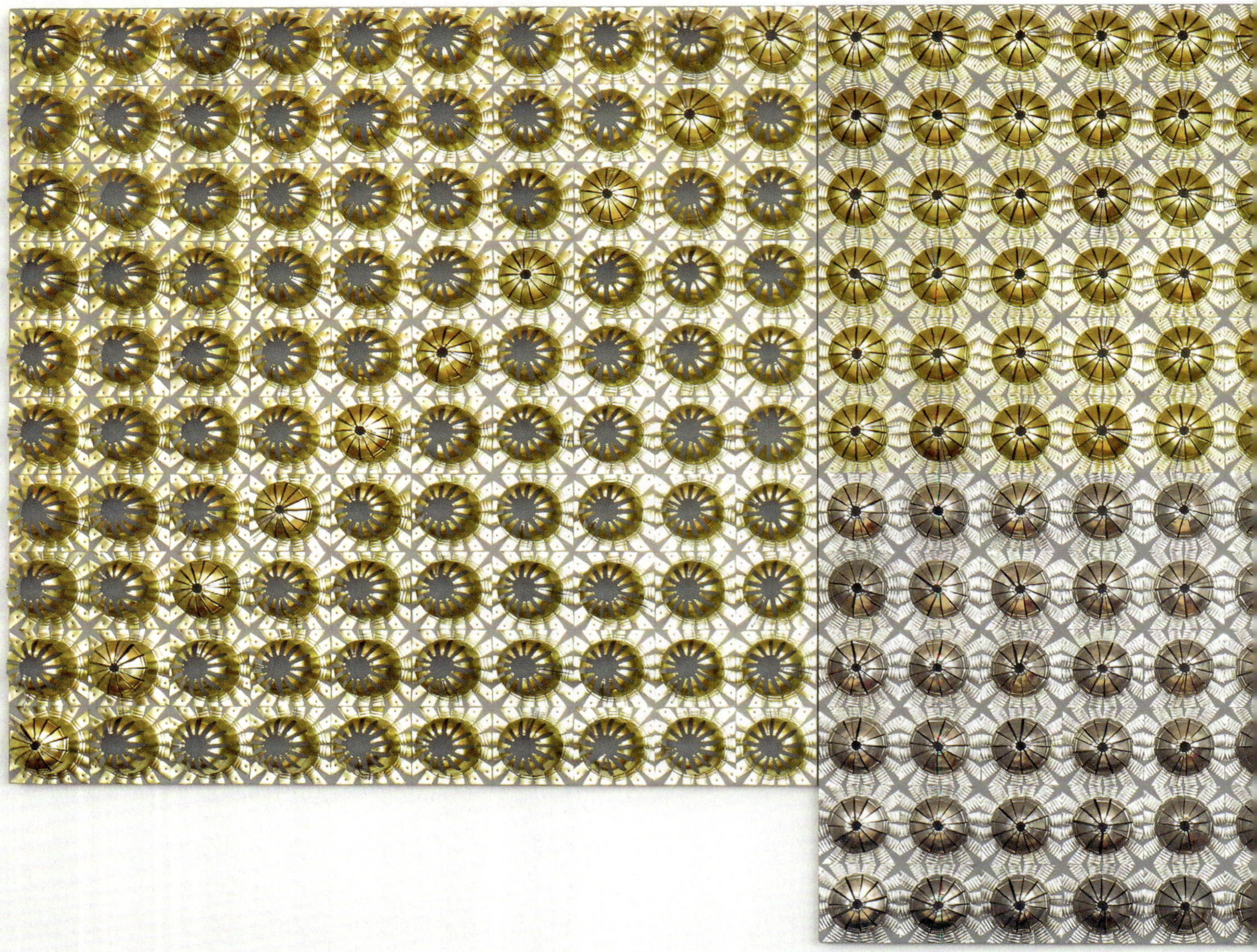

Hommage à Kintaro und Himiko / *Homage to Kintaro and Himiko* / 金太郎と卑弥呼へのオマージュ, 1991,
120 × 300 cm, Atelier des Künstlers, Köln

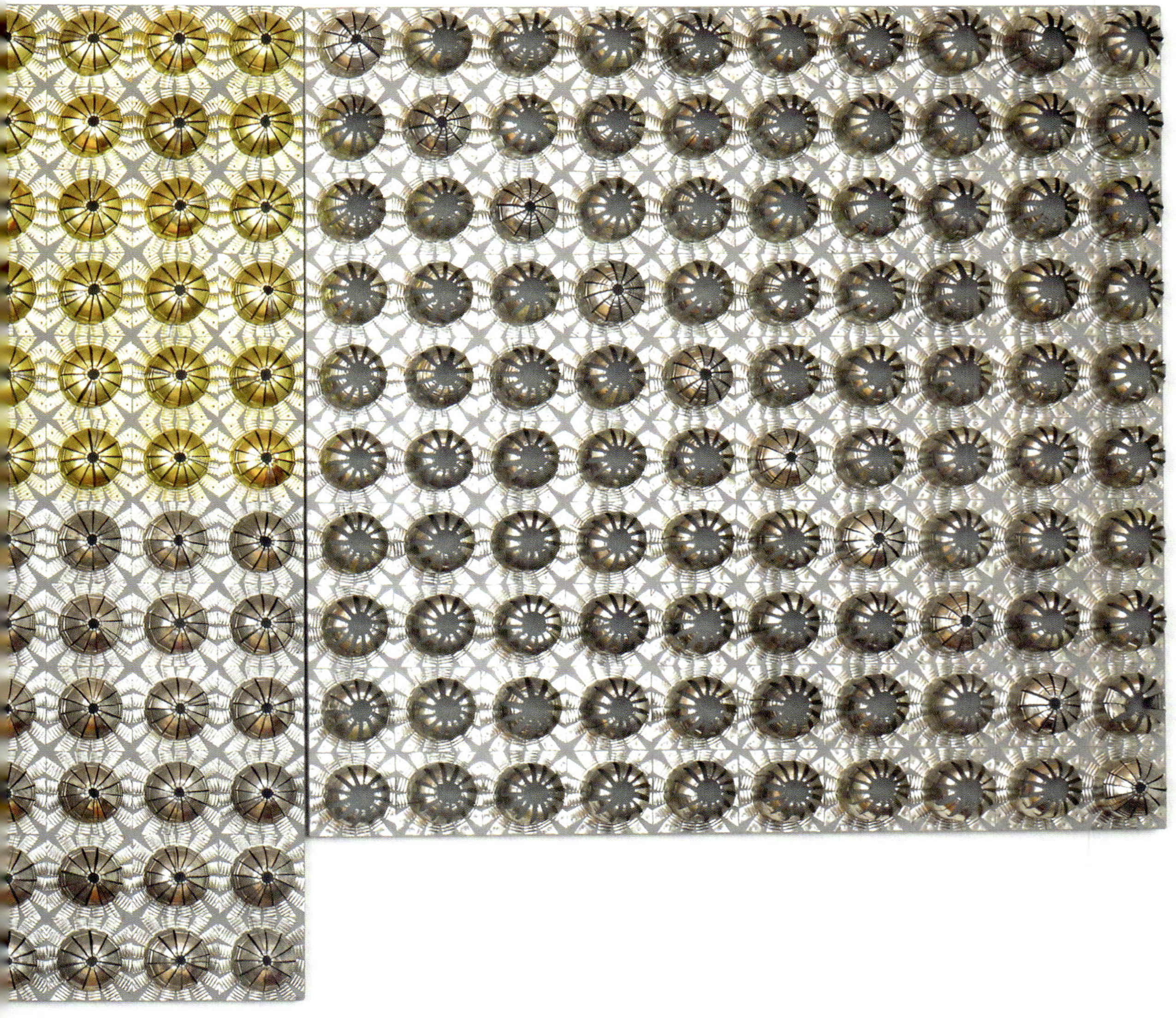

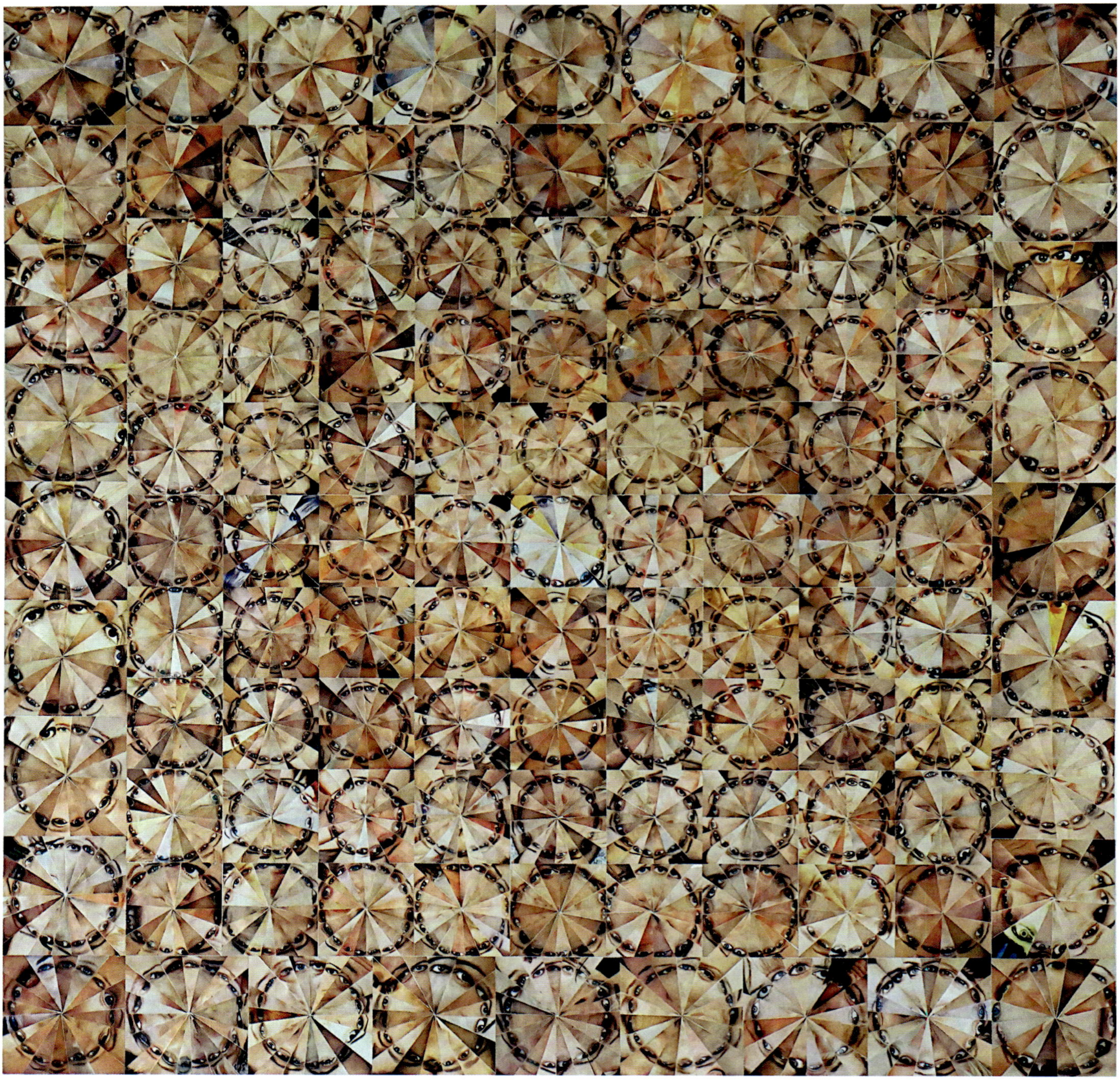

Augen-Mandala | *Eyes Mandala* | 目の曼荼羅, 2017, 90 × 90 cm

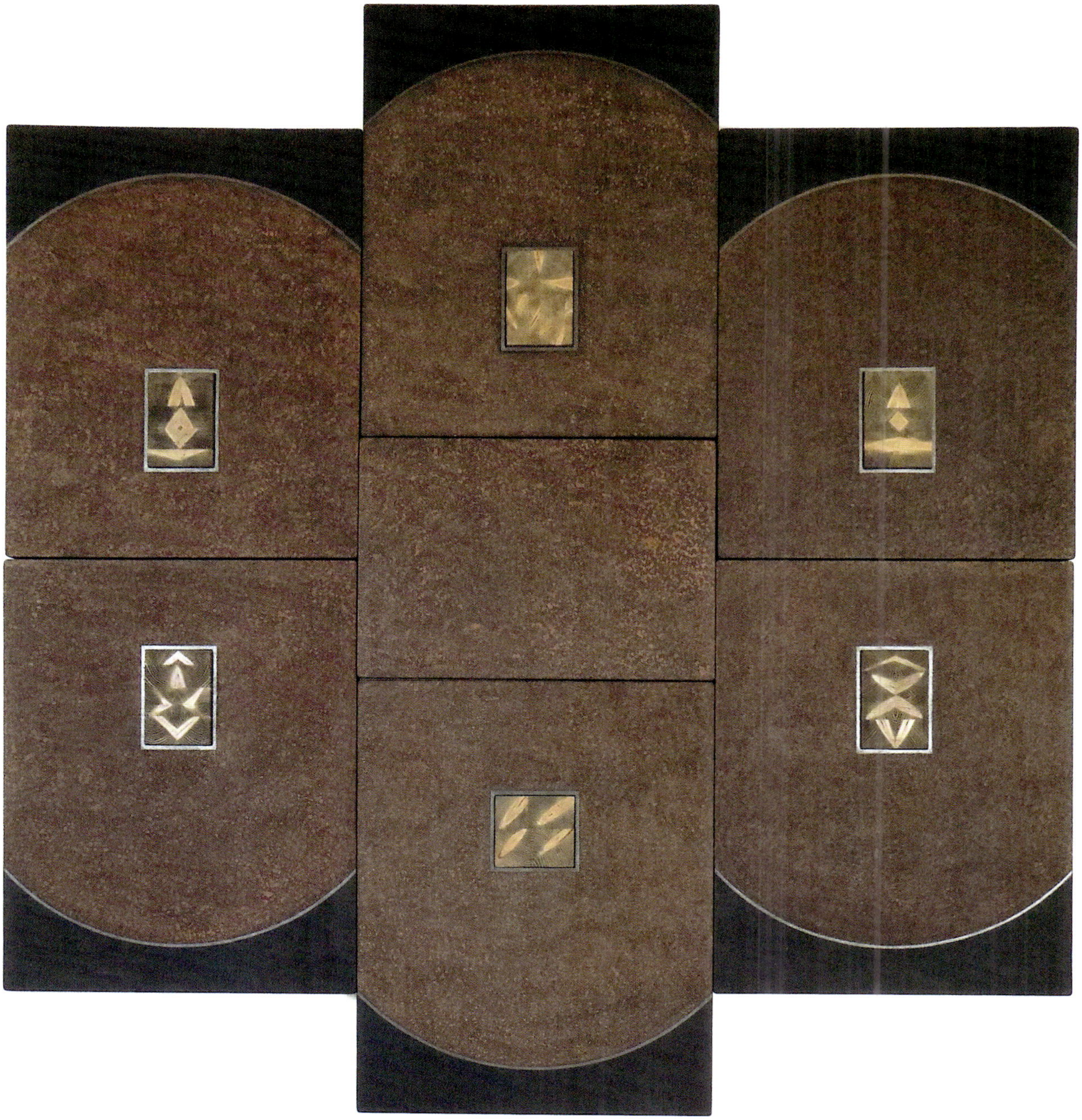

Baum-Mandala | *Tree Mandala* | 木の曼荼羅, siebenteilig 192 × 180 cm, »IV. Festival KUNSTplätze«, Theodor Heuss Akademie, 1995, Gummersbach

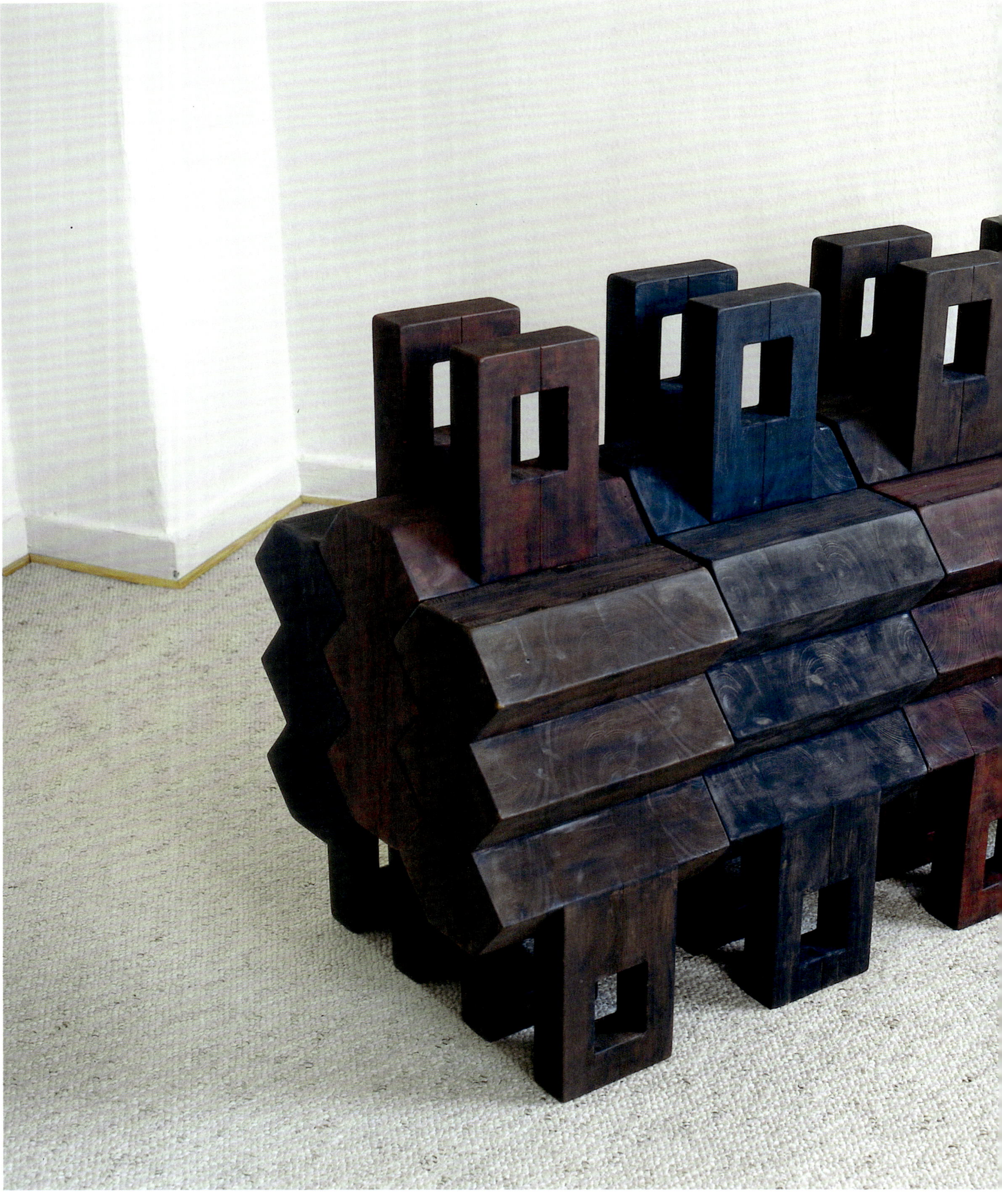

Zusammen Getragen / Collaborated / 共に背負う, 1991, L: 120 cm, Atelier des Künstlers, Köln

インスタレーションと立体作品

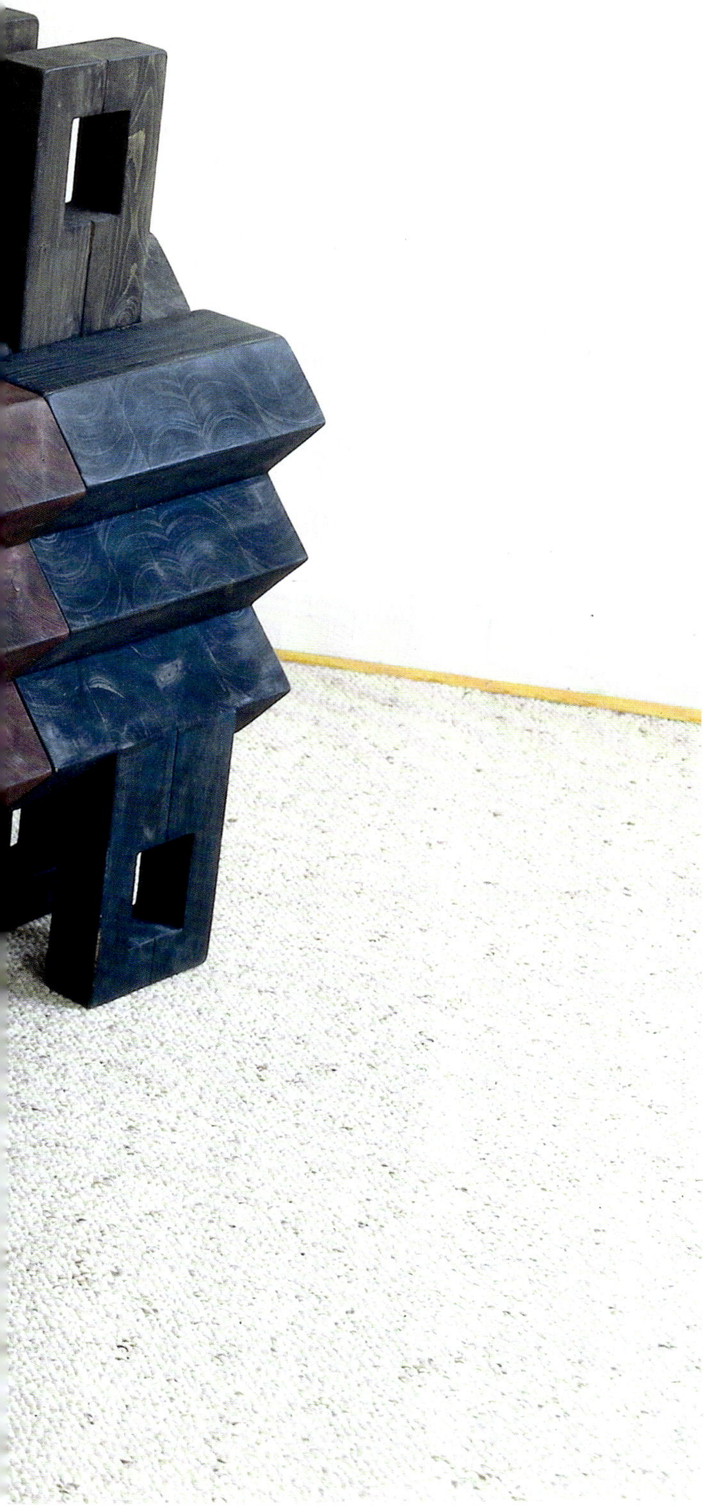

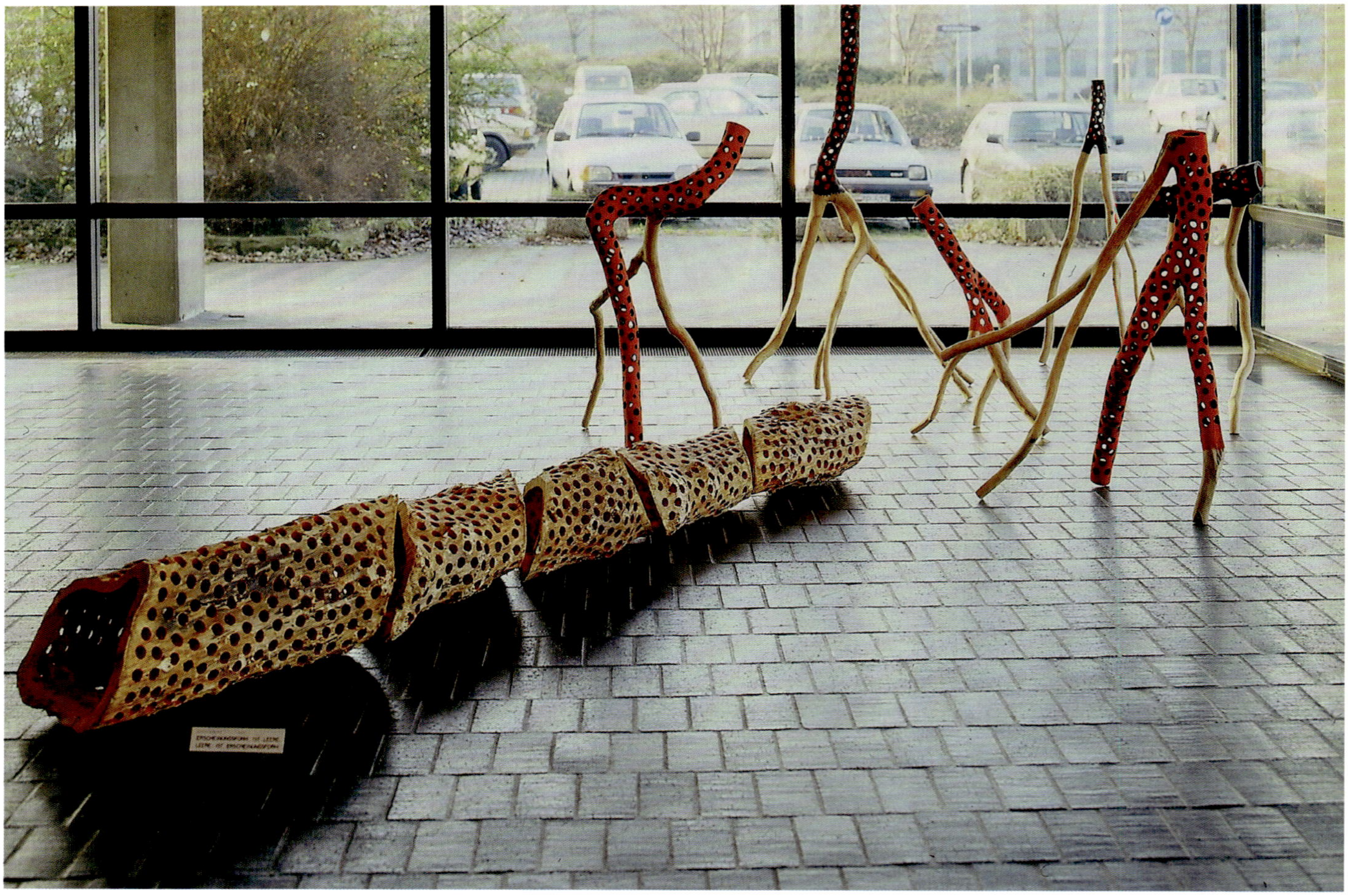

Erscheinungsform ist Leere, Leere ist Erscheinungsform / Appearance disappears, emptiness appears / 色即是空 空即是色, 1986,
320 × 270 cm, Japanisches Kulturinstitut, Köln

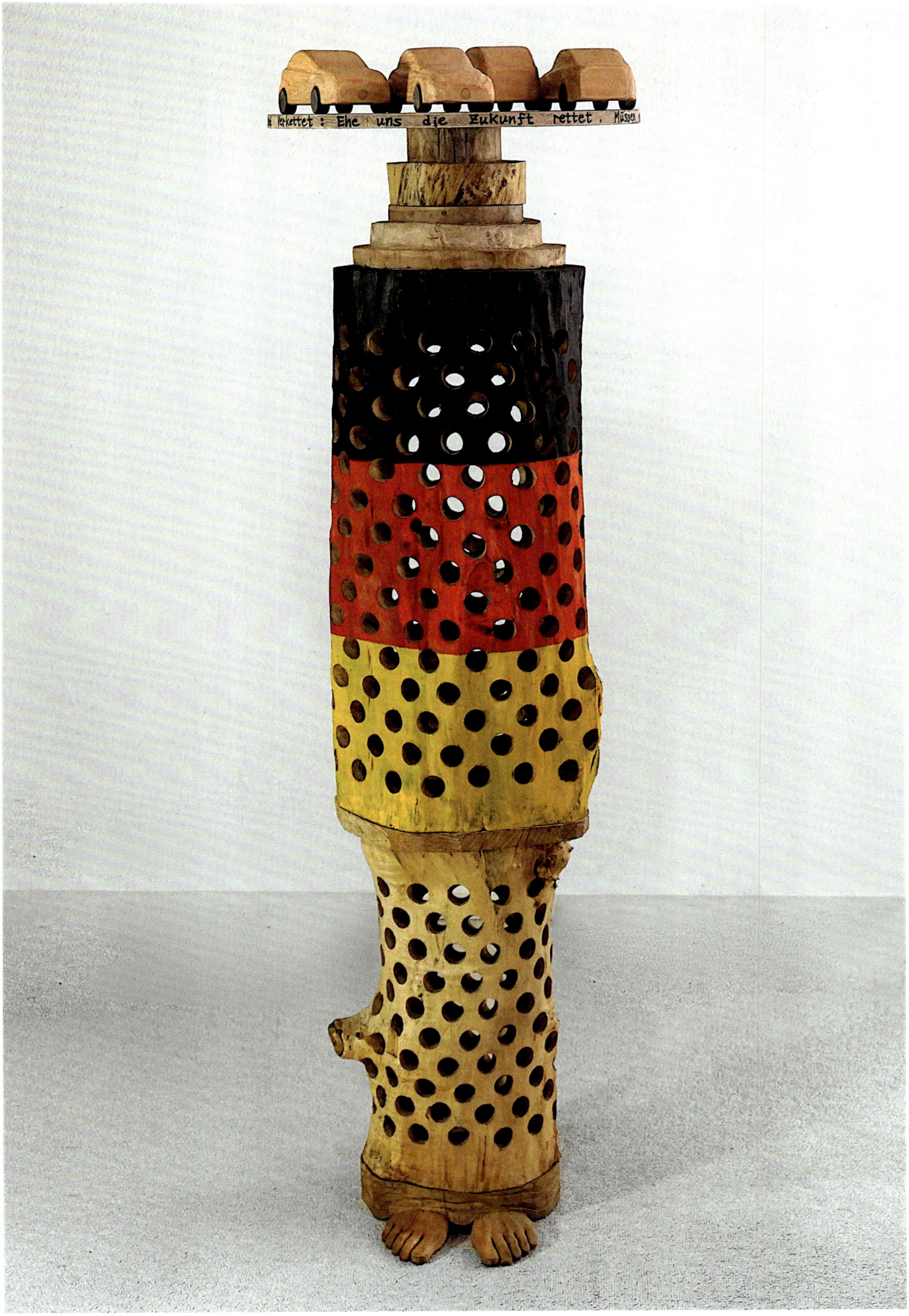

WV (WagenVolk) | *WV (People of the Car)* | WV（ワーゲンフォルク） 2019,
H: 157 cm, Ø: 44,5 cm, Künstlergruppe »Spiegelbild«, Galerie Seidel, Köln

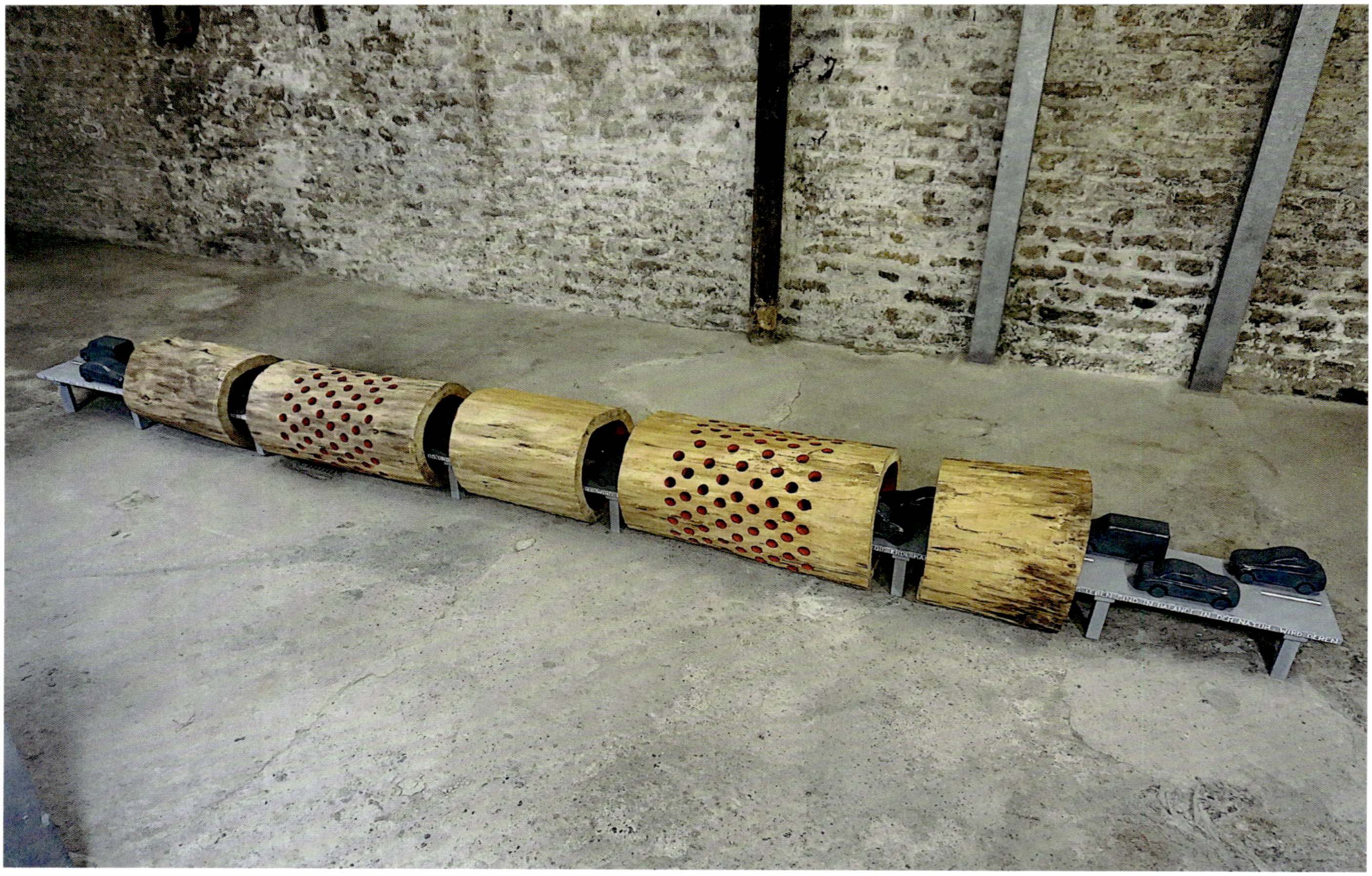

Käferplage / *Plague of Beetles* / 害虫たち, 2018, 400 × 41 cm, Gründungsaustellung der Künstlergruppe »Spiegelbild«, Galerie Seidel, Köln

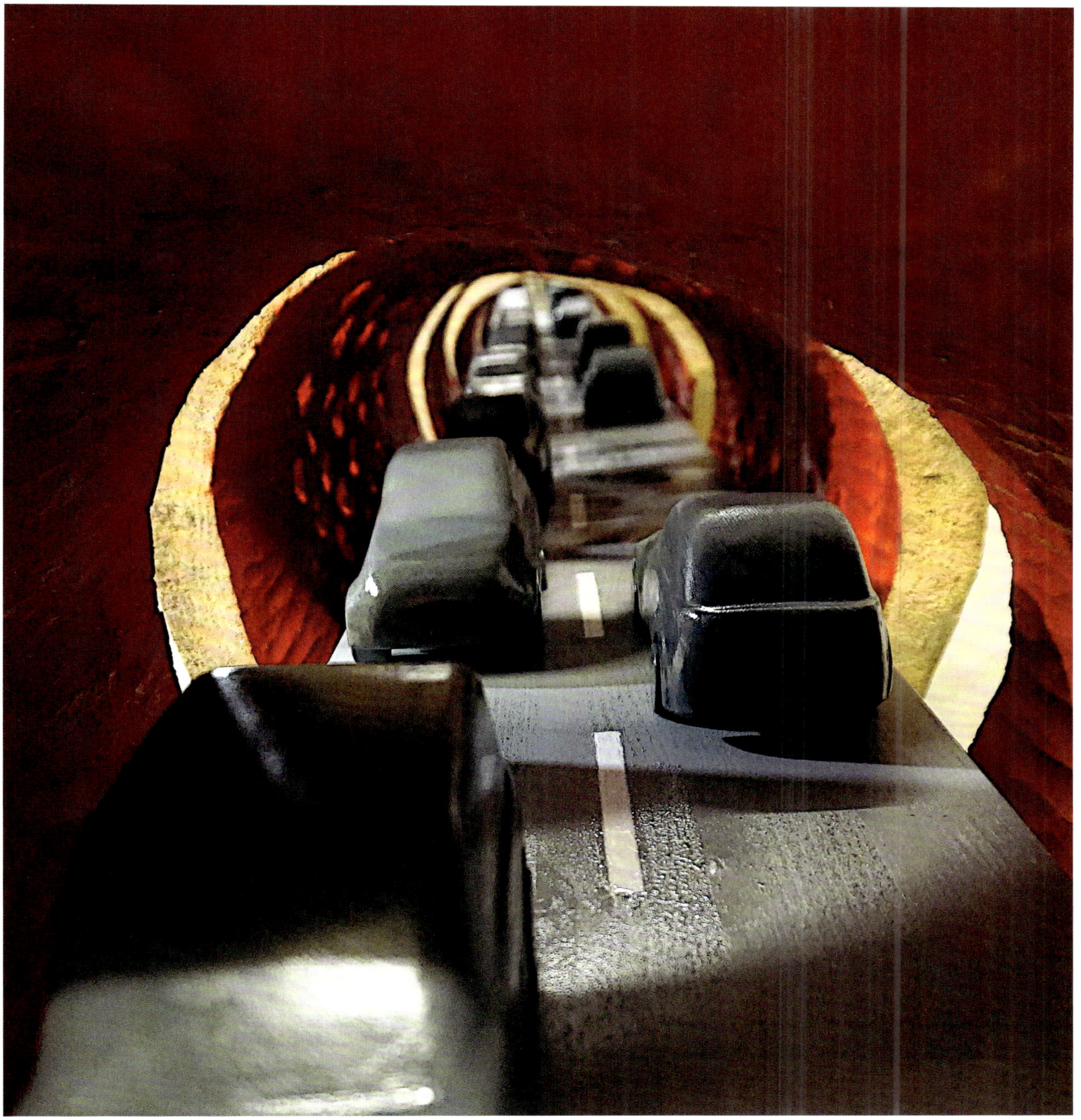

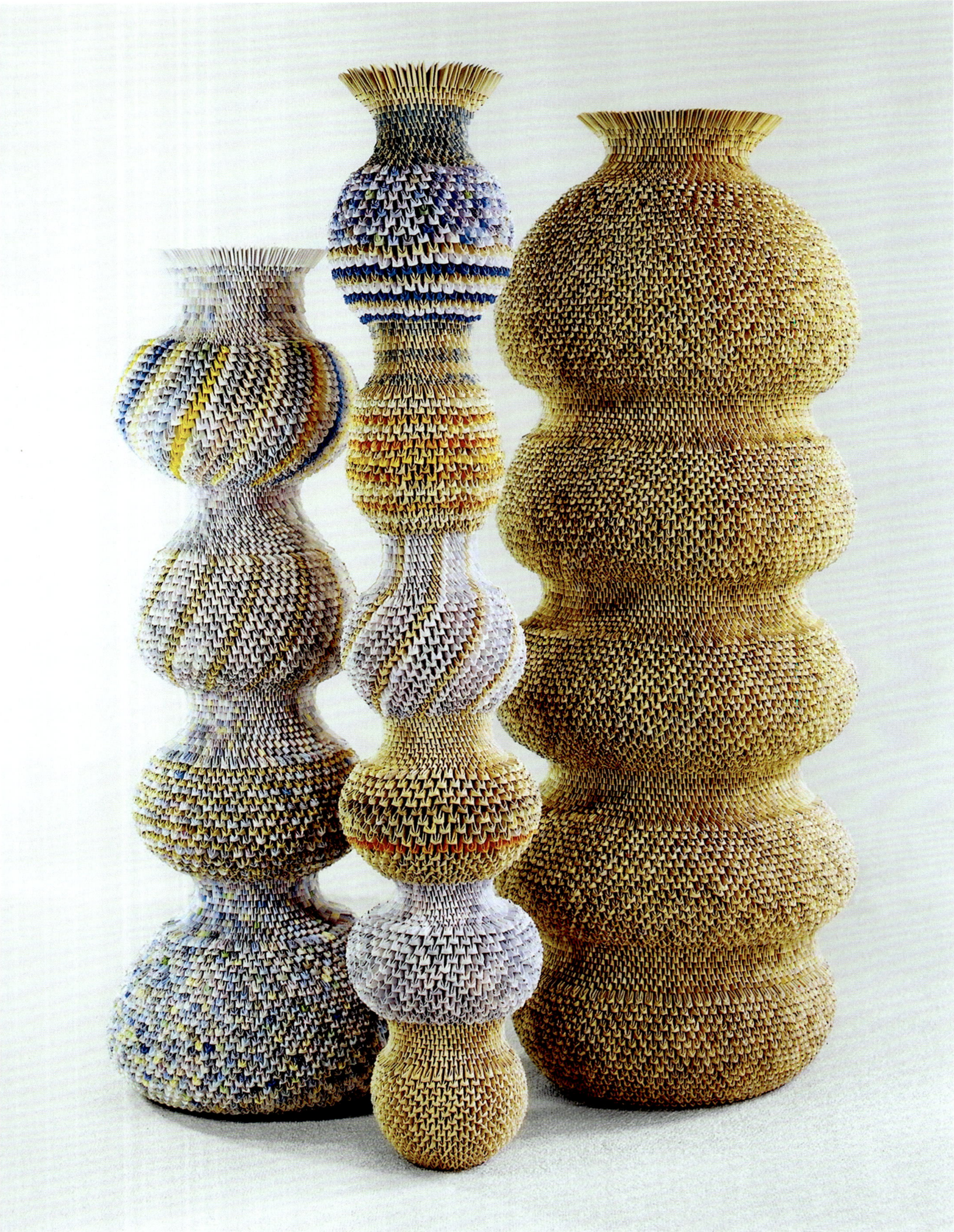

Post-Babel | *Post-Babel* | バベルの郵便塔, 2013–2014,
dreiteilig, 107 × 39 cm, 123 × 45 cm, 124 × 21 cm, Kunsthalle Vogelmann, Heilbronn

インスタレーションと立体作品

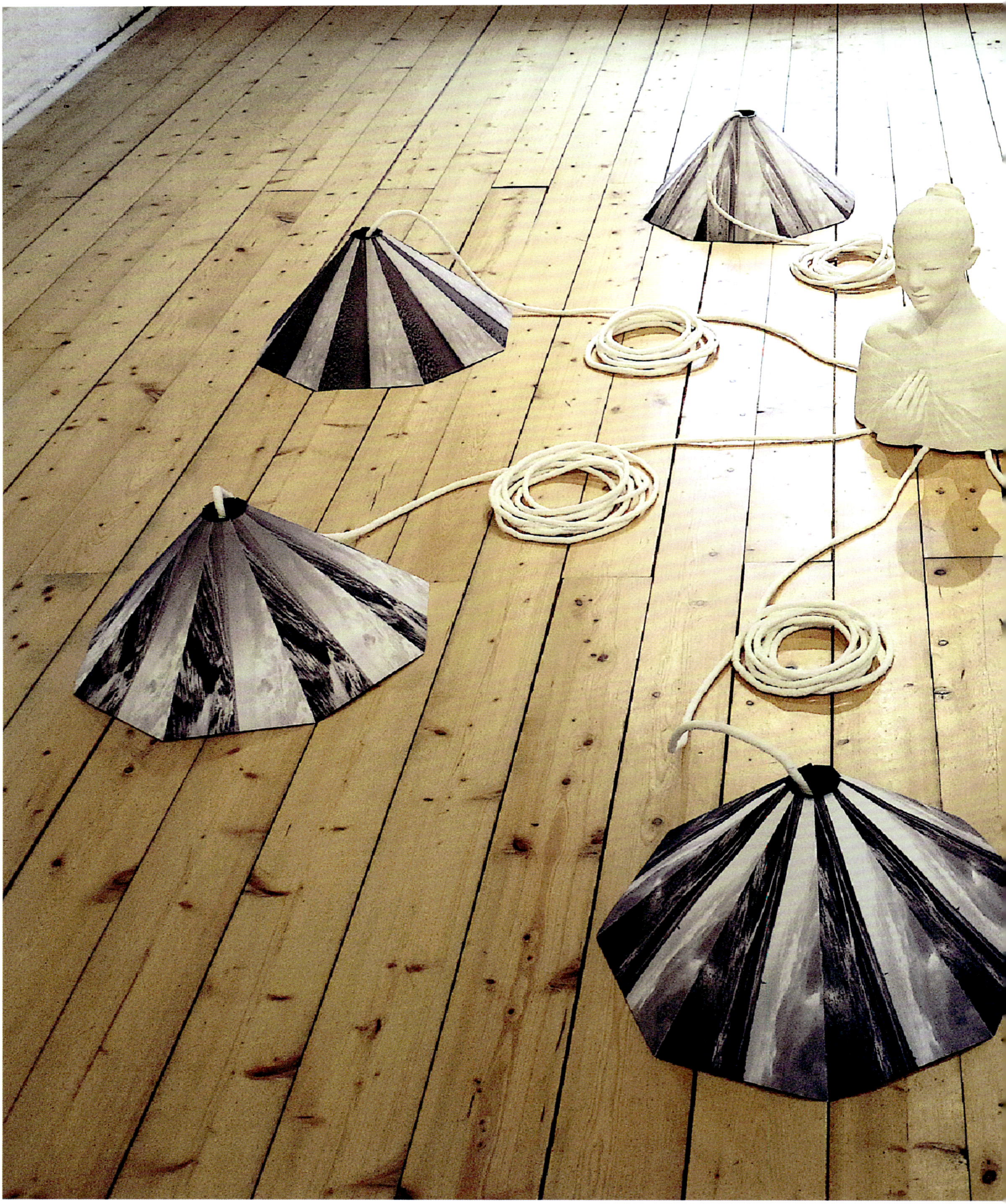

Traum der Zeit | *Dream of Time* | 時間の夢, 2013, Gipsfigur 43 × 32 cm, Schloss Ritzebüttel, Cuxhaven

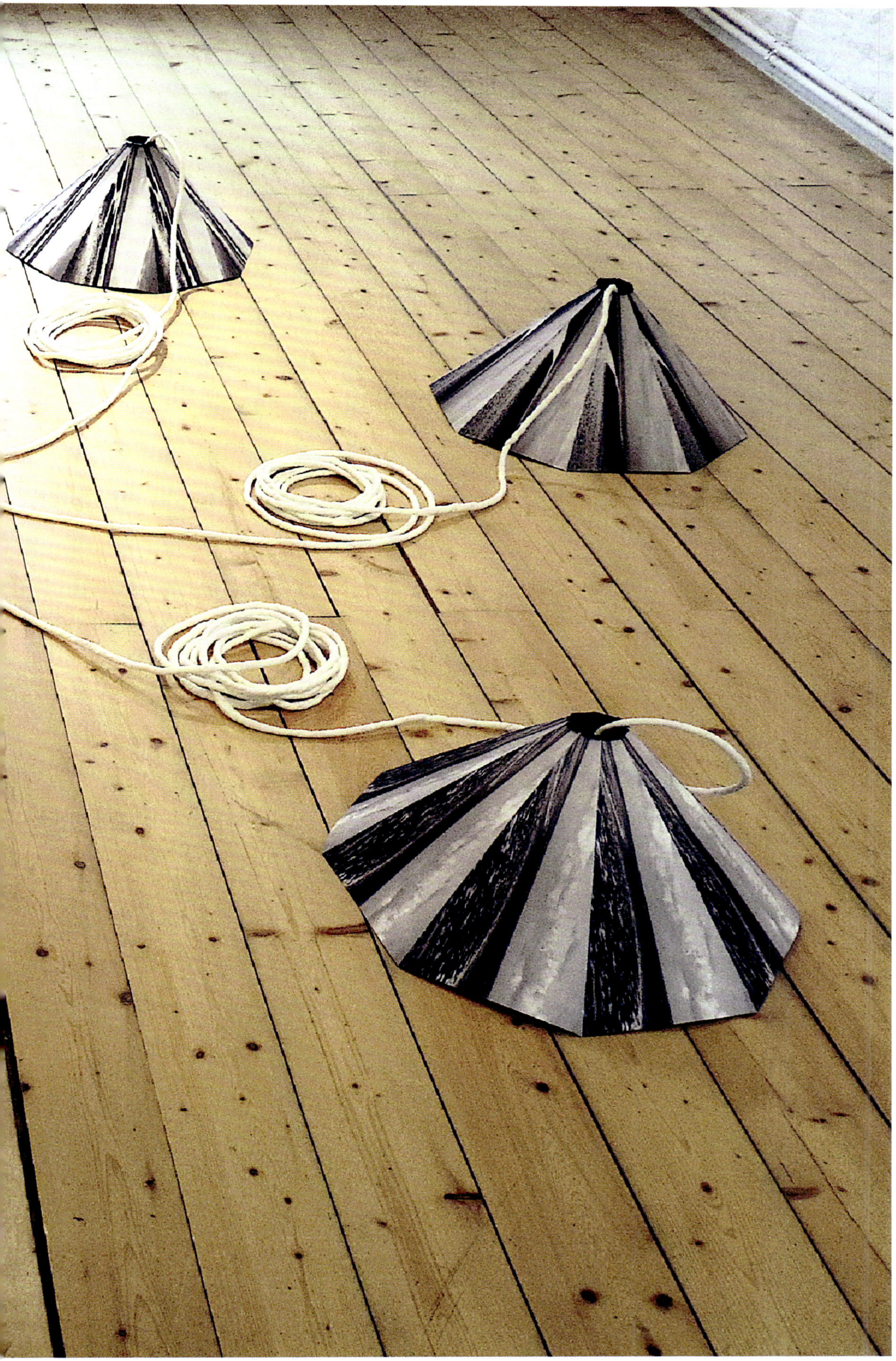

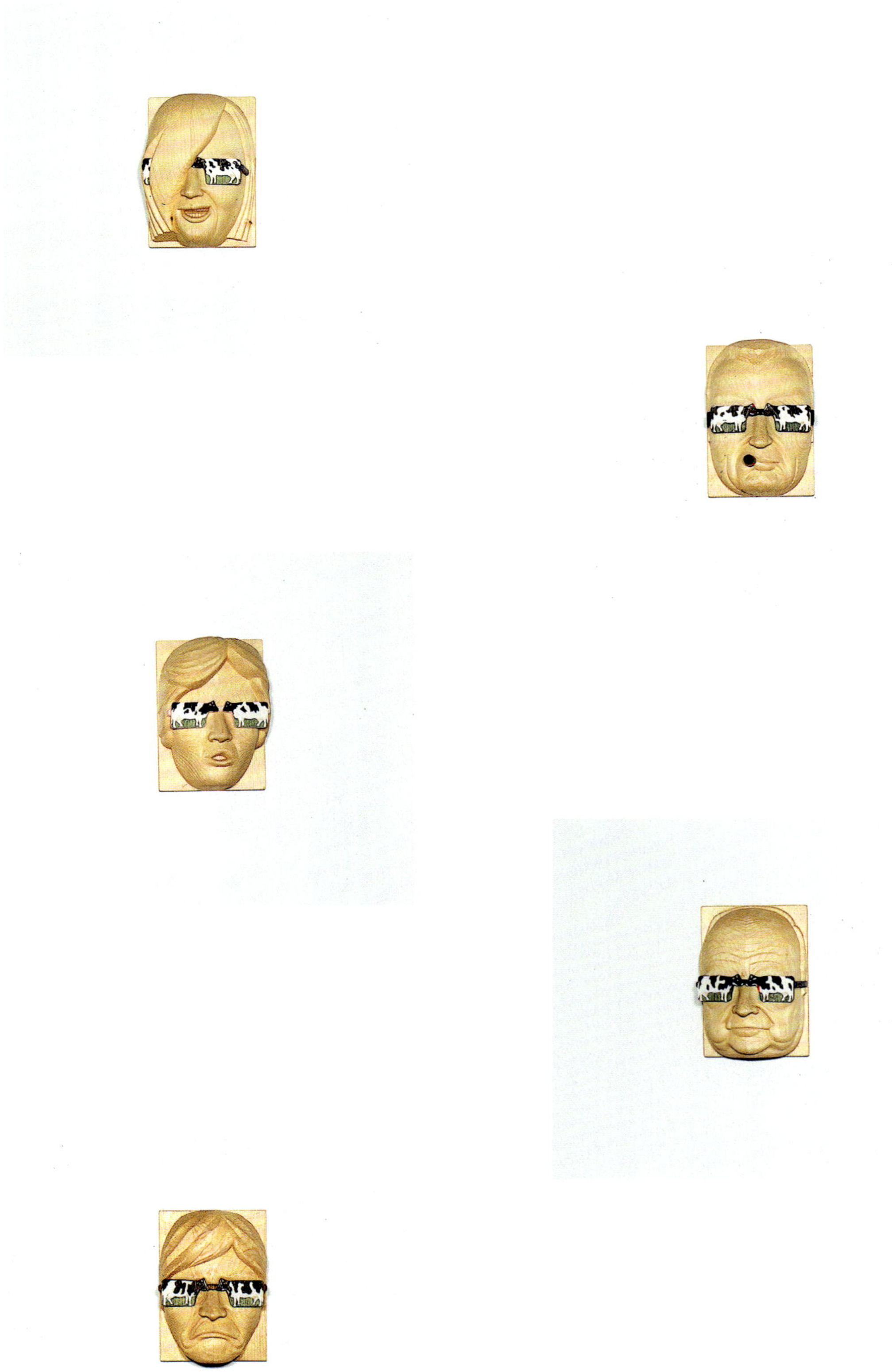

Blindekuh | *Blind Man's Buff* | 目隠し鬼, 2002, je Kopf 20 × 14 × 9 cm, »zeitZeichen«, Kunstverein Hürth

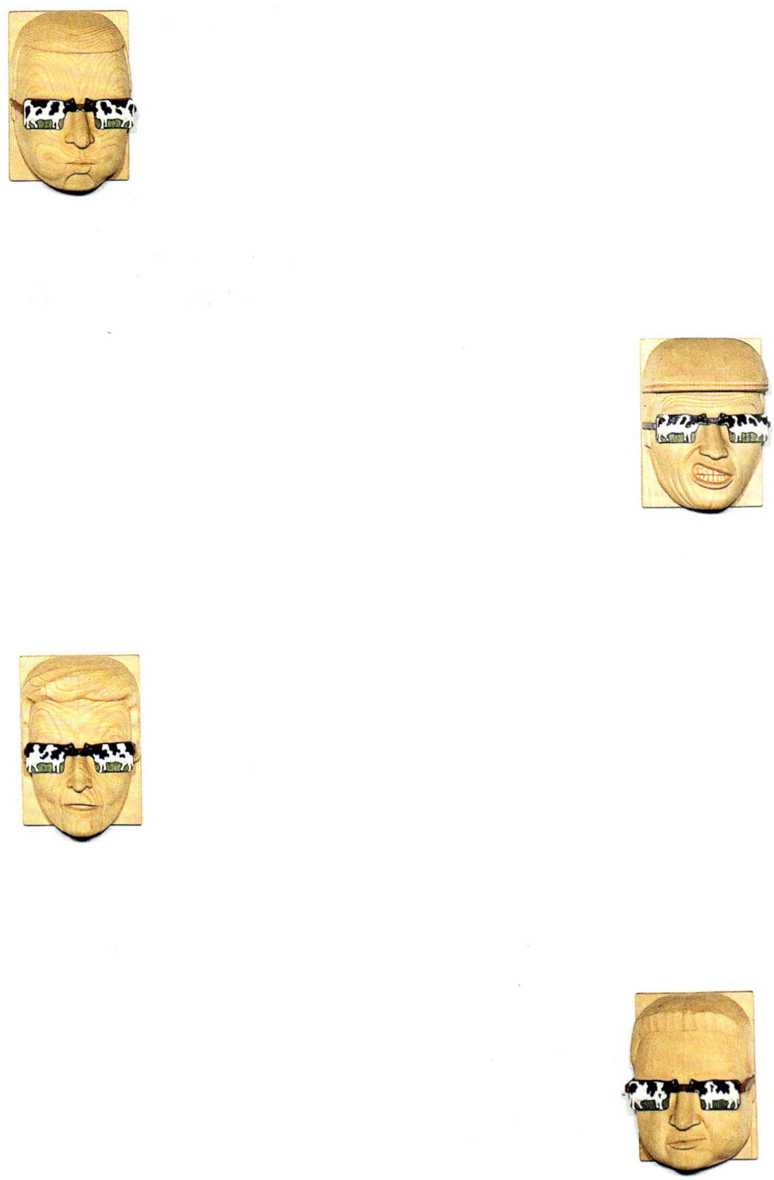

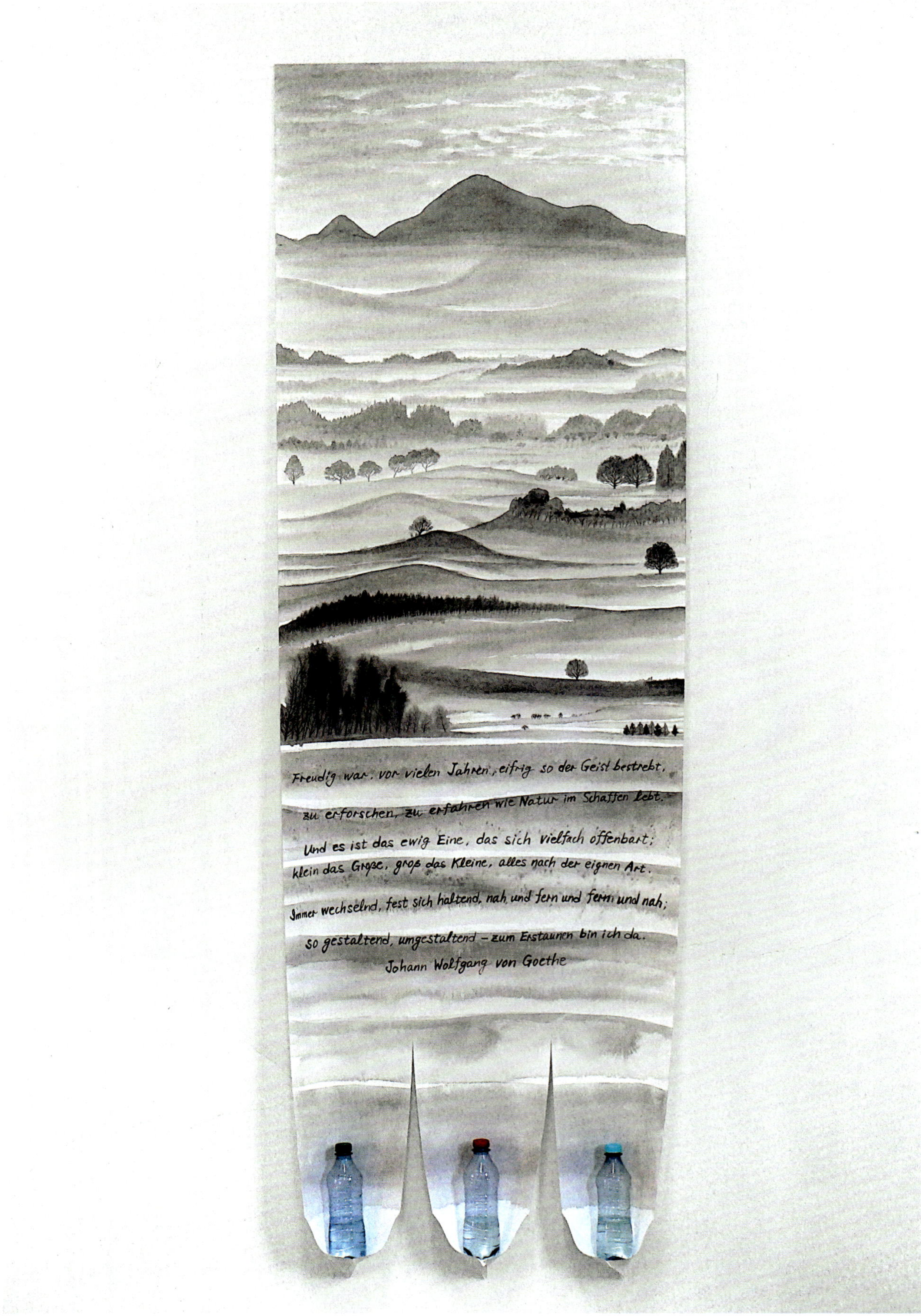

Unfähig zu staunen | *Unable to Marvel* | 驚嘆不能, 2019, 227 × 75 cm, Künstlergruppe »Spiegelbild«, State Art Museum of the Republik Krim, Simferopol, Russland

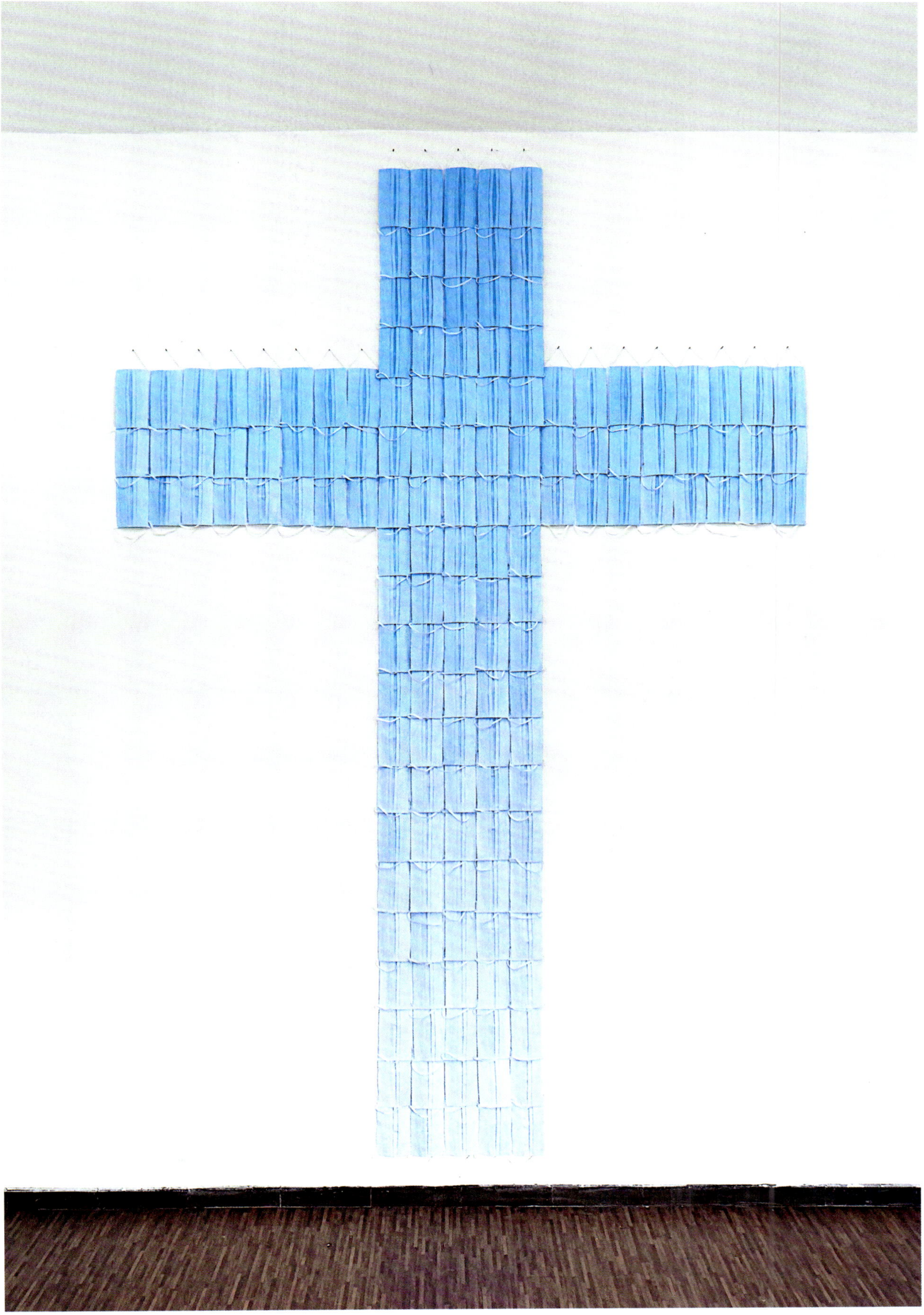

Mahnmal für die Unbekannten Toten / *Memorial for the Unknown Dead* / 慰霊碑, 2020,
283 × 189 cm, Künstlergruppe »Spiegelbild«, Galerie Seidel, Köln

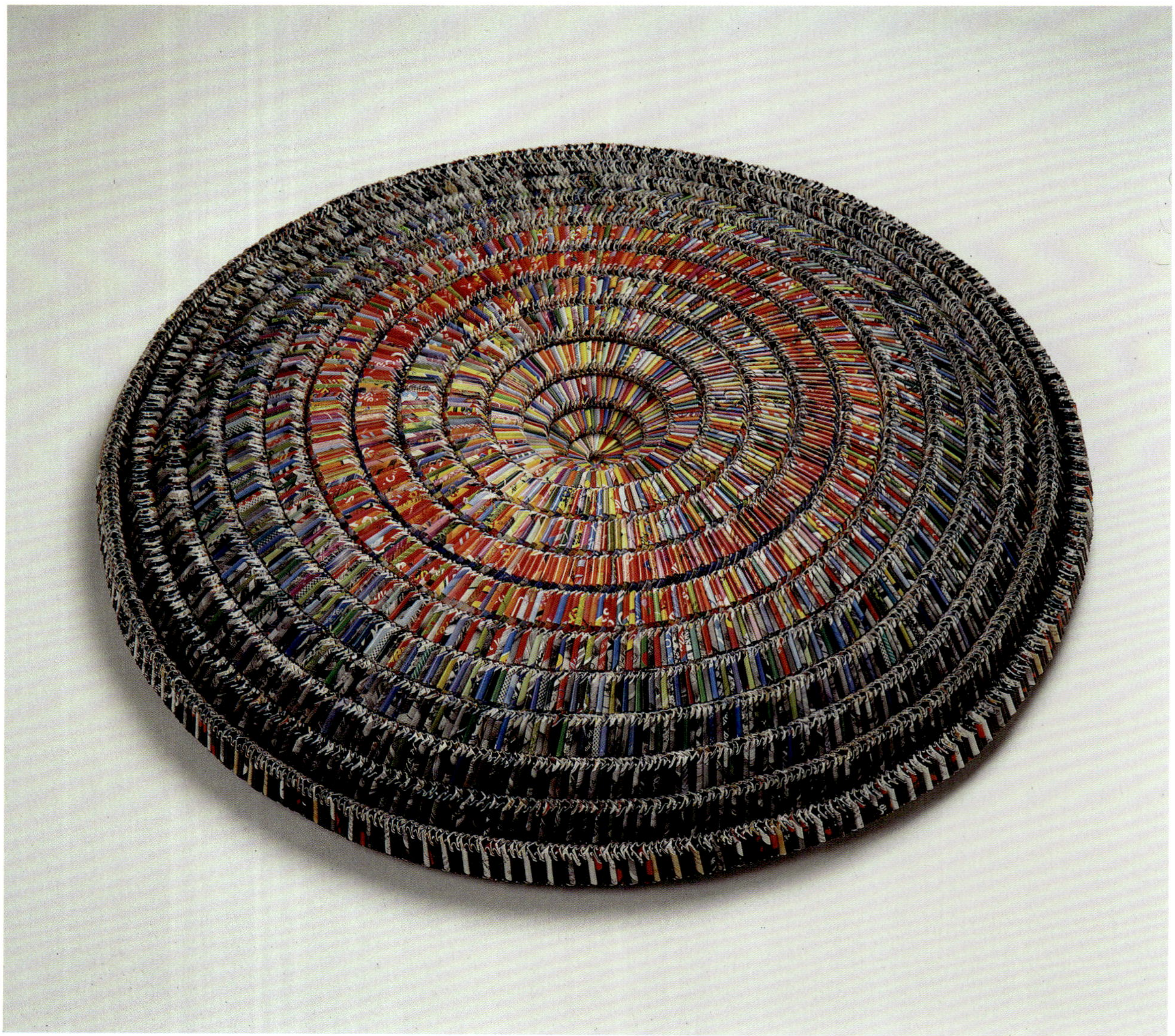

Öko-Ästhetica II / *Eco-Aesthetica II* / 生態の美学 II, 2011, Ø: 87 cm, H: 15 cm, EKO-Haus der Japanischen Kultur, Düsseldorf

インスタレーションと立体作品

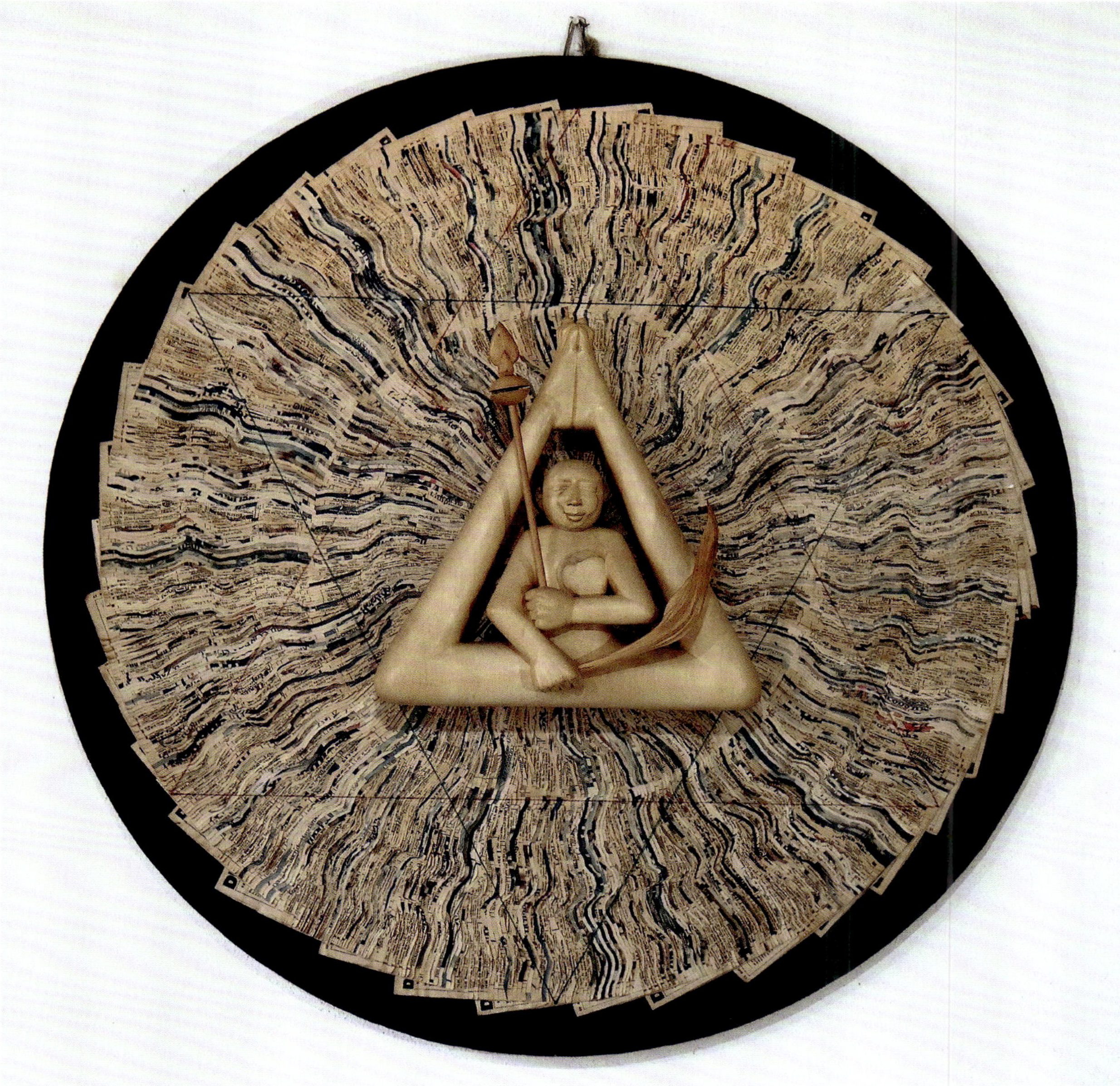

Kraft des Sonnengeflechtes / *Power of the Solar Plexus* / 太陽神経叢の力, 1985,
Ø: 114 cm, »SUI MOKU KIN«, Japanisches Kulturinstitut, Köln

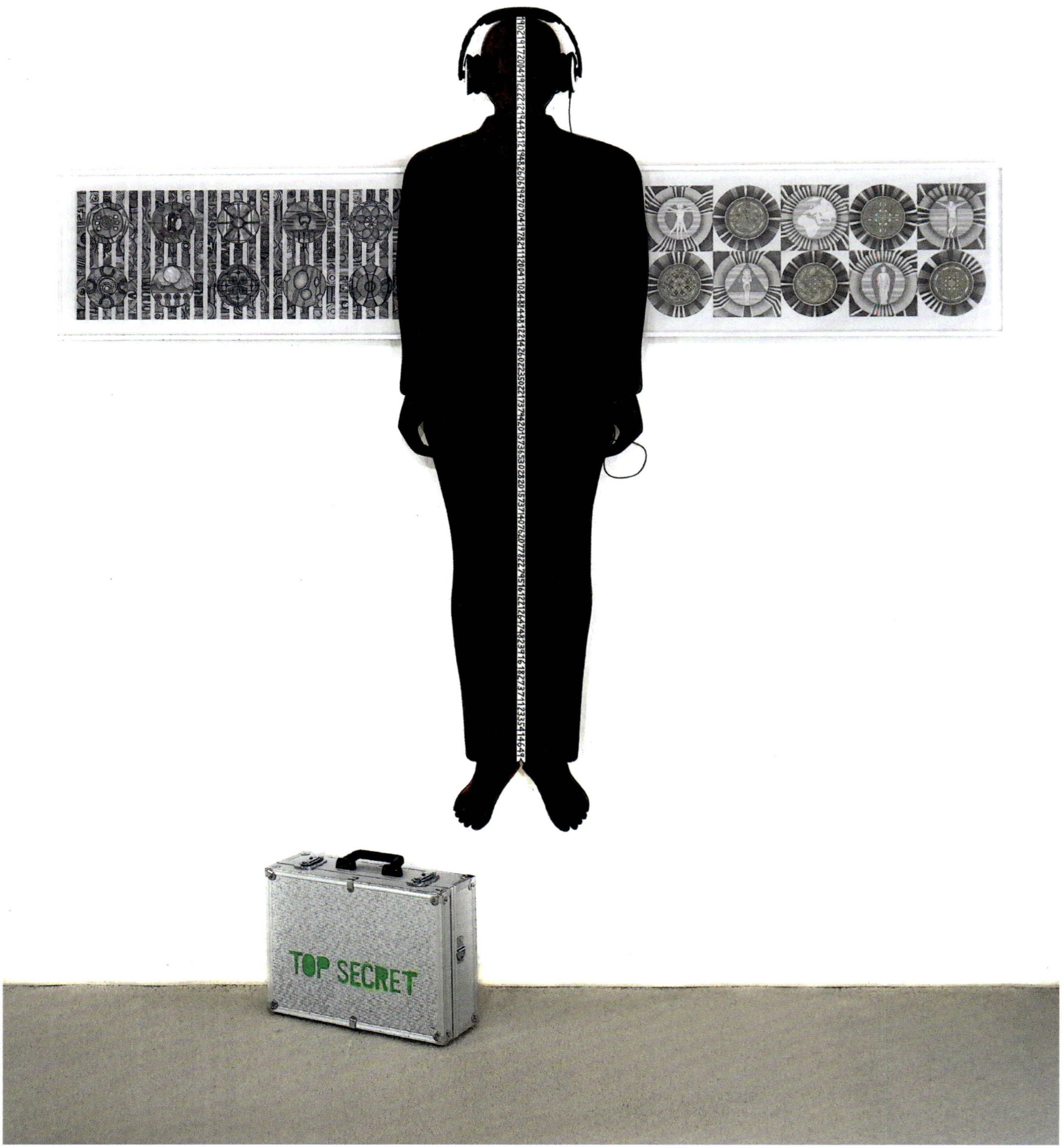

Mein Engel denkt nach / *My Angel, Pondering* | 私の天使はもの思いにふける, 2021,
Figur: 181 × 206 cm, Koffer: 32 × 43 × 14 cm, Galerie Seidel, Köln

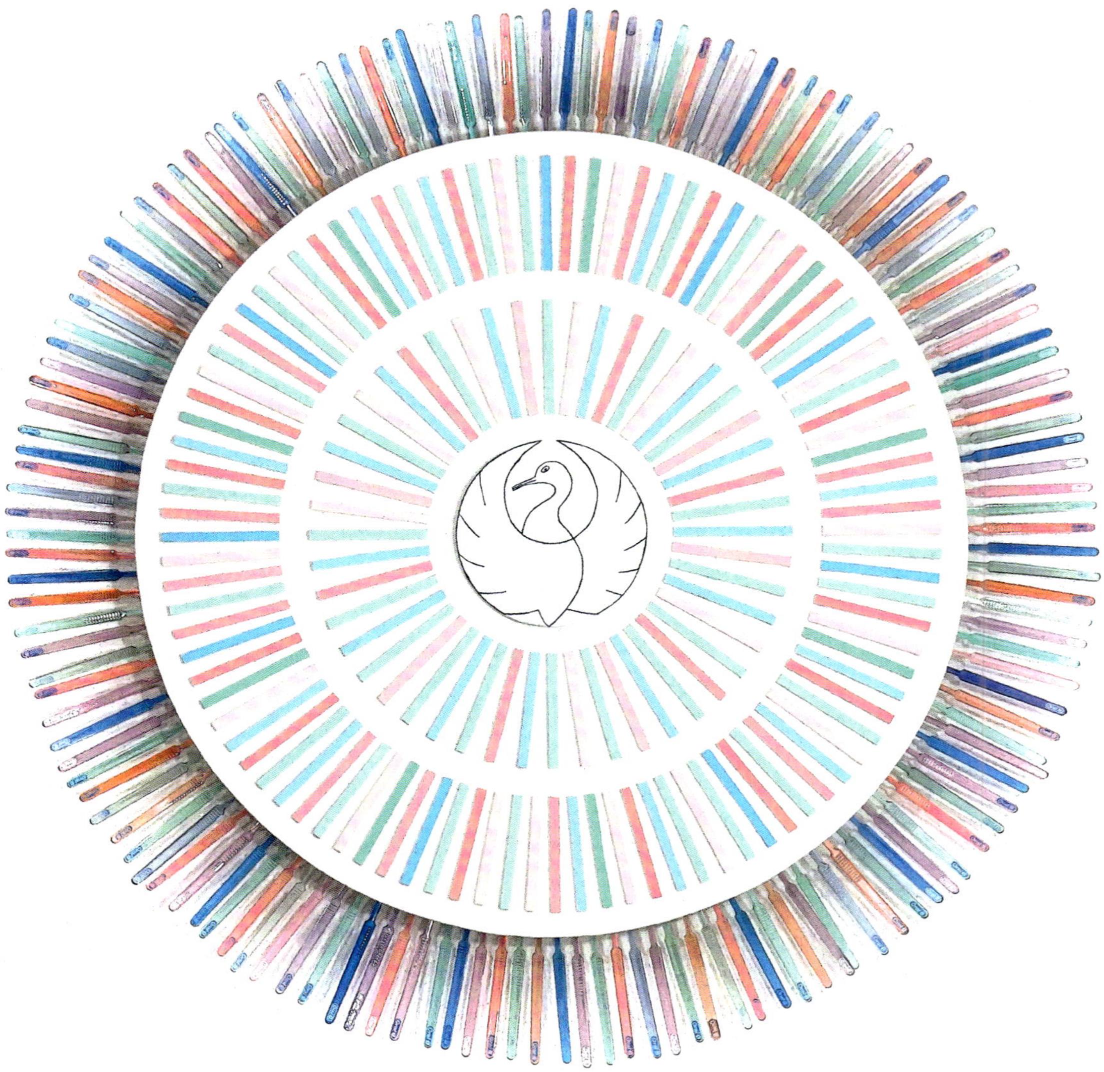

Kranichsonne / *Crane Sun* | 鶴の太陽, 2021, Ø: 112, Galerie Seidel, Köln

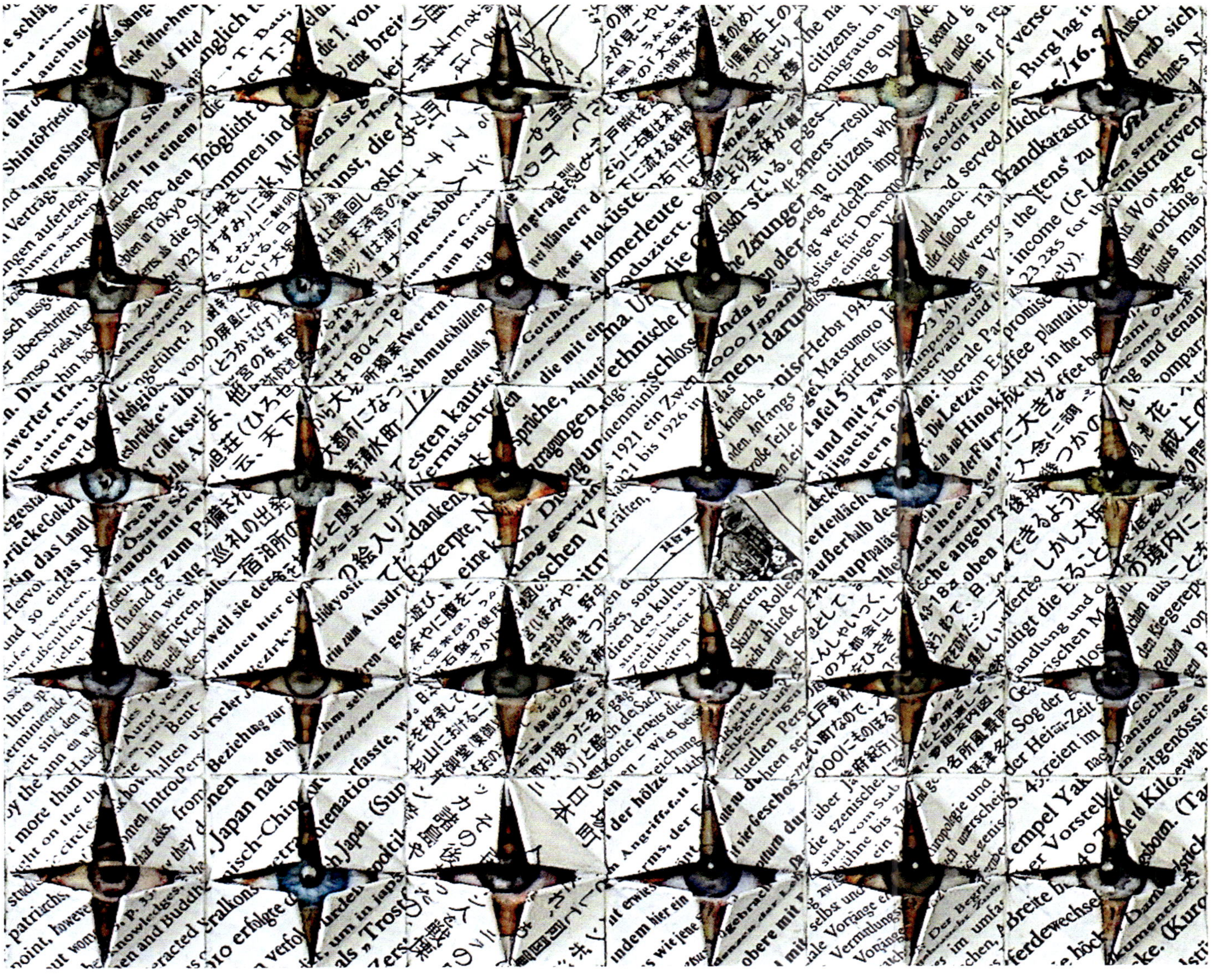

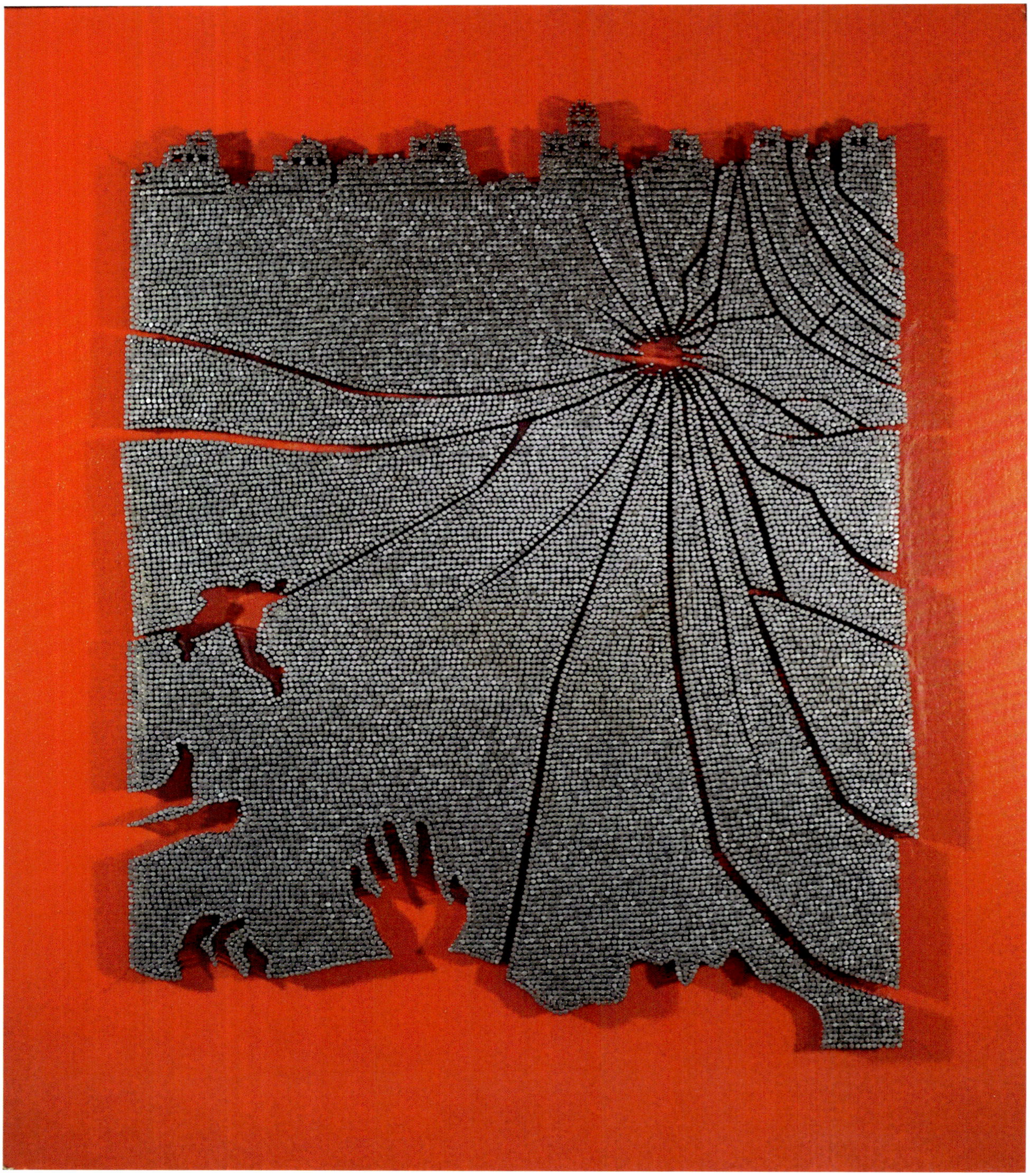

Hiroshima / Hiroshima / 広島, 1984, 70 × 60 cm, Handwerkskammer, Köln

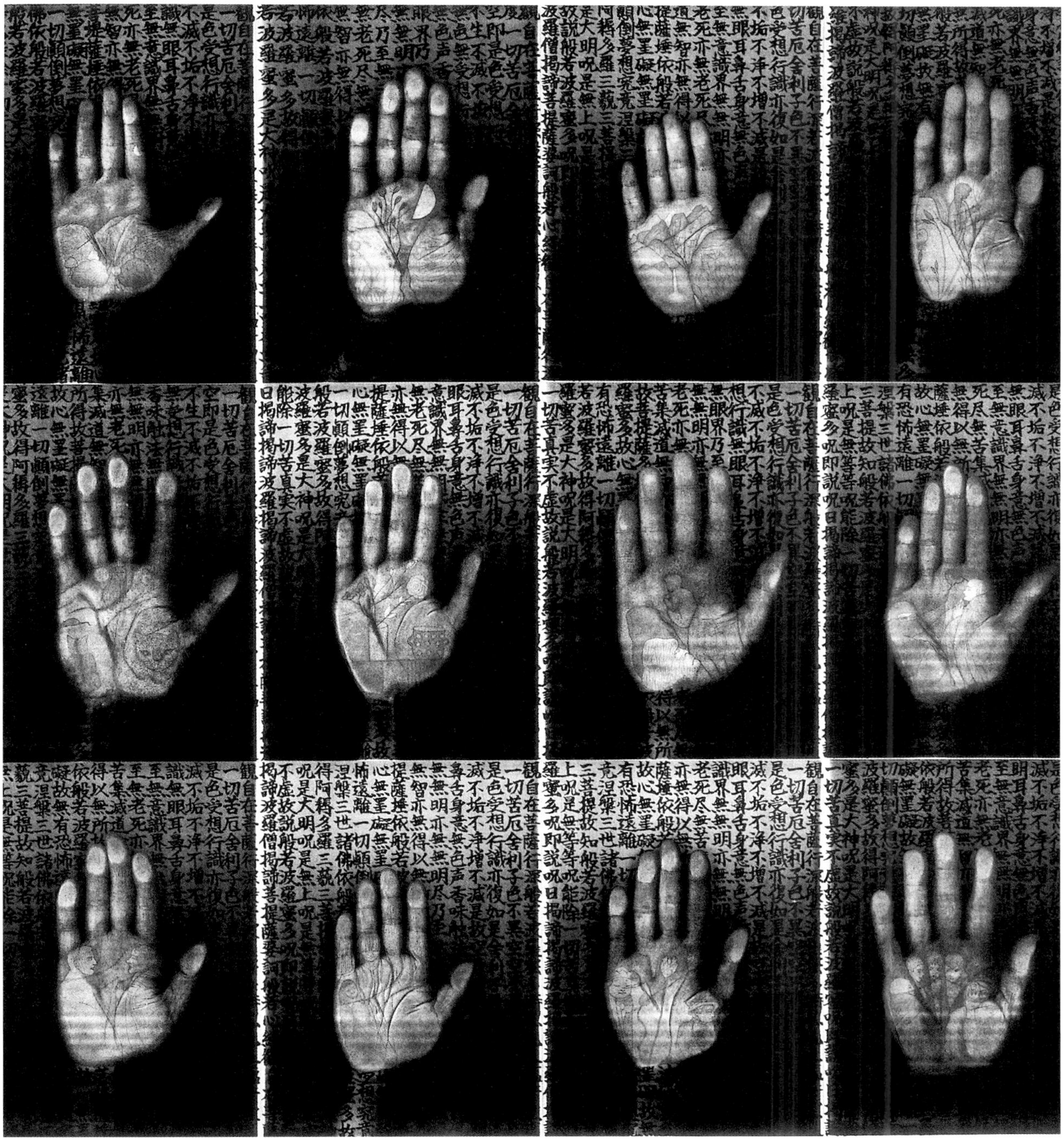

Die Welt in der Hand / *The World in the Hand* / 手の上の世界, 2000, 89 × 84 cm, »Japanische Kunst der Gegenwart«, Museum des Landkreises Waldshut, Schloss Bonndorf

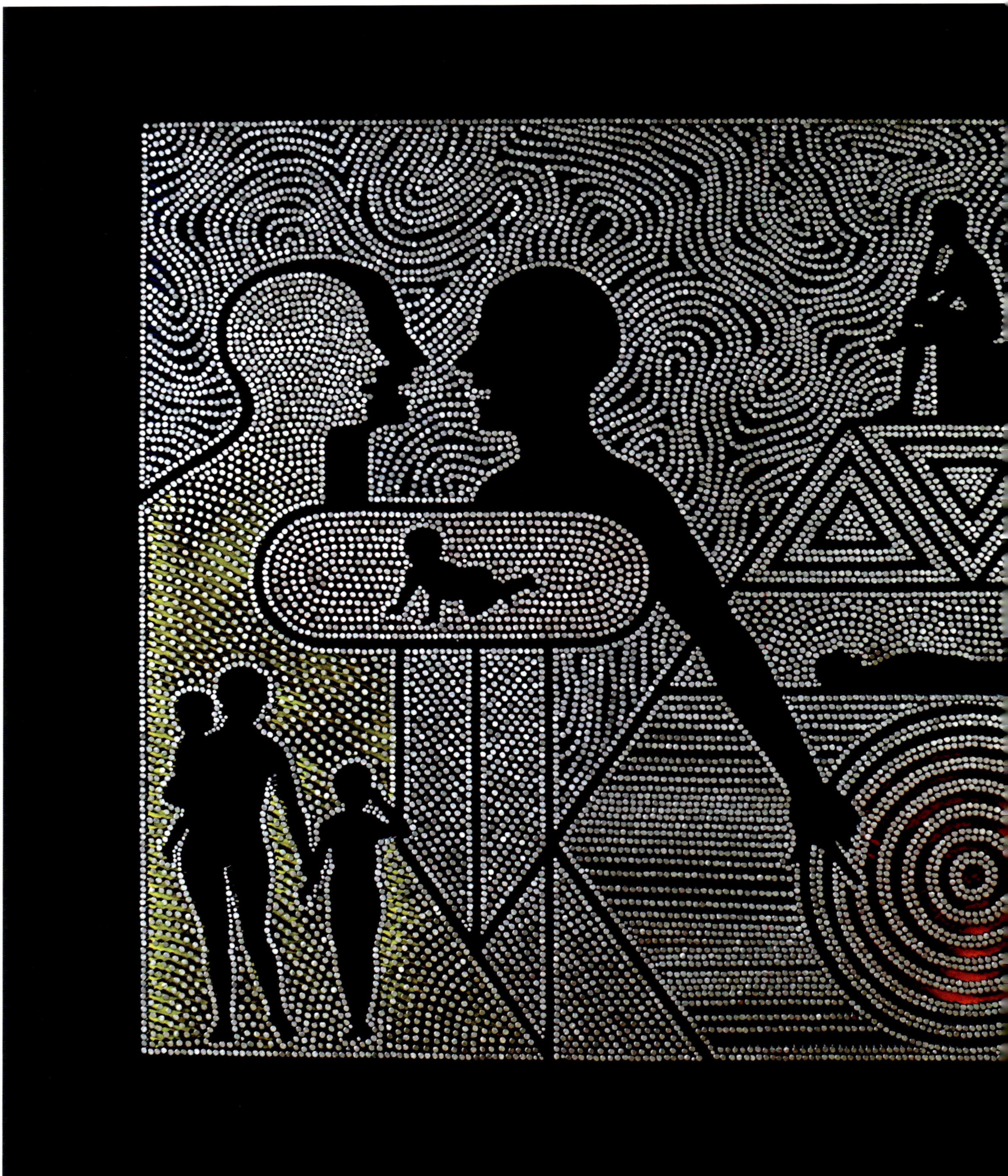

Das Leben / *Life* / 人生 1983, 60 × 80 cm, Handwerkskammer, Köln

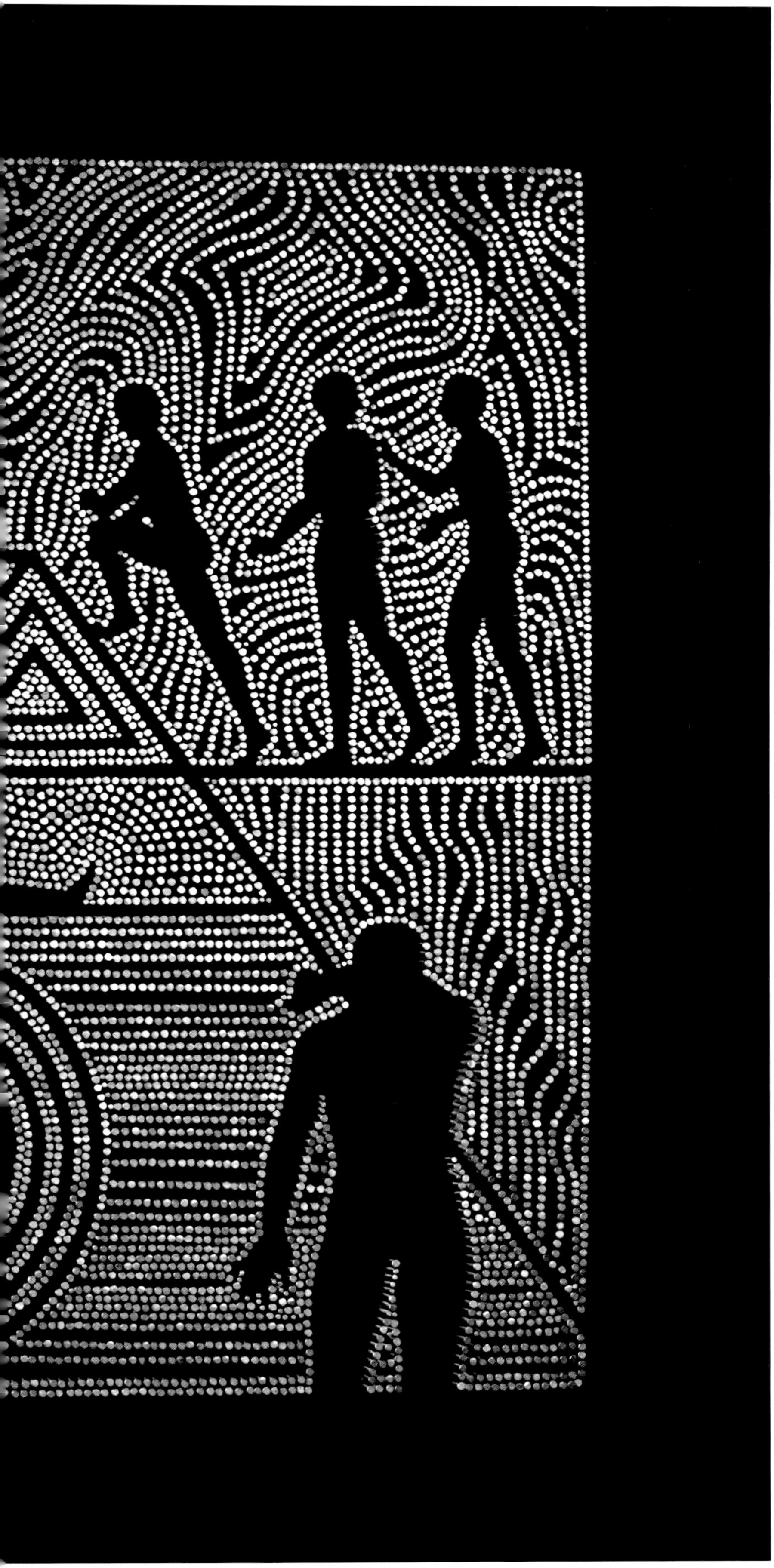

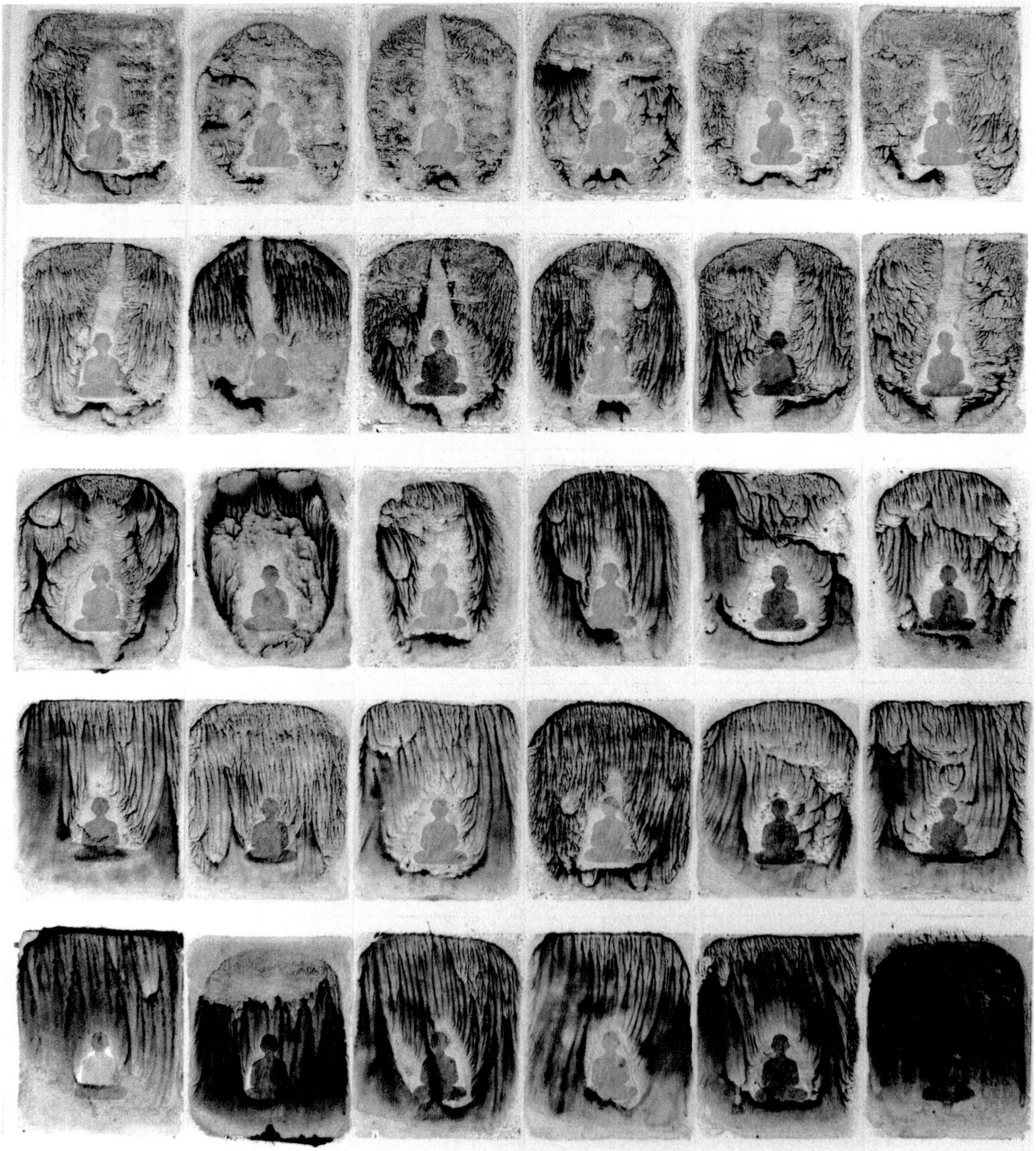

Gezeiten | *Tides* | 干満, 2005, 100 × 90 cm, »KUNST-TAGE 2005 - JAPAN«, Galerie Beckmann, Rheine

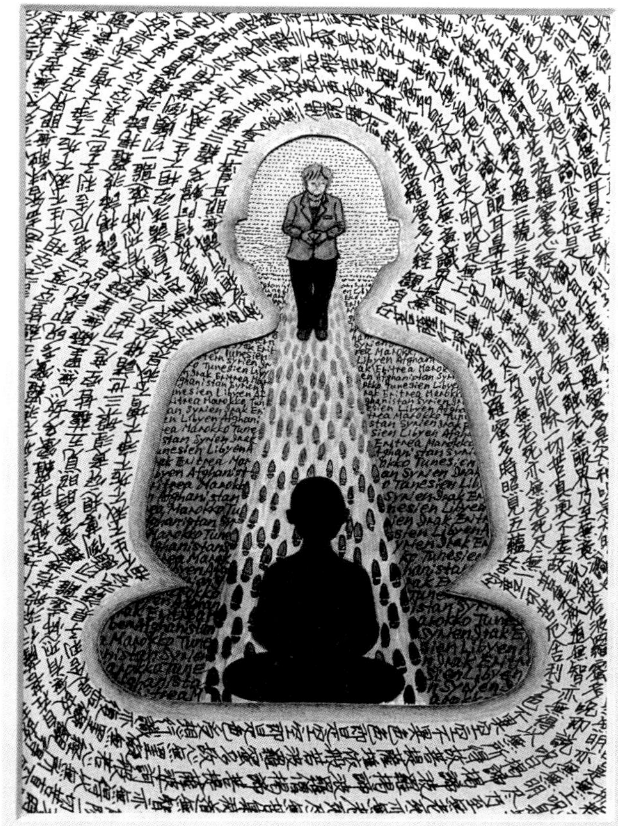

Konfrontation / *Confrontation* | 対決, 2016 – 2017, 21 × 15 cm

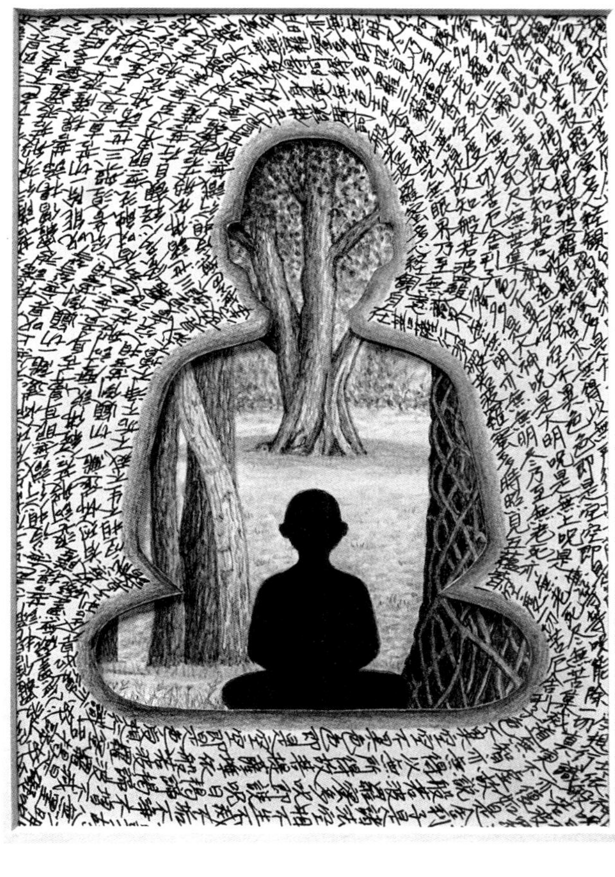

Blick nach Innen | *Inward Gaze* | 内観 2017, 21 × 15 cm

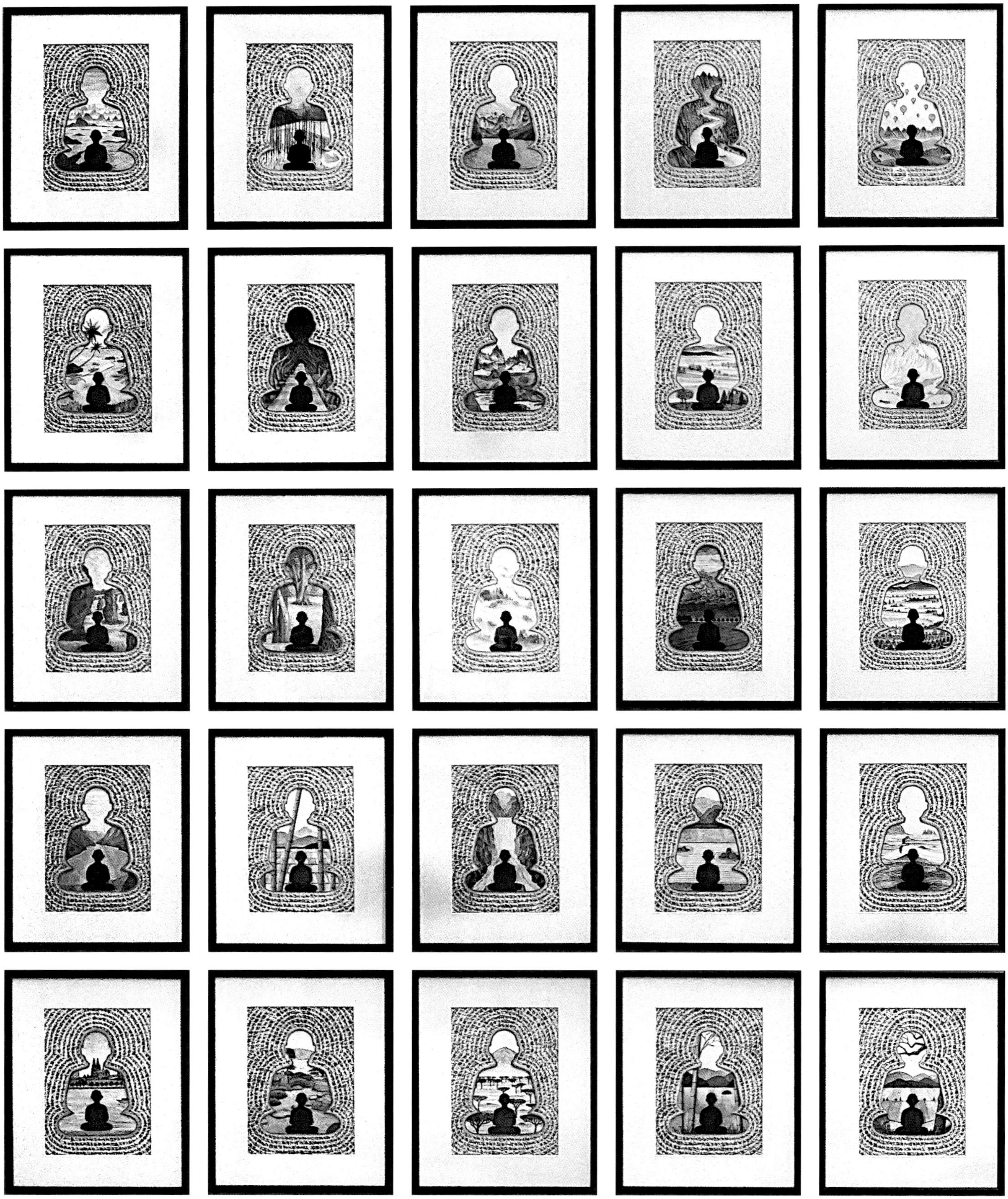

Blick nach Innen II | *Inward Gaze II* | 内観 II 2017, 242 × 164 cm, Künstlertreff EESDRON, Hückelhoven

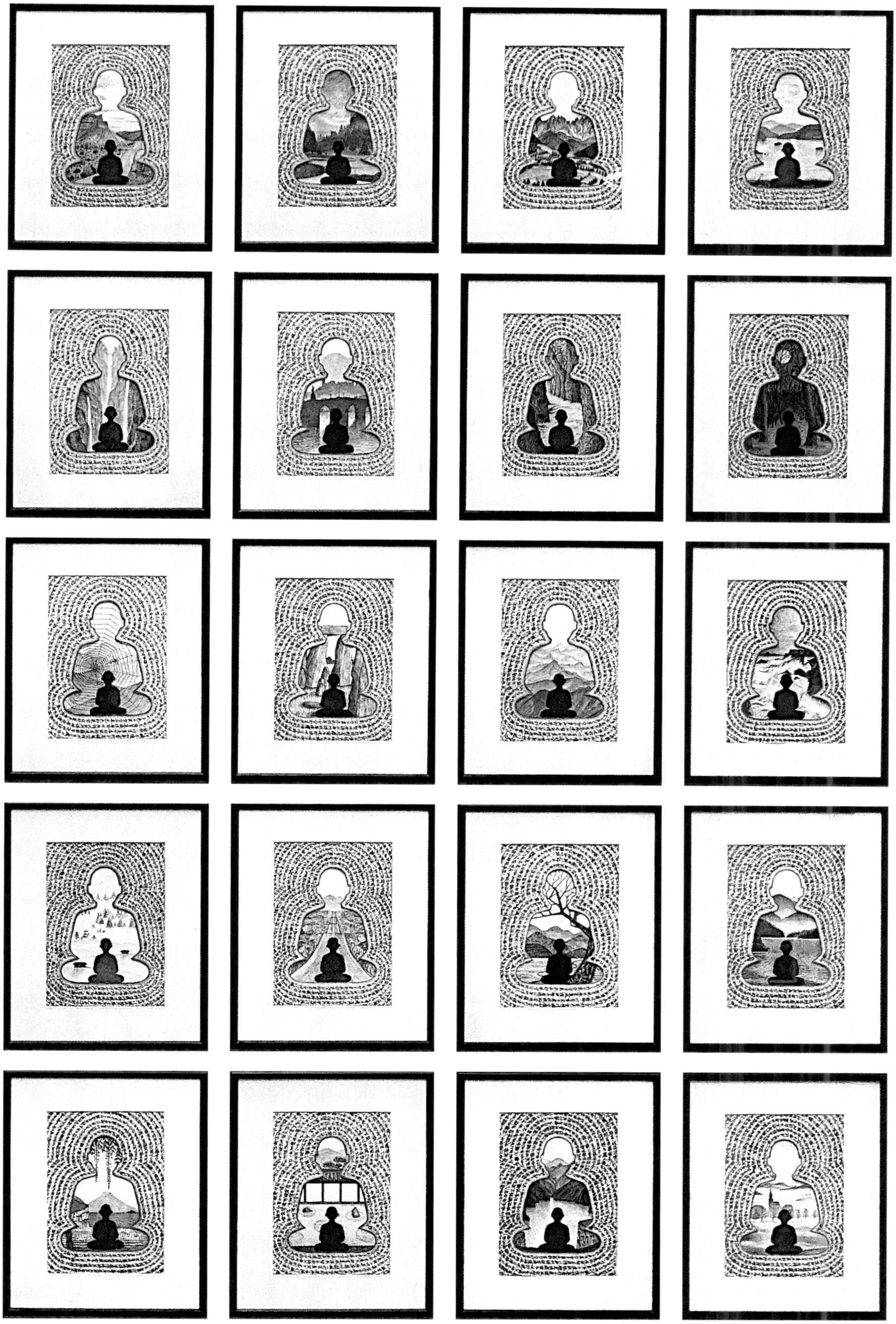

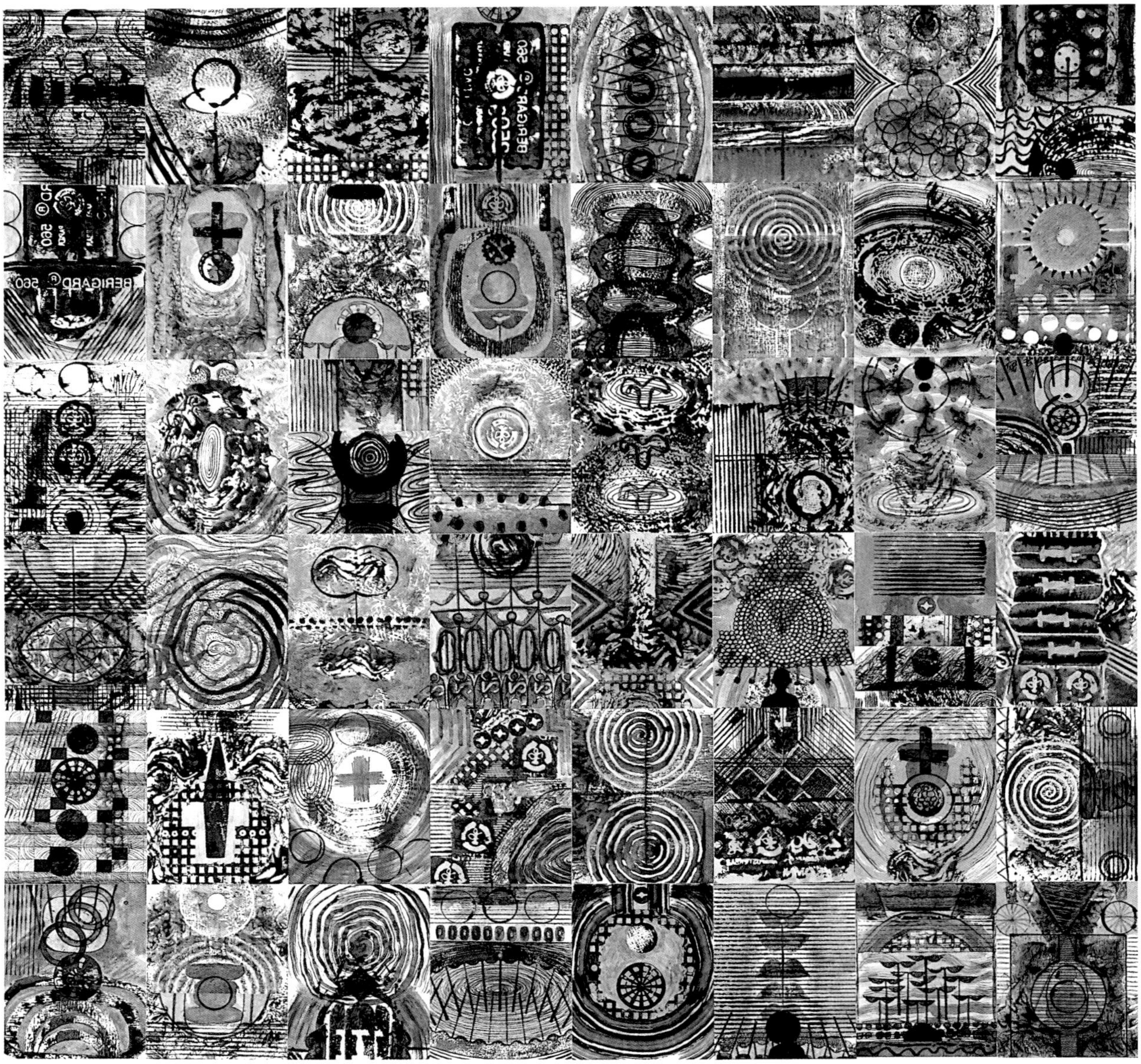

Einheit ist Vielfalt I / Unity is Diversity I / 統一性から生まれる多様性 I, 2017, 91 × 87 cm

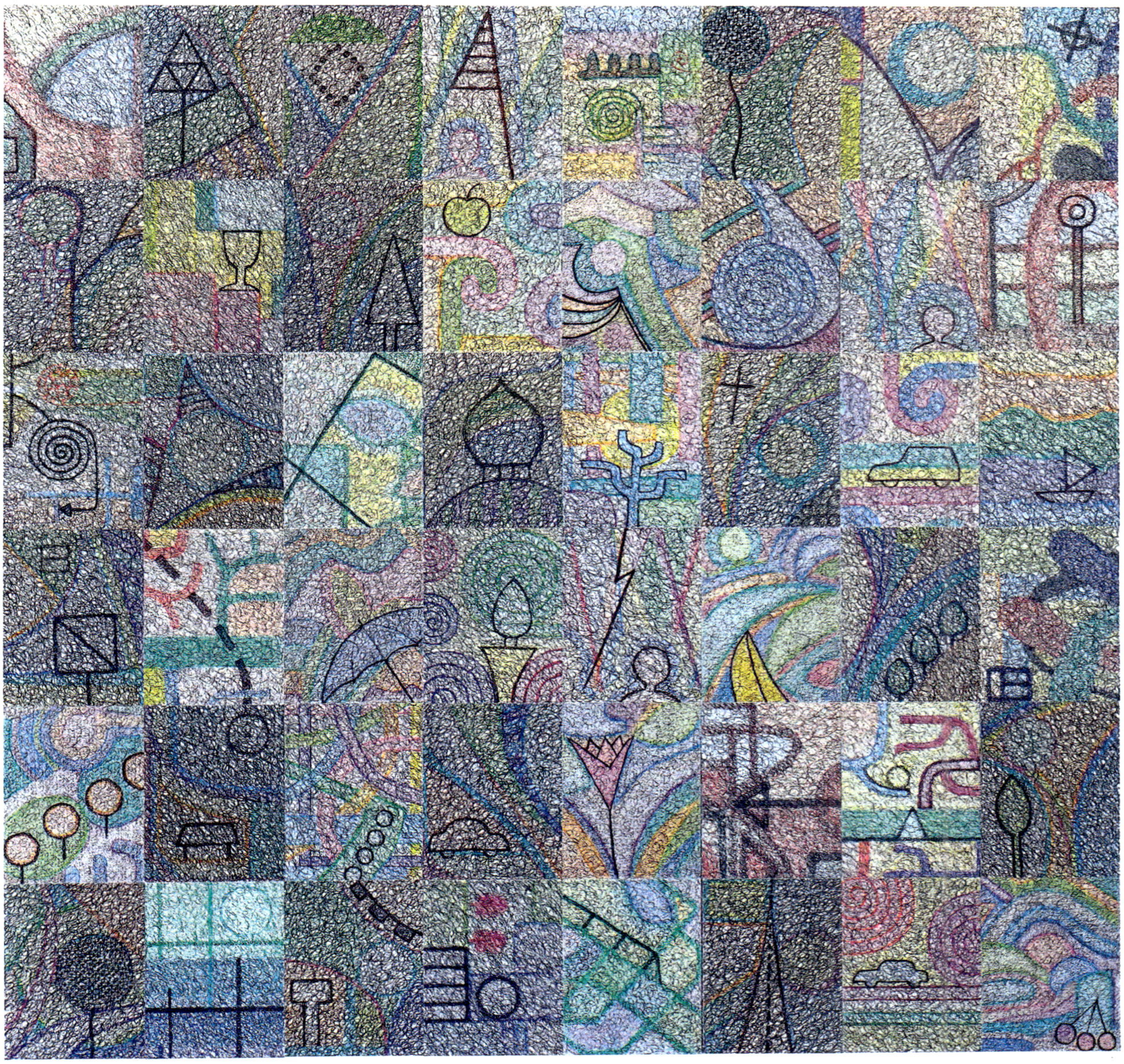

Einheit ist Vielfalt II / *Unity is Diversity II* / 統一性から生まれる多様性 II, 2017, 91 × 87 cm

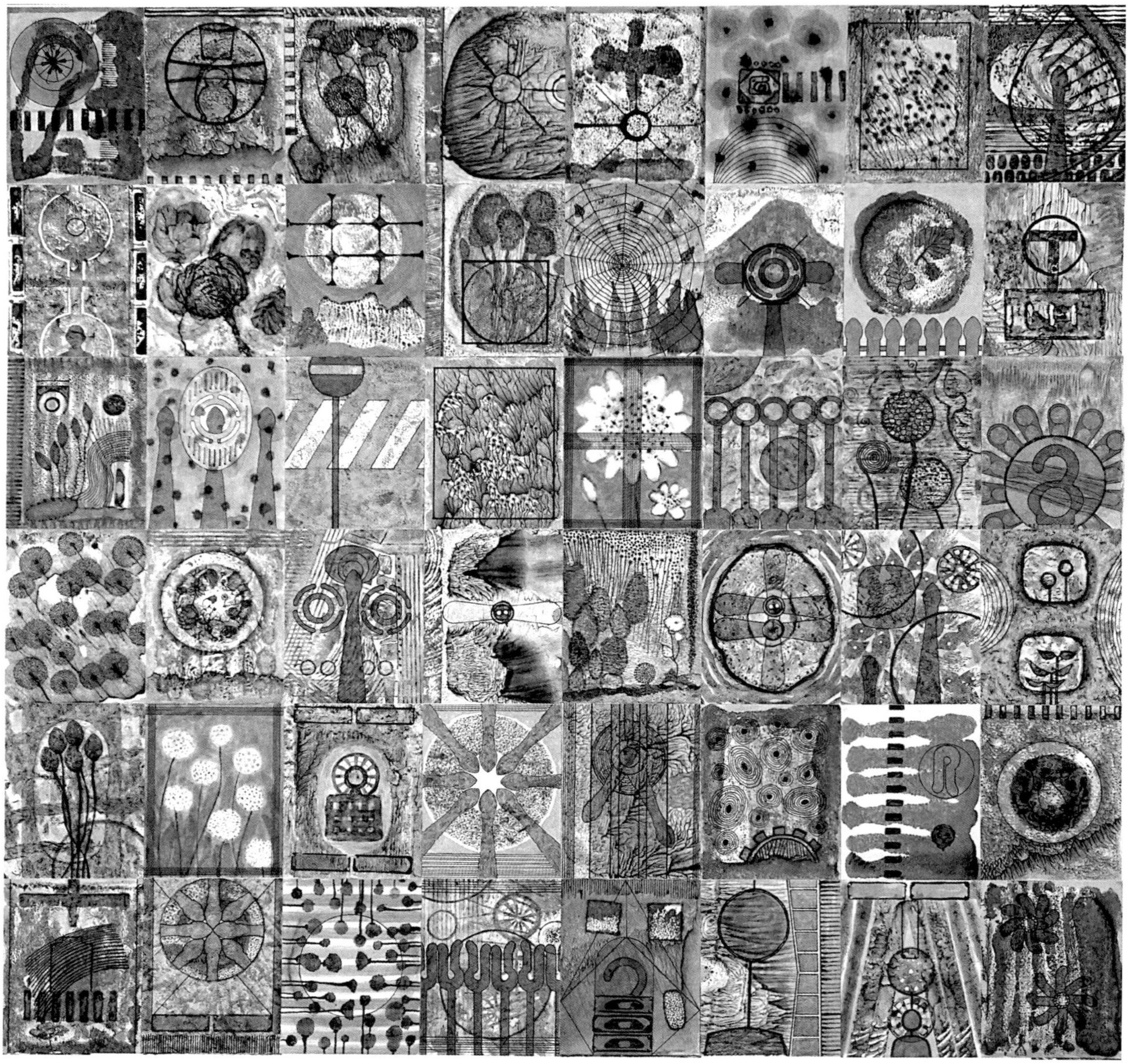

Einheit ist Vielfalt III / Unity is Diversity III / 統一性から生まれる多様性 III, 2017, 91 × 87 cm

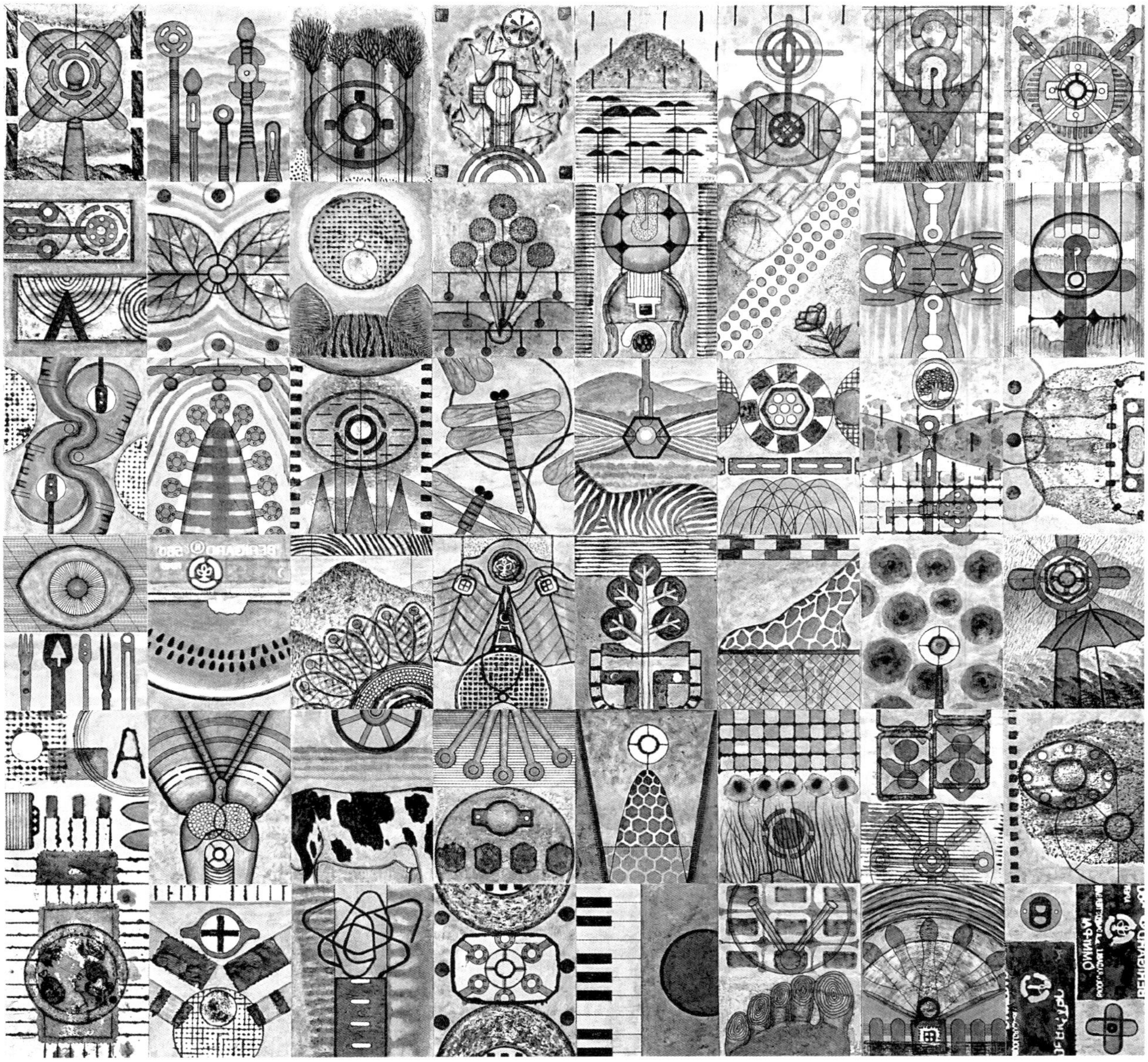

Einheit ist Vielfalt IV / *Unity is Diversity IV* / 統一性から生まれる多様性 IV, 2018, 91 × 87 cm

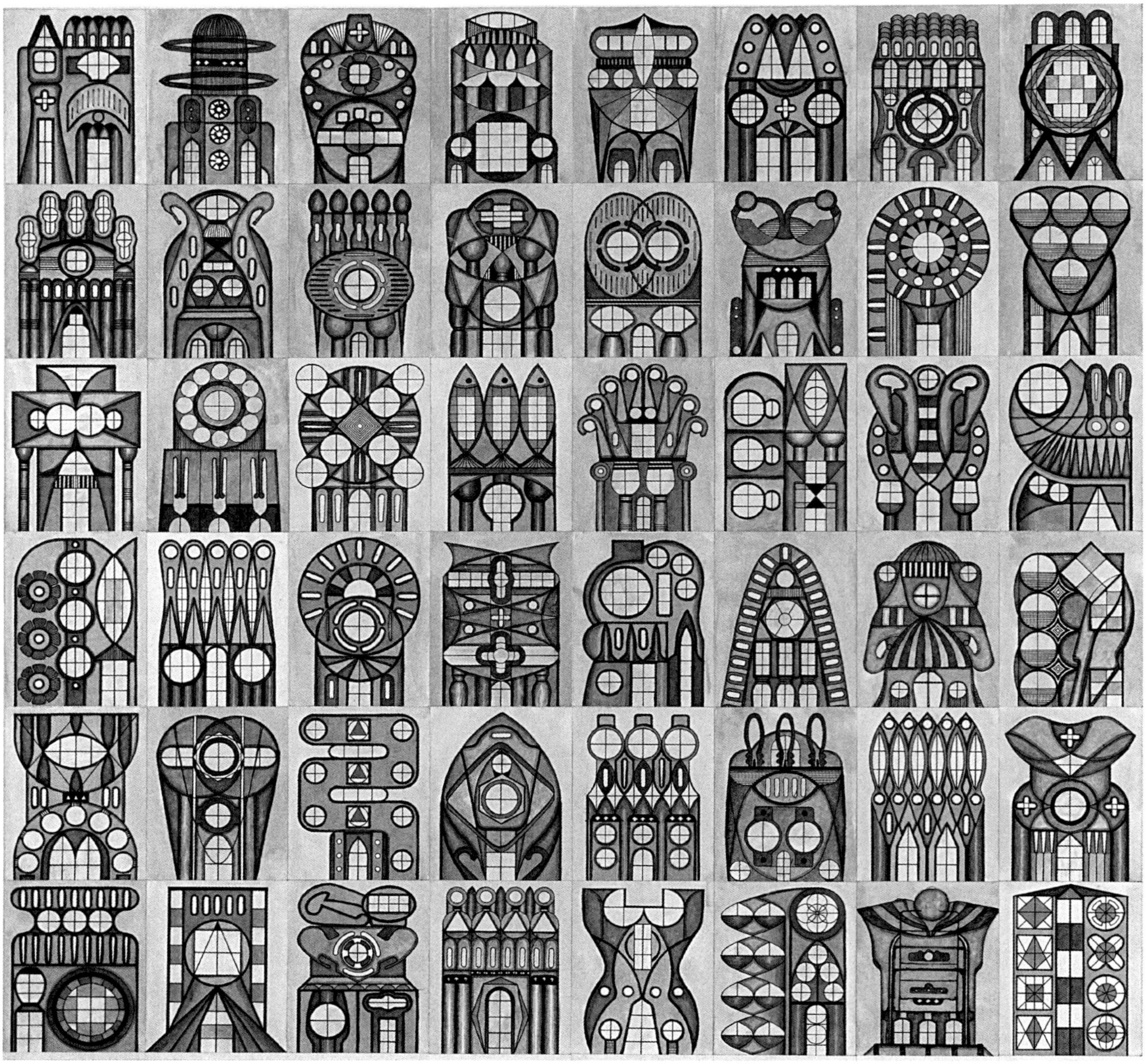

Einheit ist Vielfalt V / *Unity is Diversity V* / 統一性から生まれる多様性 V, 2018, 91 × 87 cm

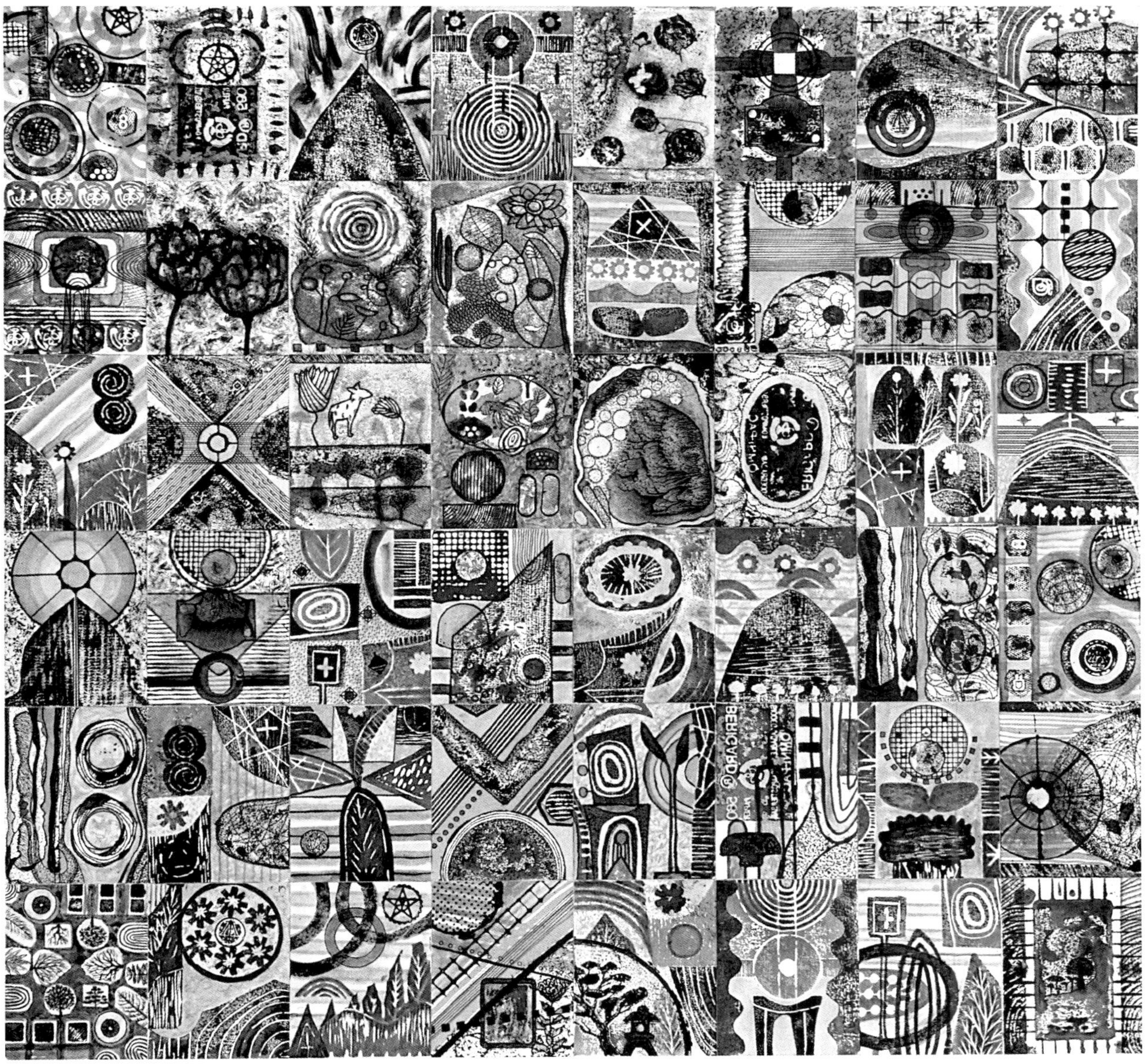

Einheit ist Vielfalt VI / *Unity is Diversity VI* / 統一性から生まれる多様性 VI, 2019, 91 × 87 cm

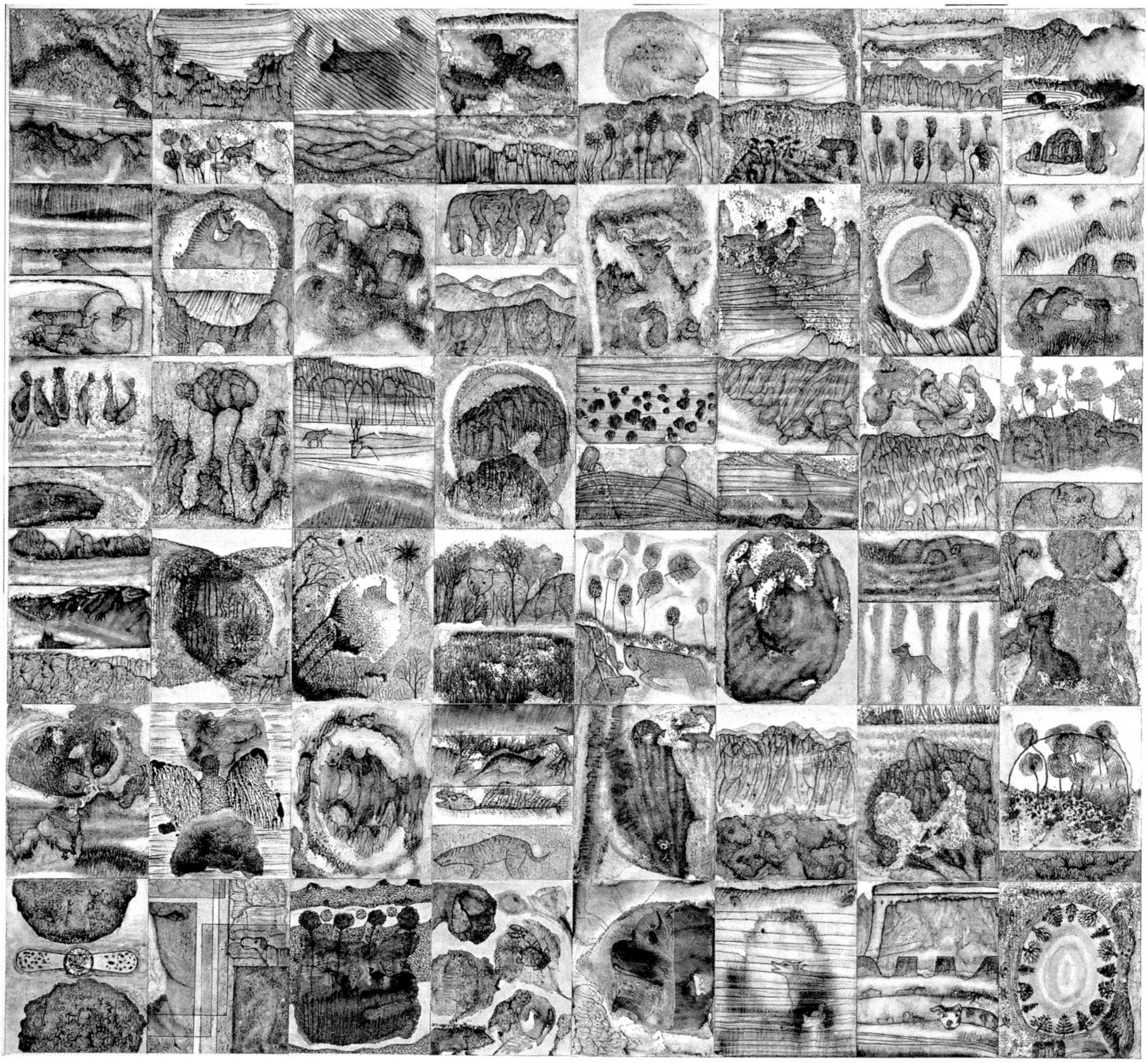

Einheit ist Vielfalt VII / Unity is Diversity VII / 統一性から生まれる多様性 VII, 2020, 91 × 87 cm

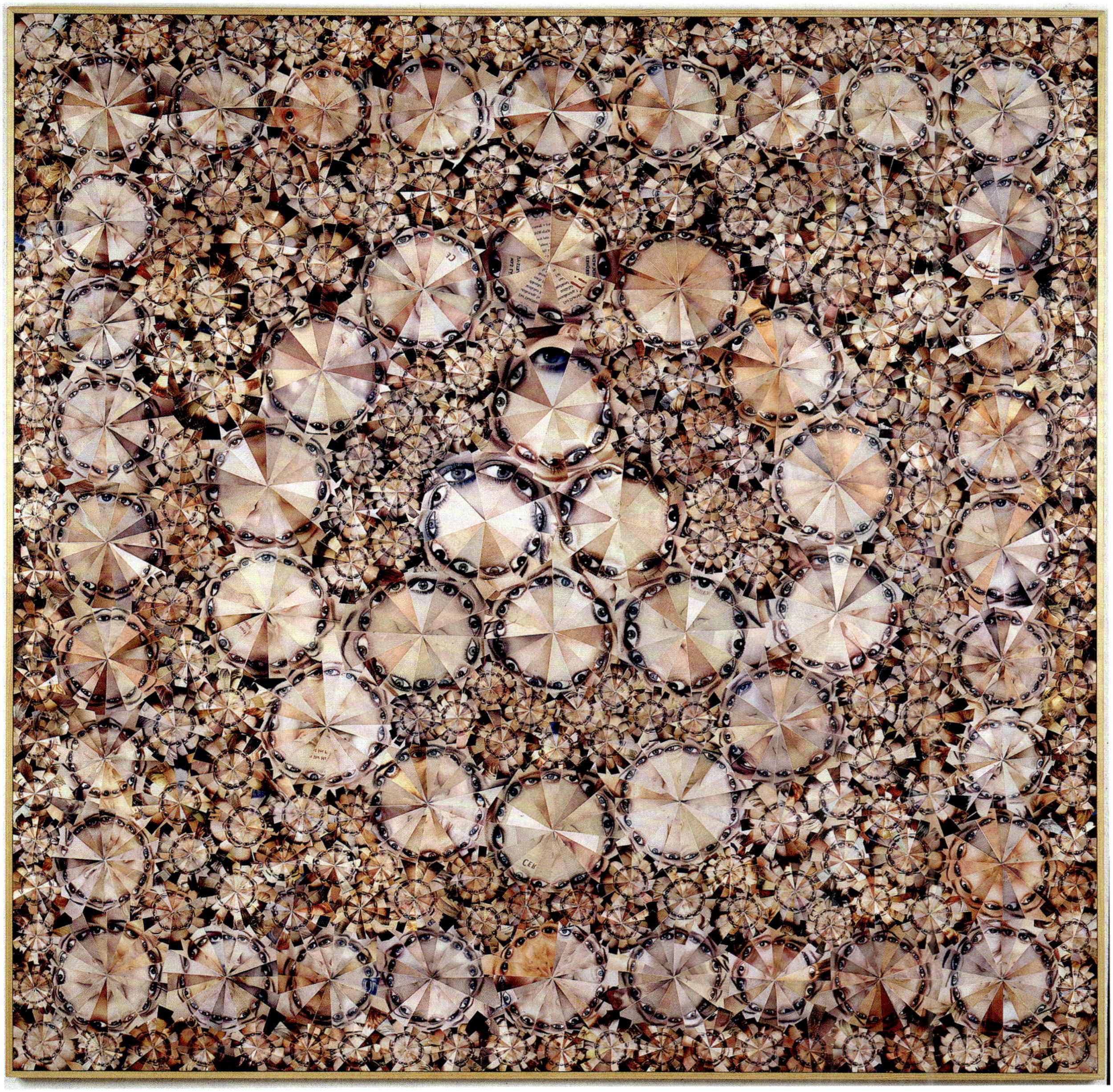

Tausend Augen-Mandala / *Thousand Eyes Mandala* / 千の目の曼荼羅, 2000, 150 × 150 cm, »Japanische Kunst der Gegenwart«, Museum des Landkreises Waldshut, Schloss Bonndorf

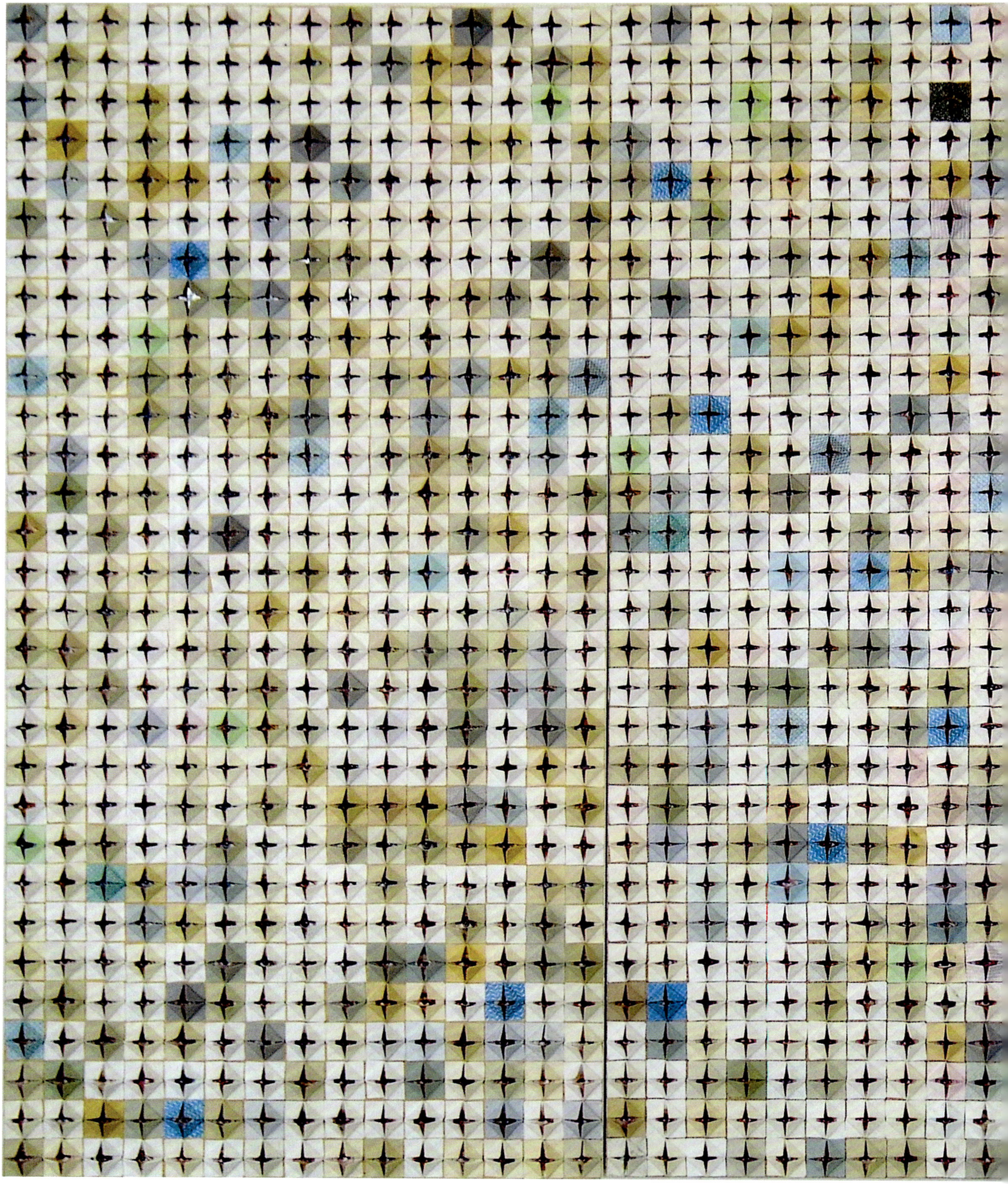

Augenschein I / Watchful I: Behind the Scenes | 歷然 I, 2013, 99 × 149 cm, Galerie Seidel, Köln

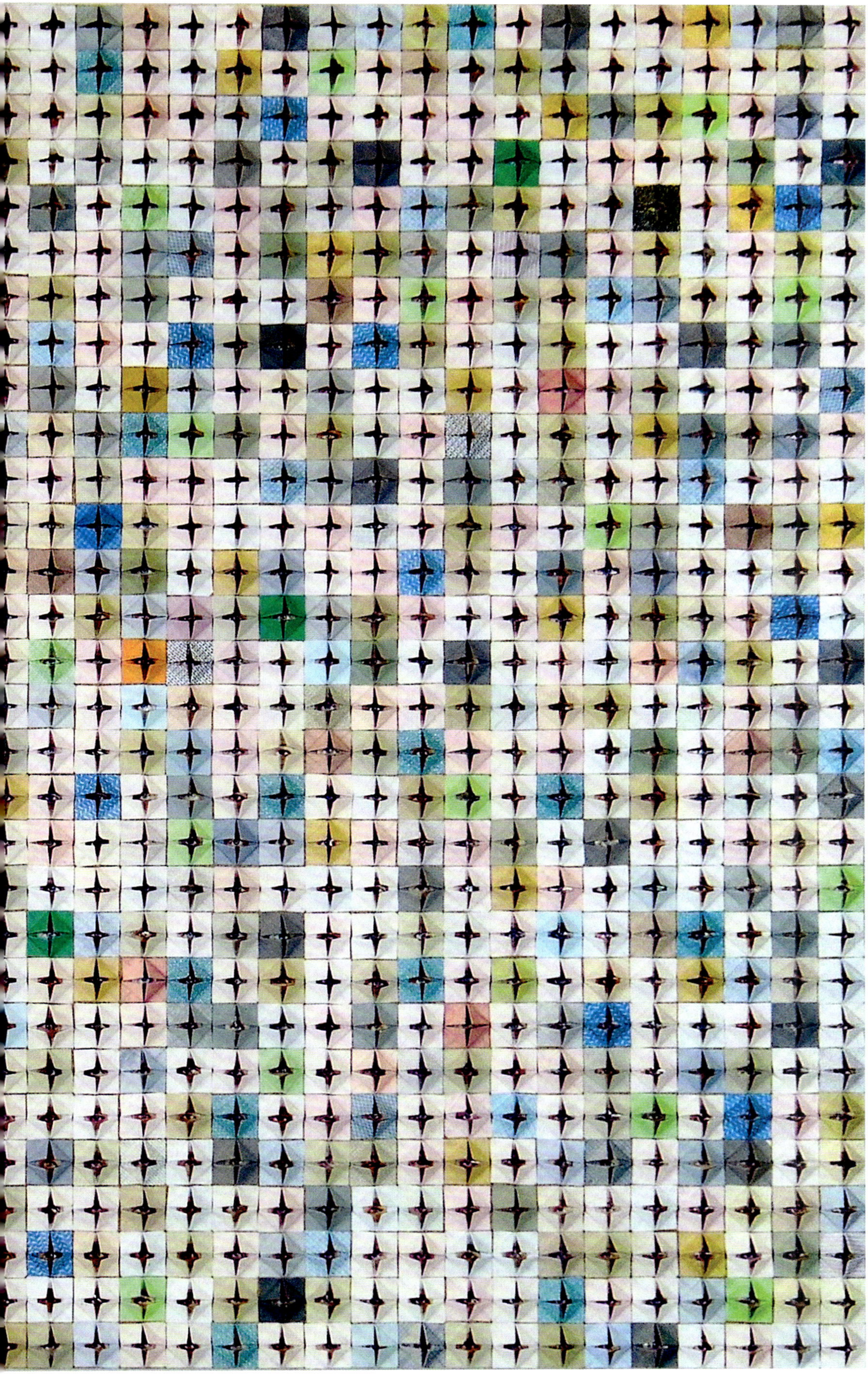

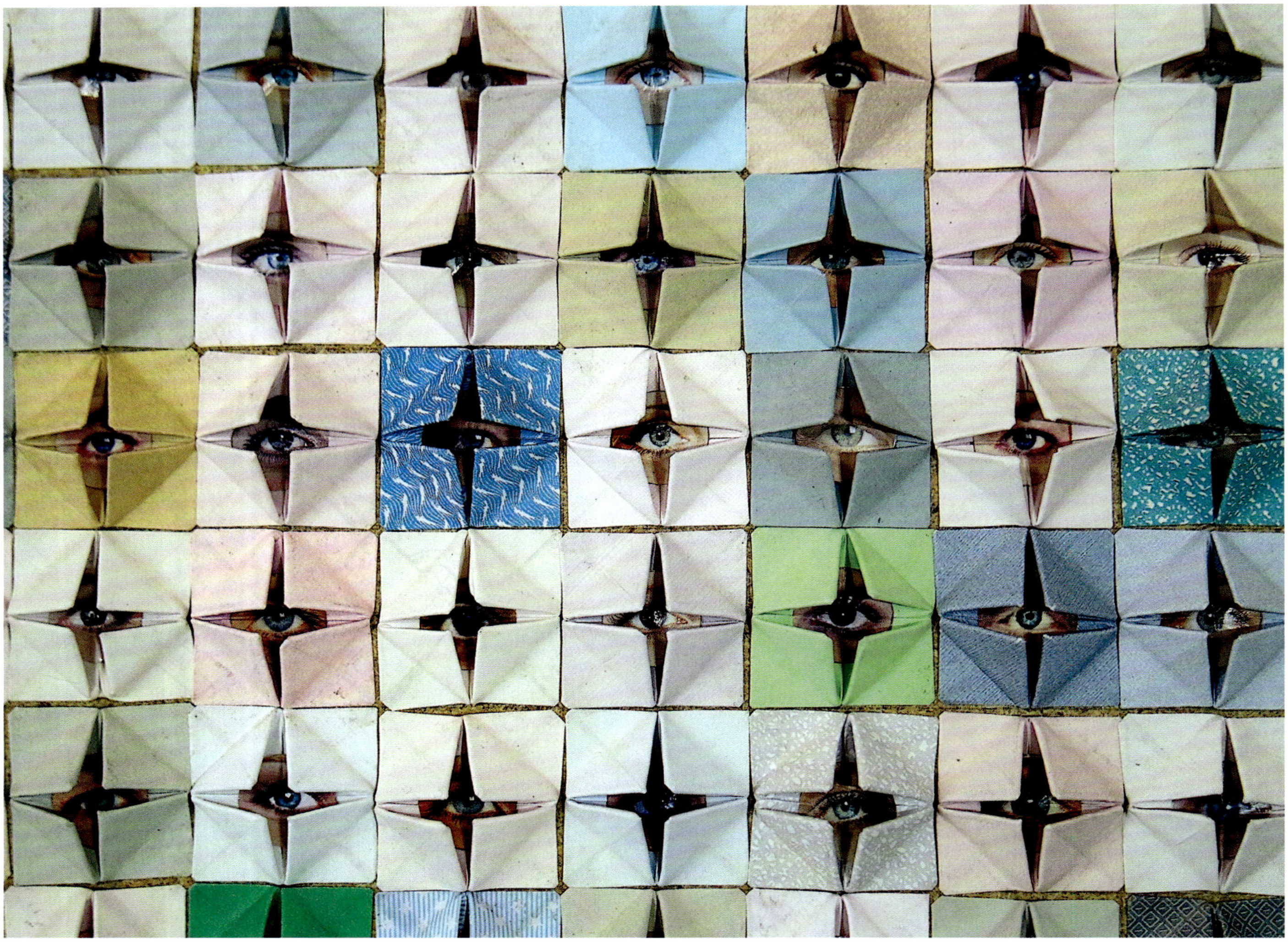

Augenschein I / Watchful I: Behind the Scenes | 歷然 I, 2013, 50 × 68 cm, Galerie Seidel, Köln

絵画とコラージュ

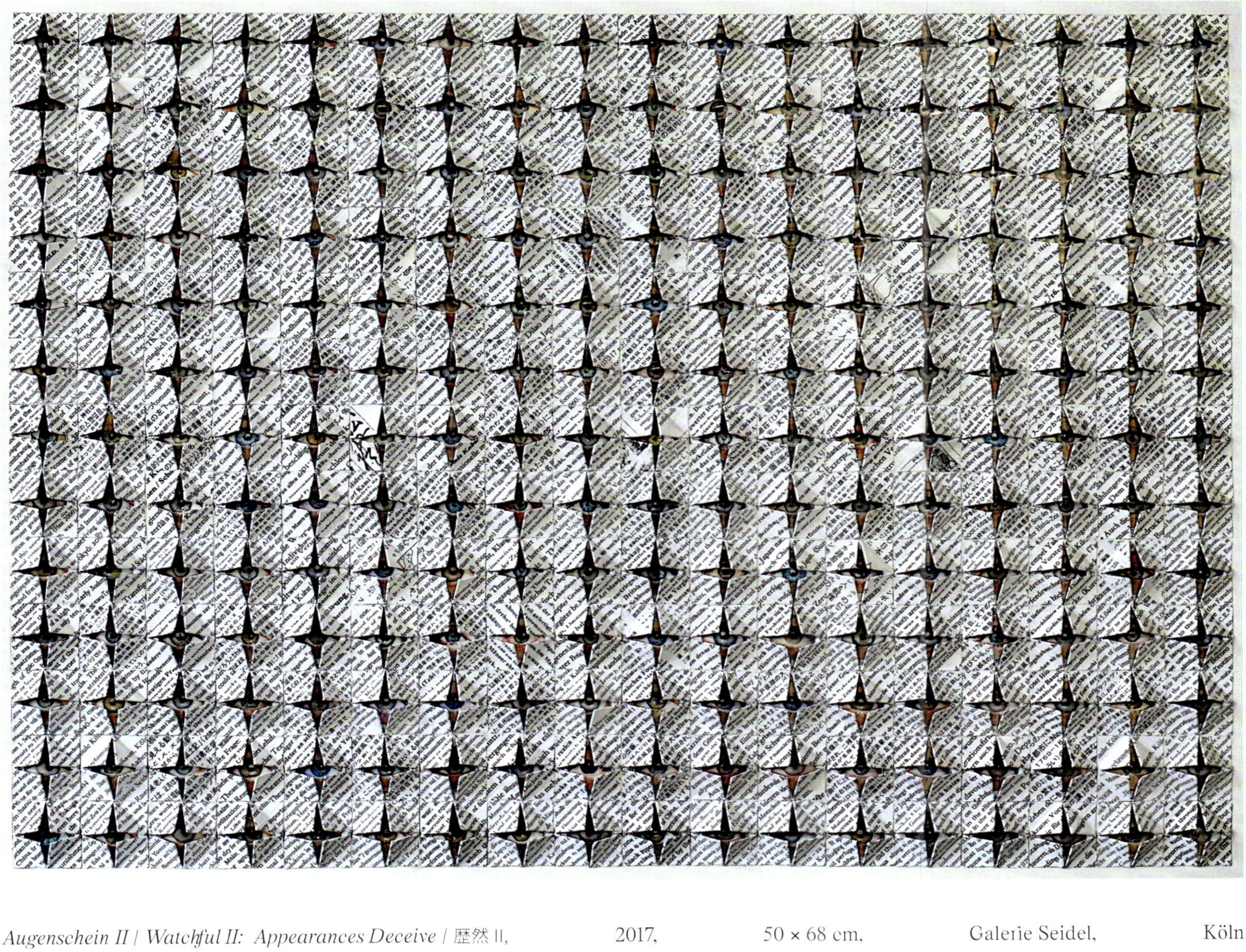

Augenschein II | *Watchful II: Appearances Deceive* | 歴然 II, 2017, 50 × 68 cm, Galerie Seidel, Köln

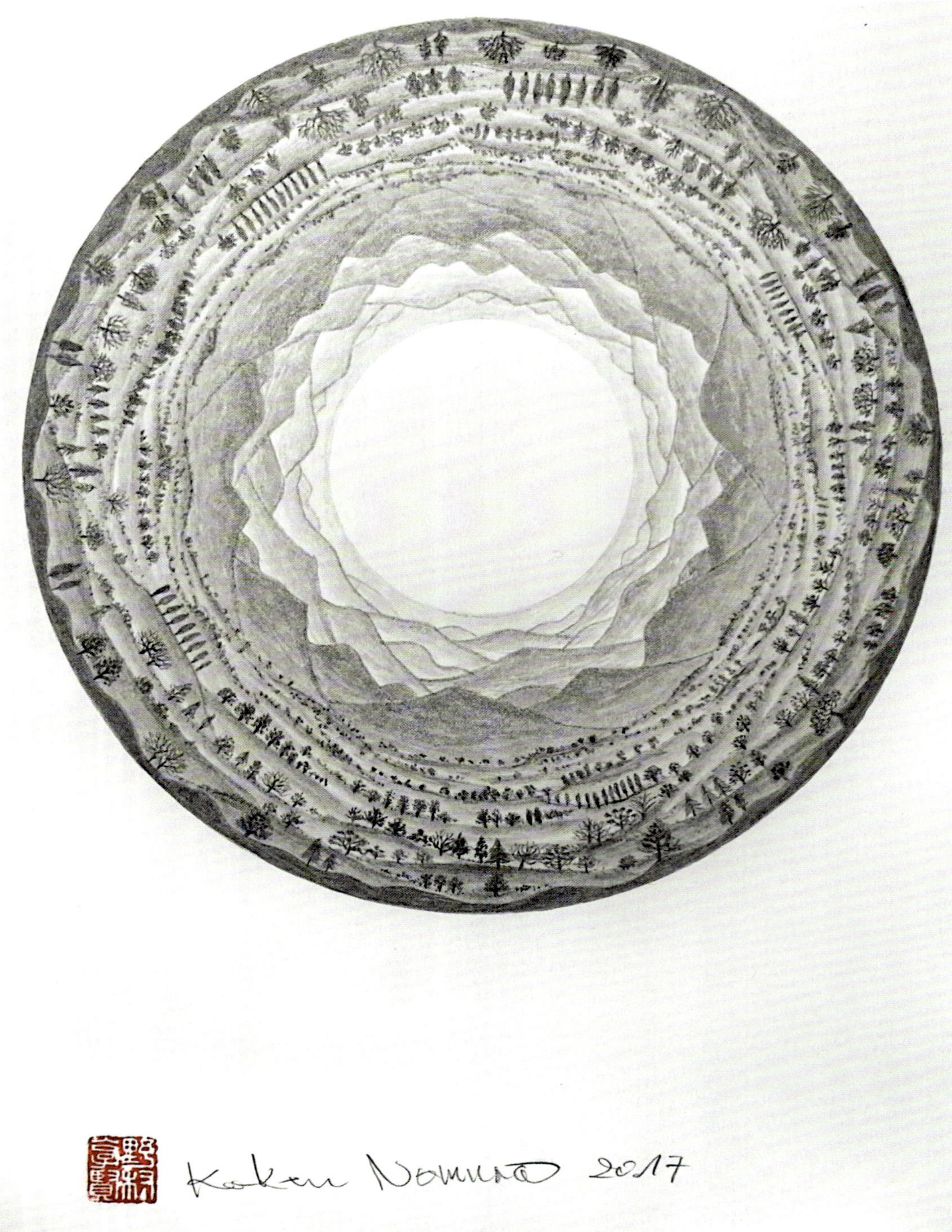

MU | 無, 2017, 39 × 33 cm

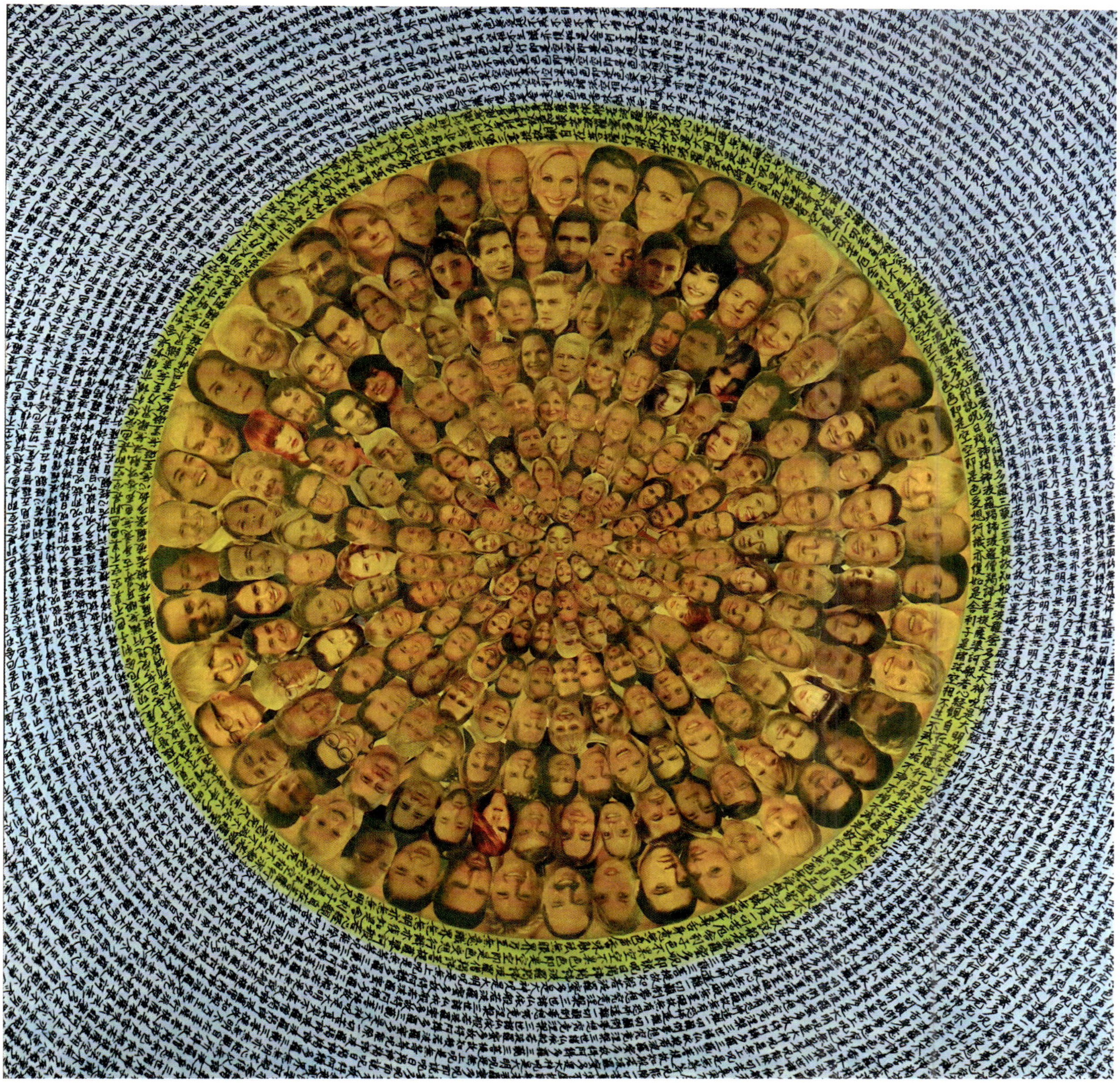

Menschensonne | *Human Sun* | 人間太陽, 2021, 100 × 100 cm, Galerie Seidel, Köln

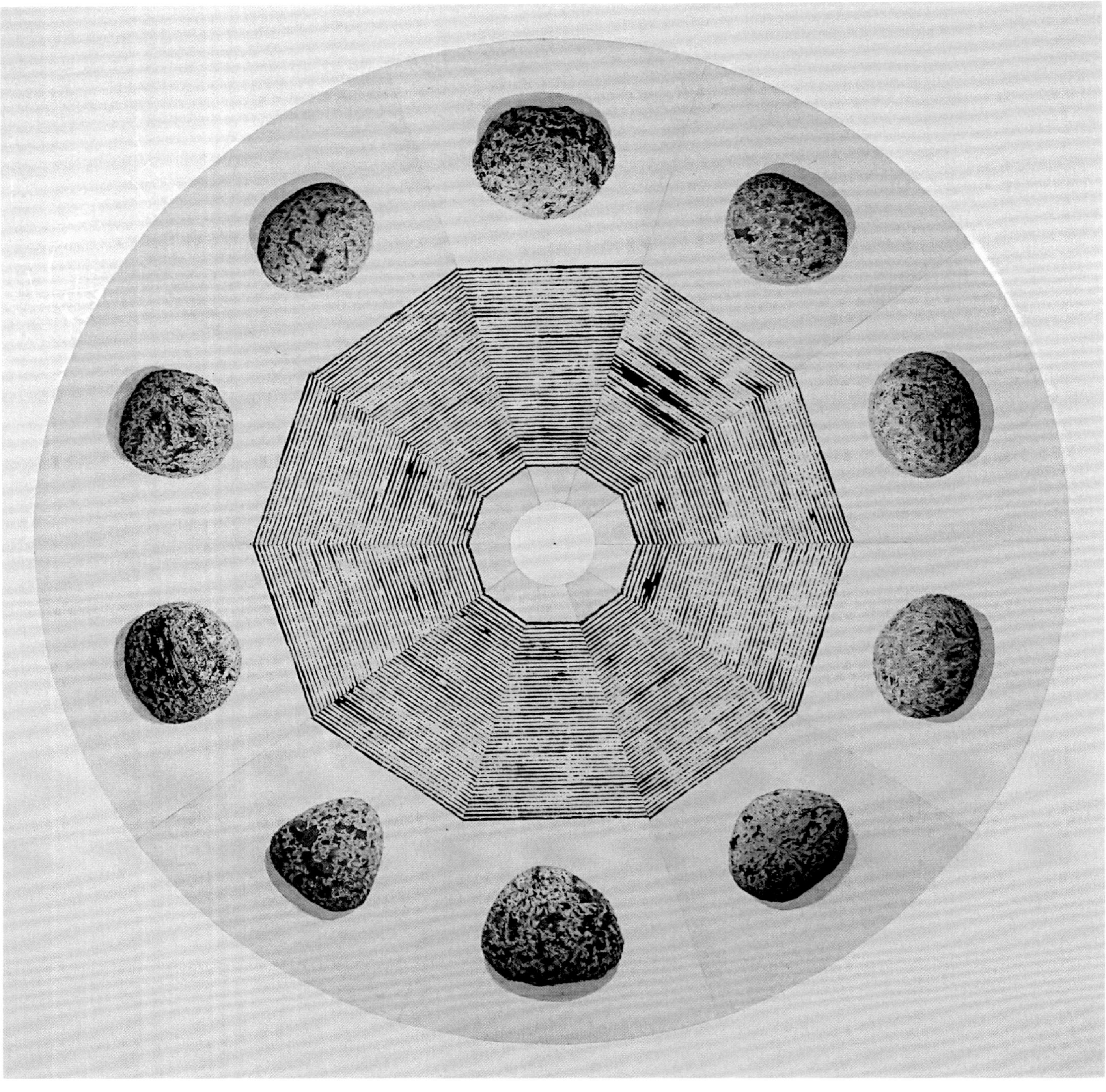

Steinkreis / *Stone Circle* / 石の輪, 2018, 89,2 × 89,2 cm

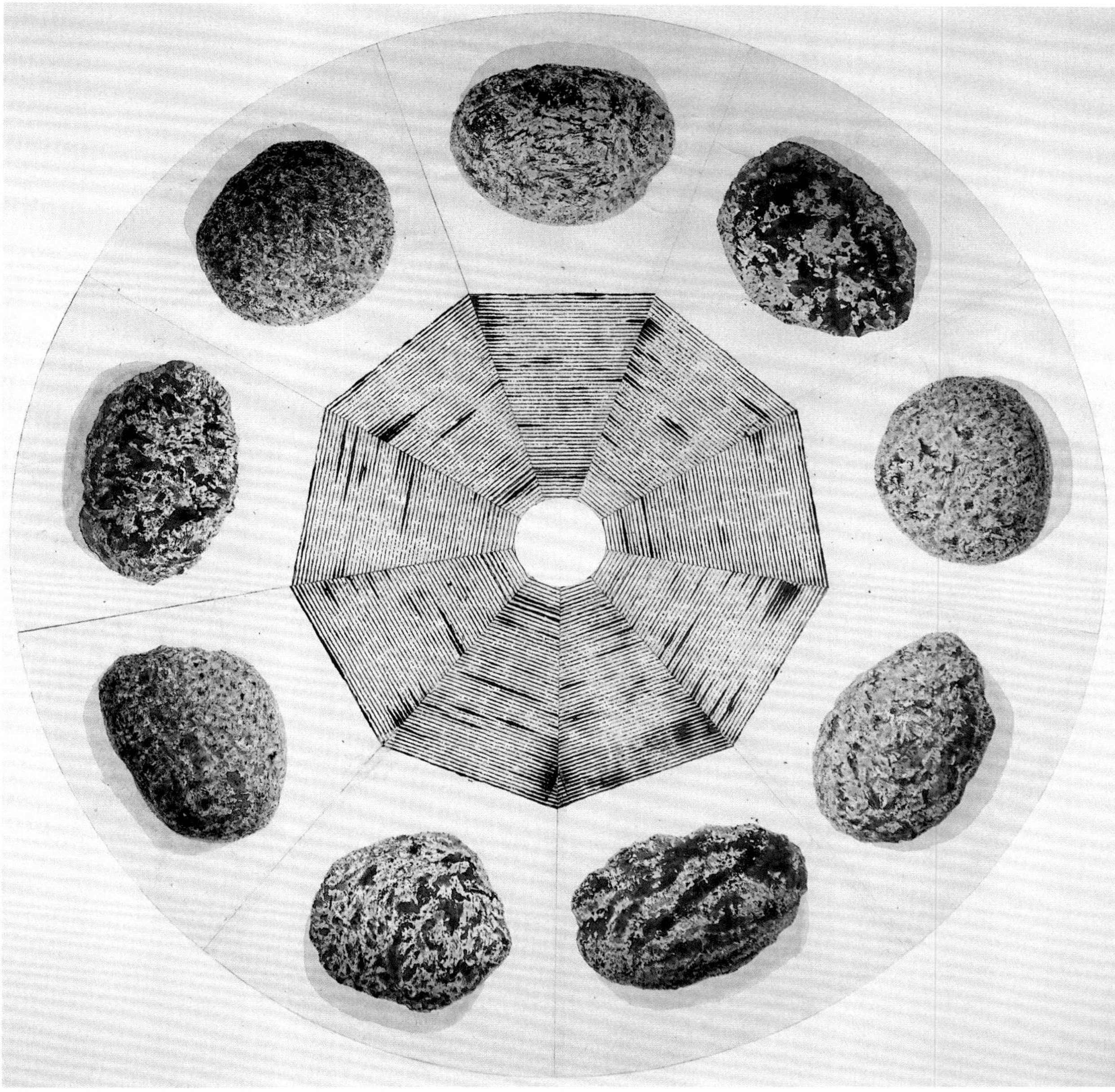

Steinkreis II / *Stone Circle II* / 石の輪 II, 2020, 100 × 100 cm

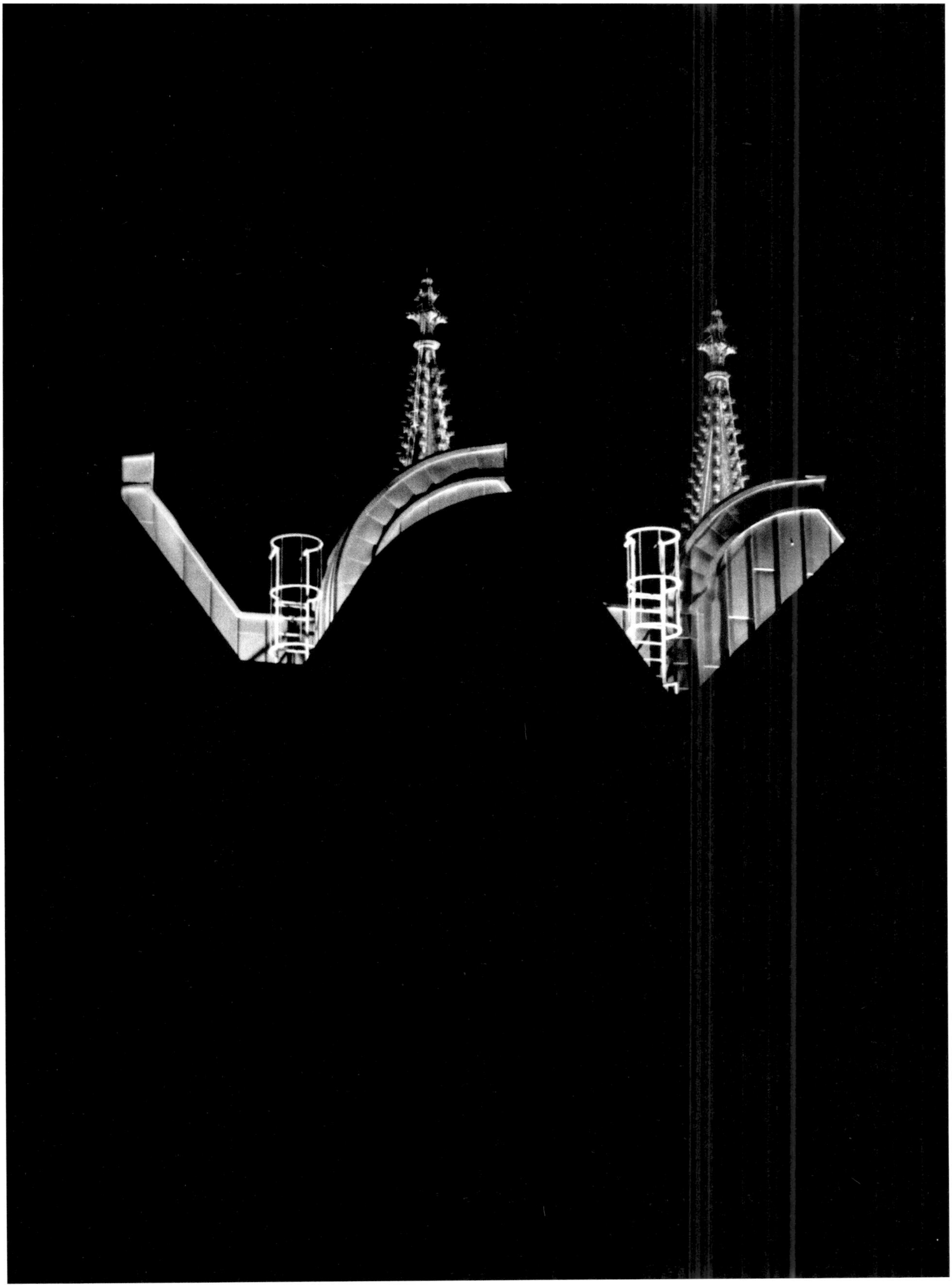

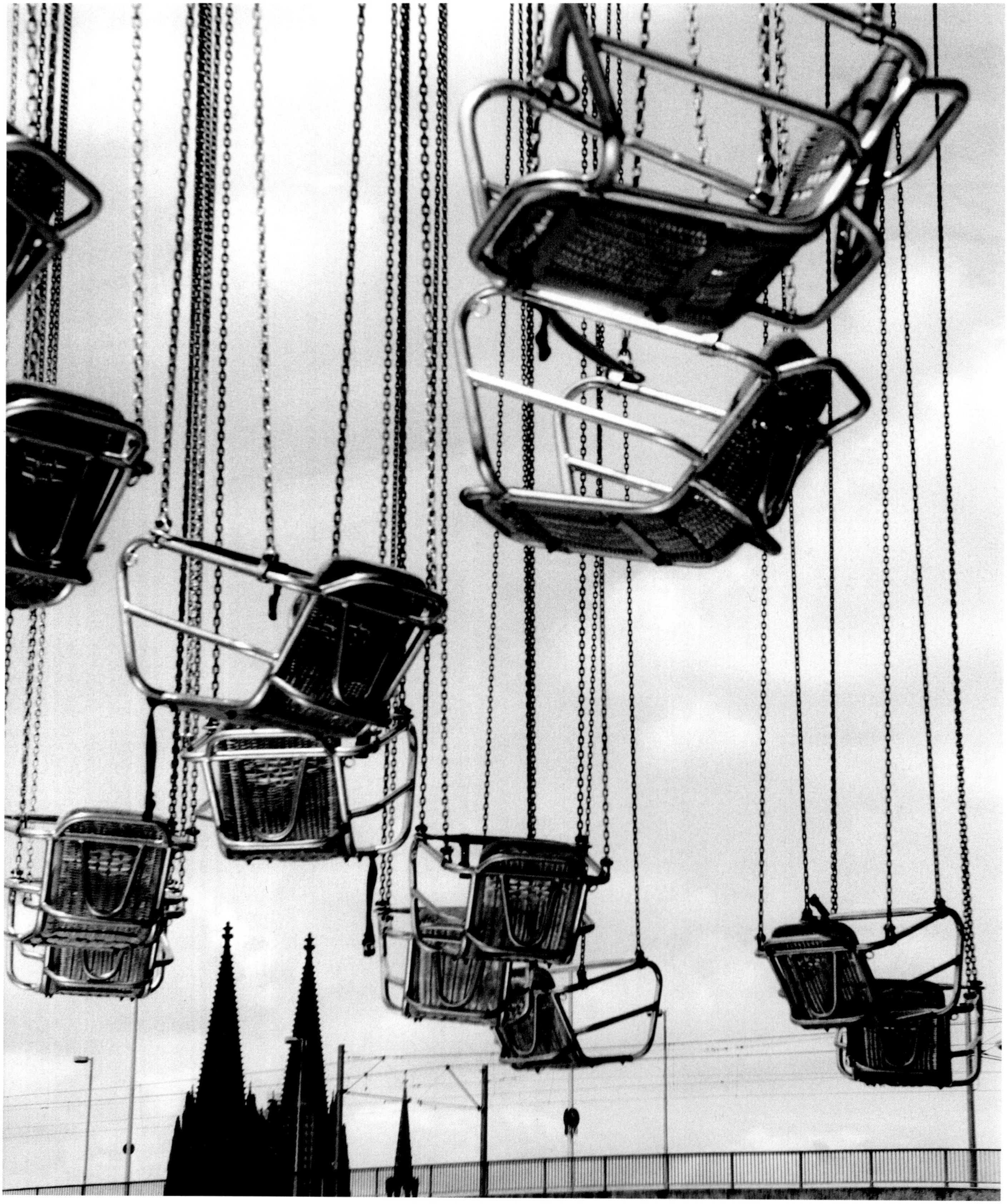

写真シリーズ

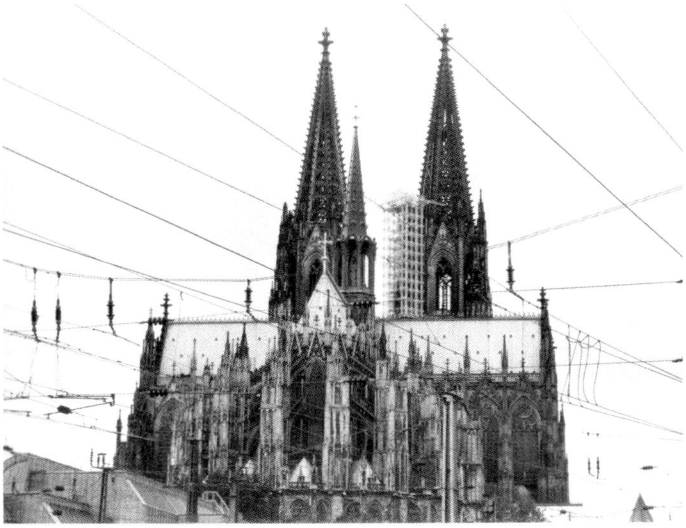

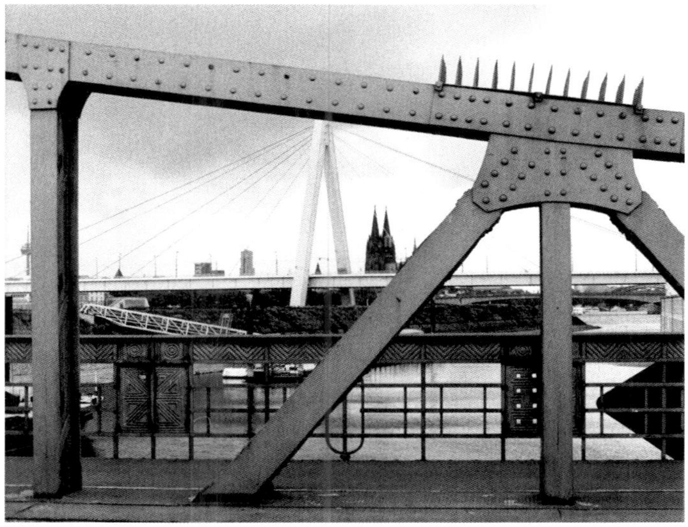

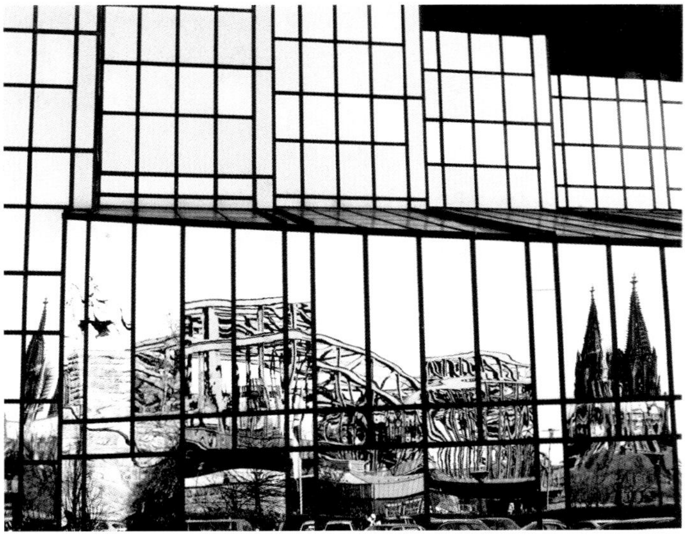

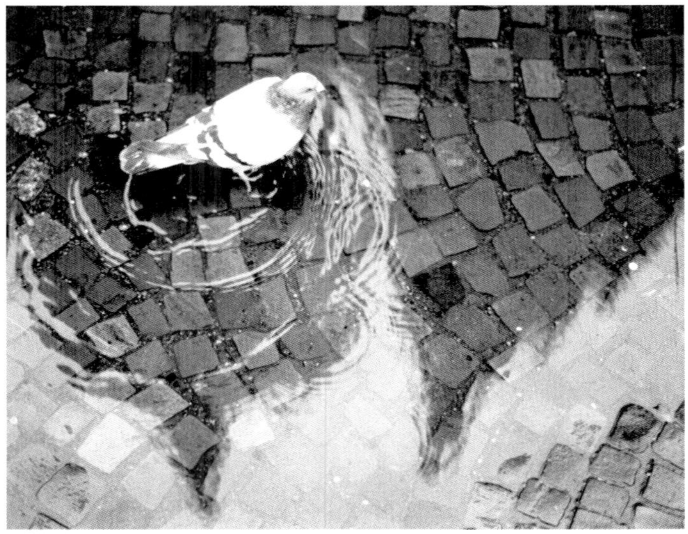

36 Ansichten des Kölner Doms | *36 Views of Cologne Cathedral* | ケルン大聖堂三十六景, 2003,
40,5 × 51 cm, SW-Fotoserie, *»Heimatkunde«*, Kölnisches Stadtmuseum, Köln

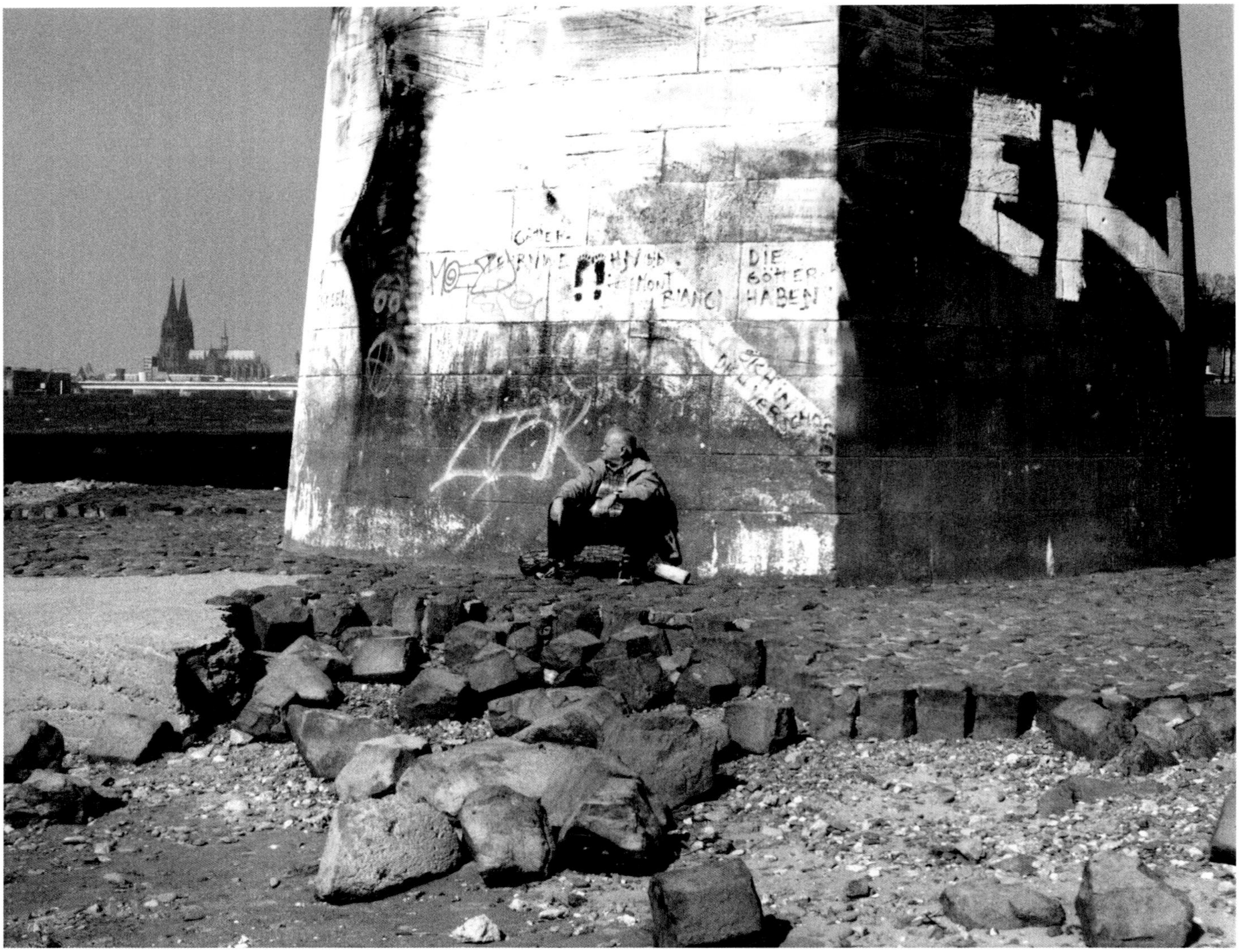

36 Ansichten des Kölner Doms | 36 Views of Cologne Cathedral | ケルン大聖堂三十六景, 2003,
40,5 × 51 cm, SW-Fotoserie, *»Heimatkunde«*, Kölnisches Stadtmuseum, Köln

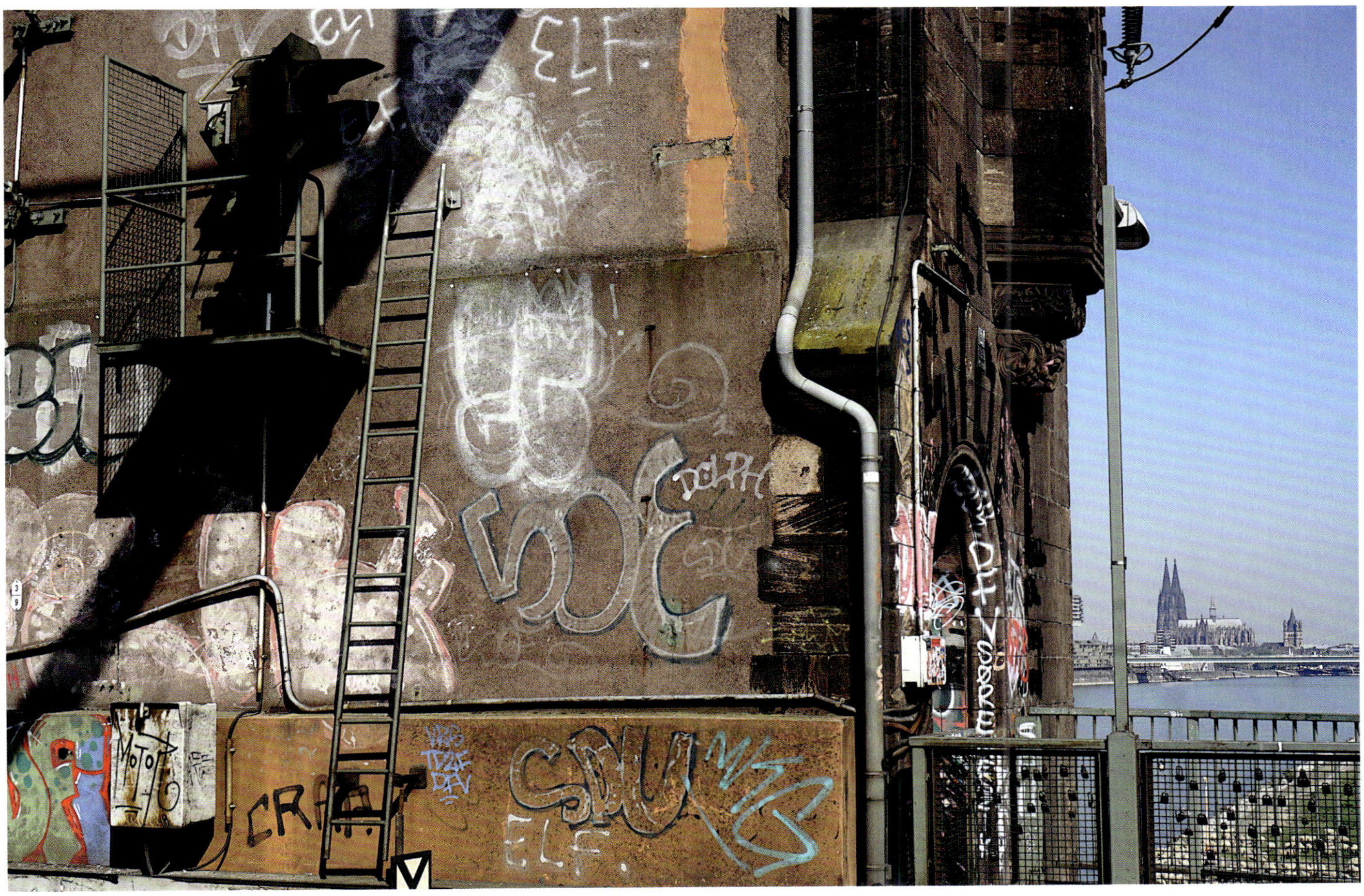

36 Ansichten des Kölner Doms | *36 Views of Cologne Cathedral* | ケルン大聖堂三十六景, 2013–2020, 40,5 × 51 cm, Farbfotoserie

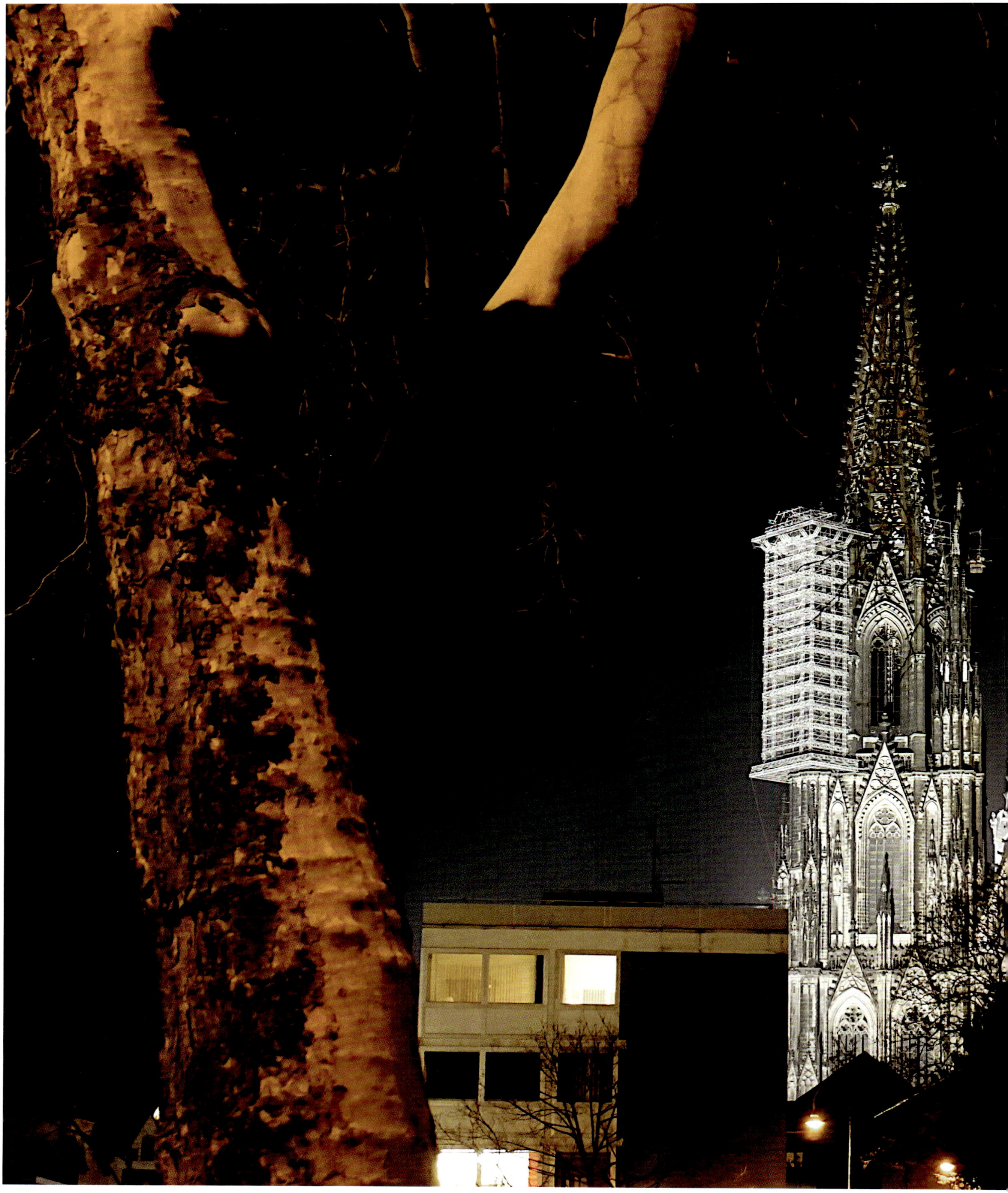

36 Ansichten des Kölner Doms | 36 Views of Cologne Cathedral | ケルン大聖堂三十六景, 2013–2020, 40,5 × 51 cm, Farbfotoserie

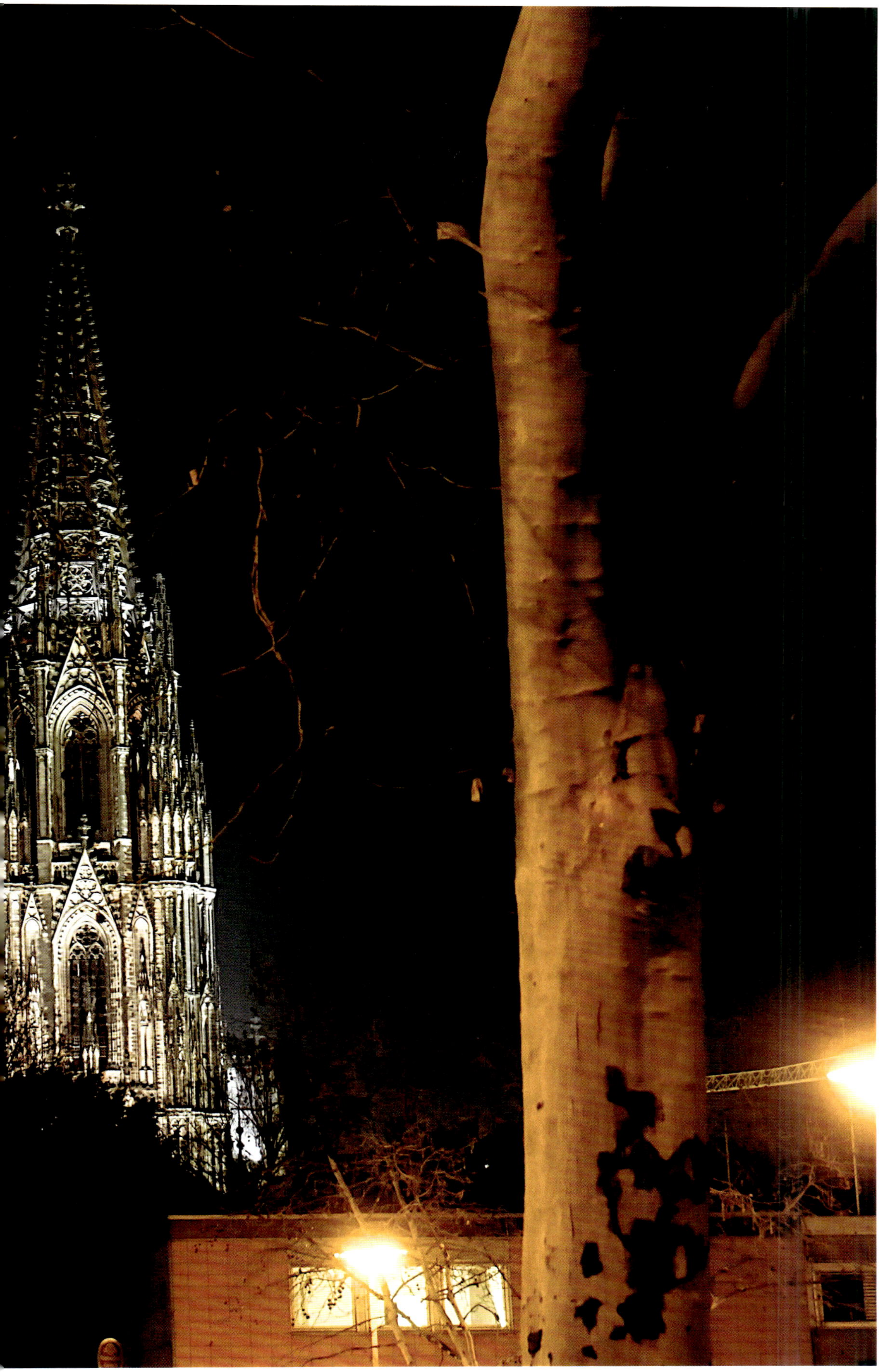

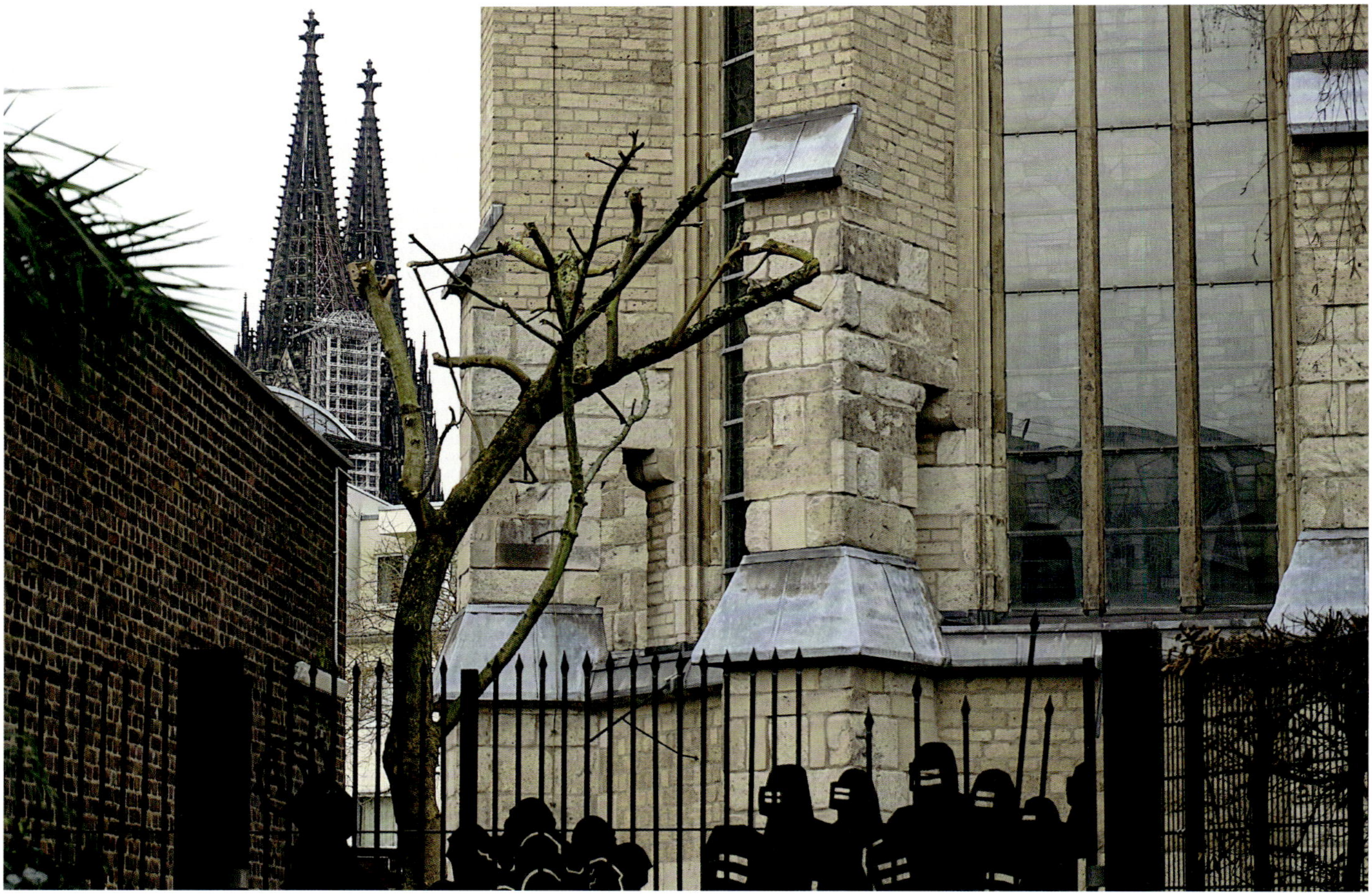

36 Ansichten des Kölner Doms | 36 Views of Cologne Cathedral | ケルン大聖堂三十六景, 2013–2020, 40,5 × 51 cm, Farbfotoserie

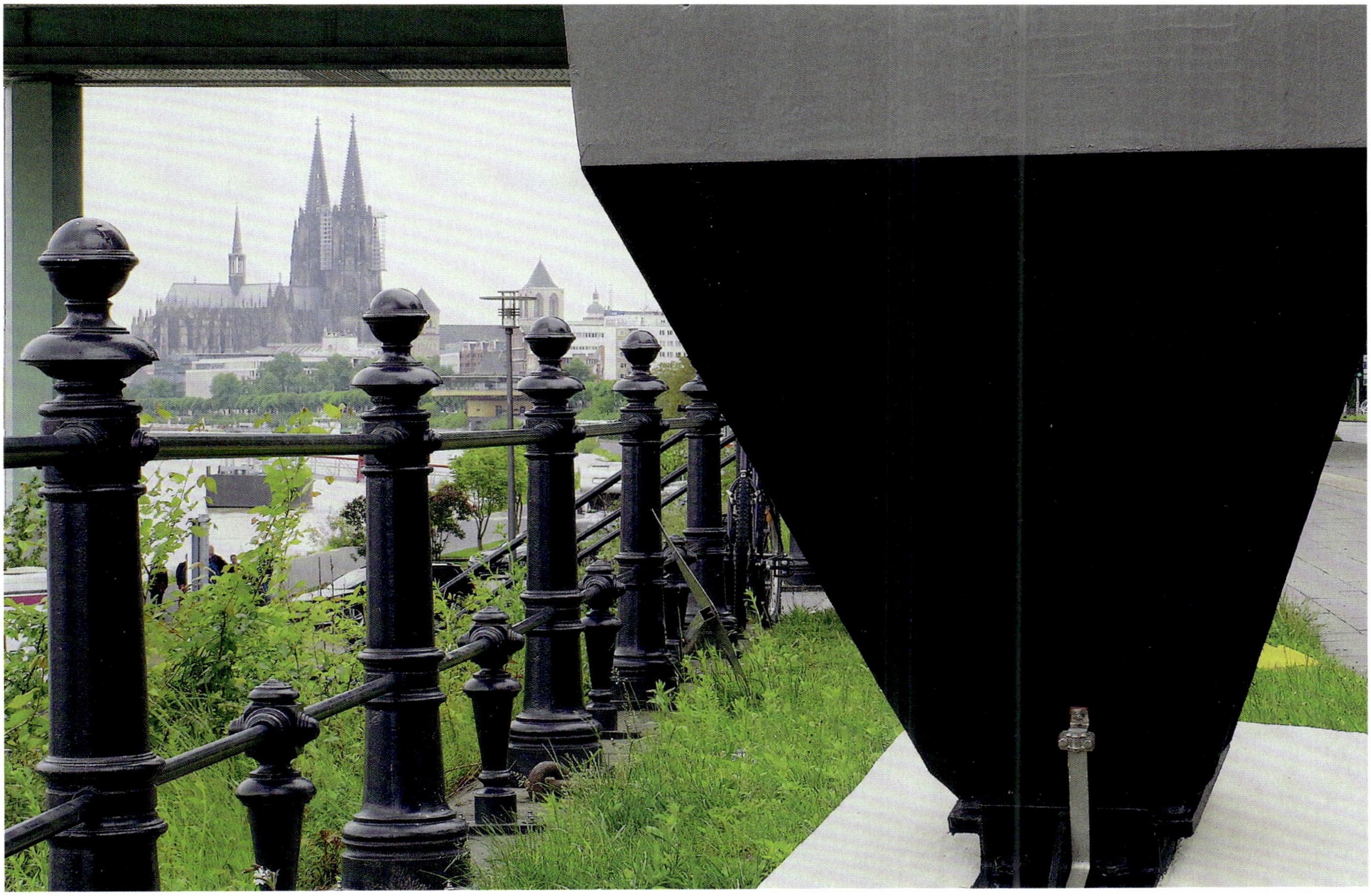

36 Ansichten des Kölner Doms | *36 Views of Cologne Cathedral* | ケルン大聖堂三十六景, 2013–2020, 40,5 × 51 cm, Farbfotoserie

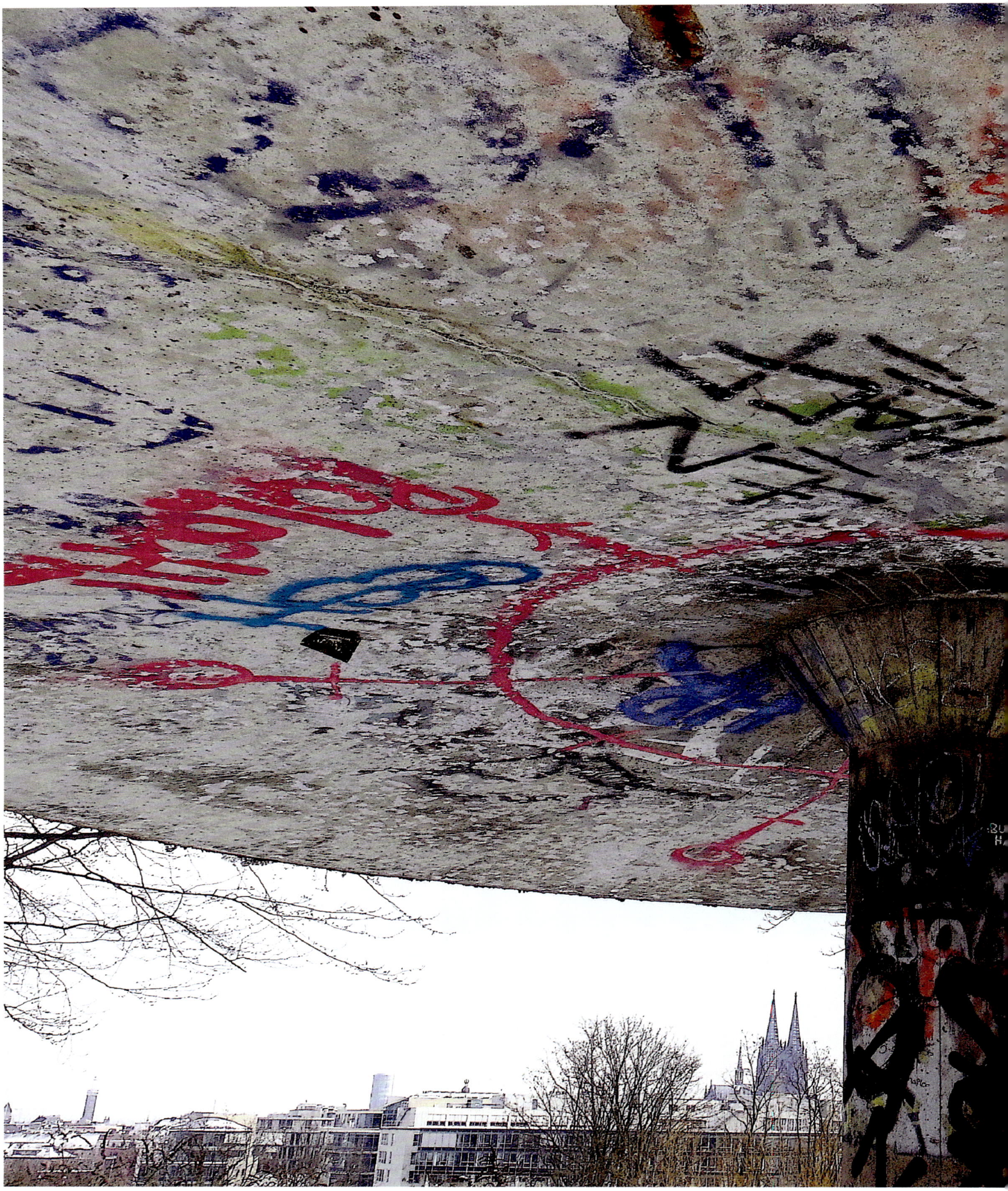

36 Ansichten des Kölner Doms | *36 Views of Cologne Cathedral* | ケルン大聖堂三十六景, 2013–2020, 40,5 × 51 cm, Farbfotoserie

写真シリーズ

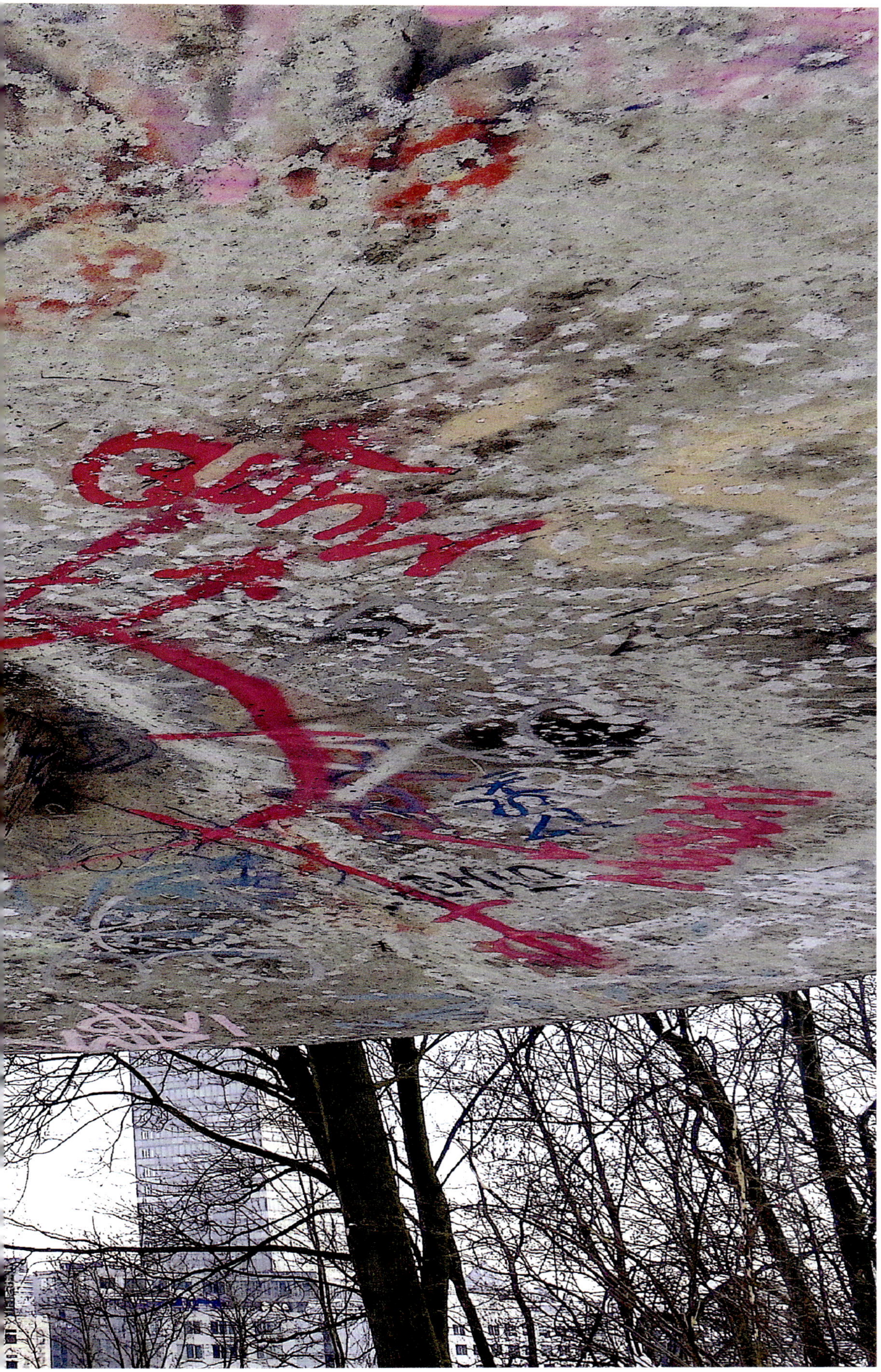

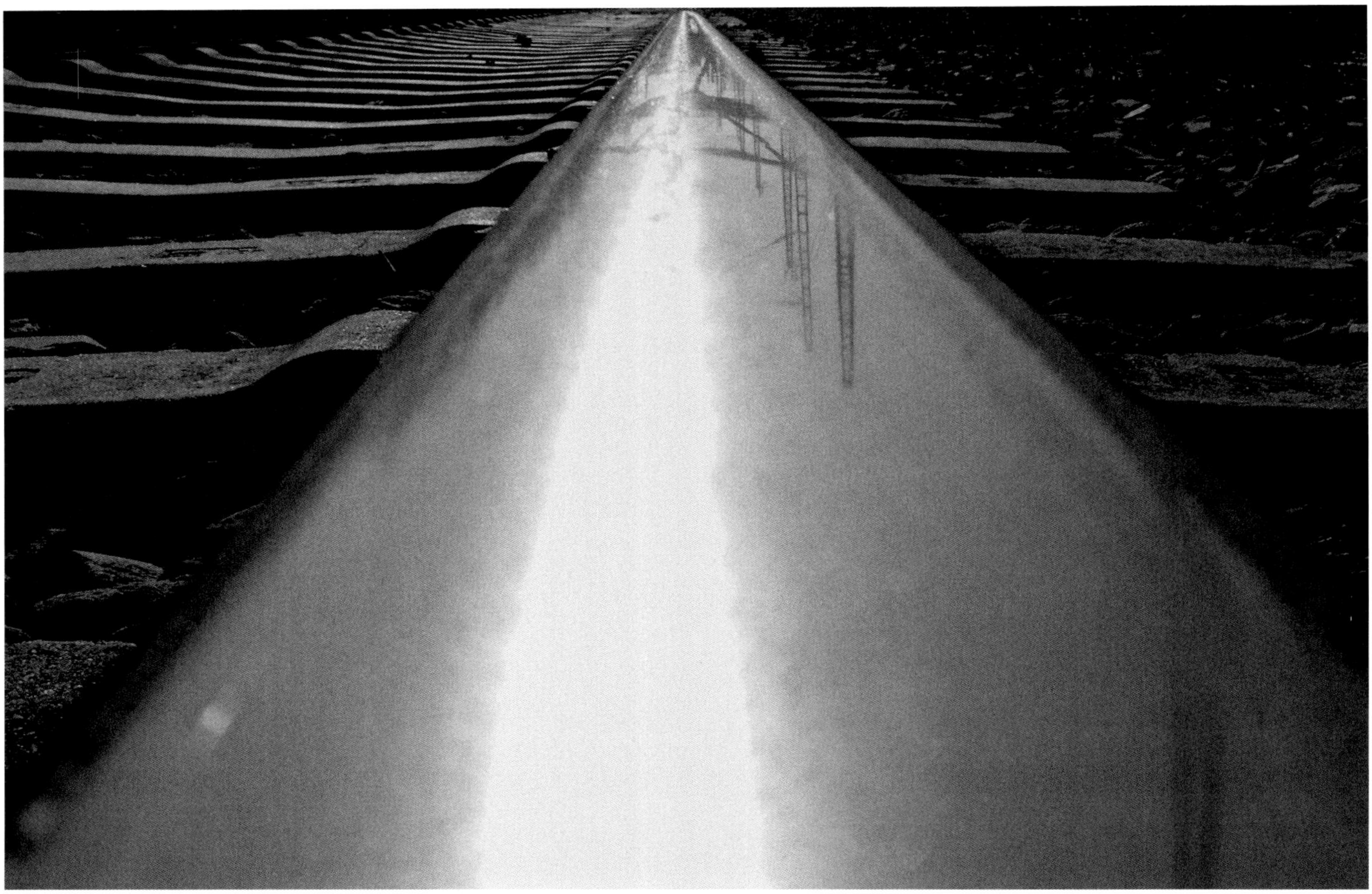

Bahnschienen | *Train Tracks* | 線路, 2005 – 2018, 40,5 × 51 cm, Farbfotoserie

写真シリーズ

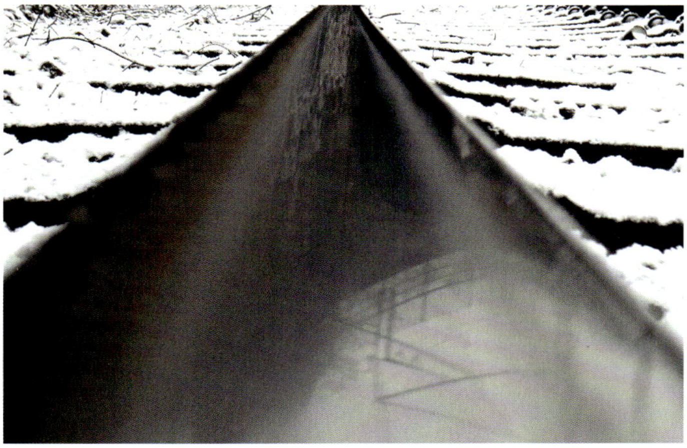

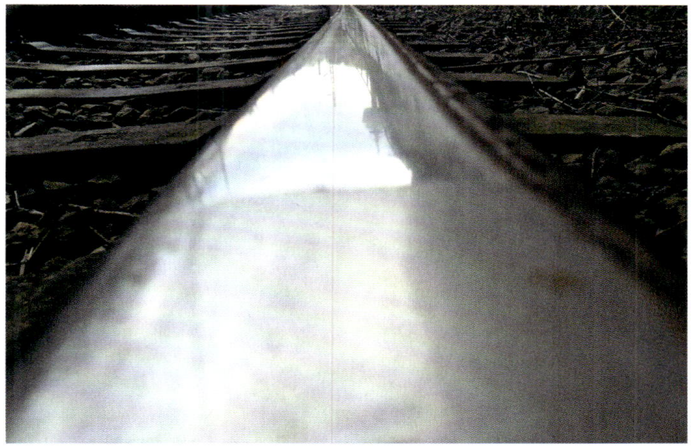

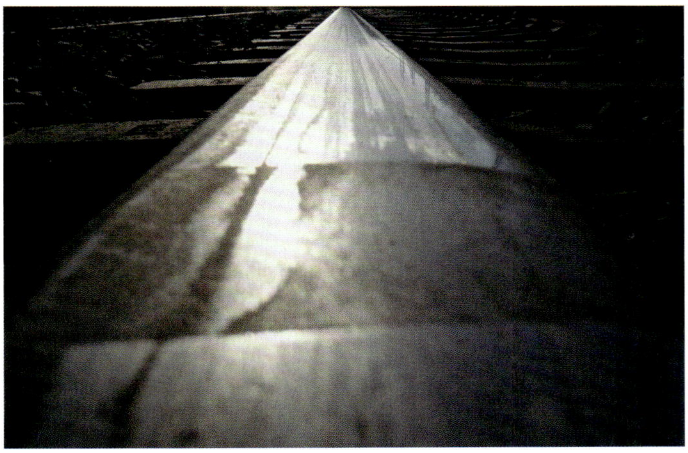

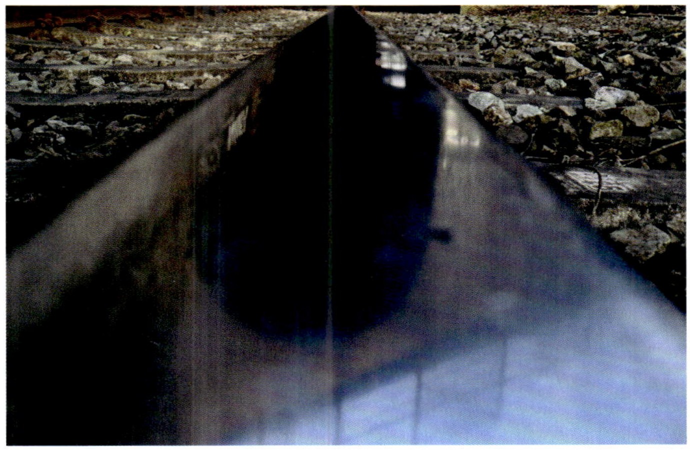

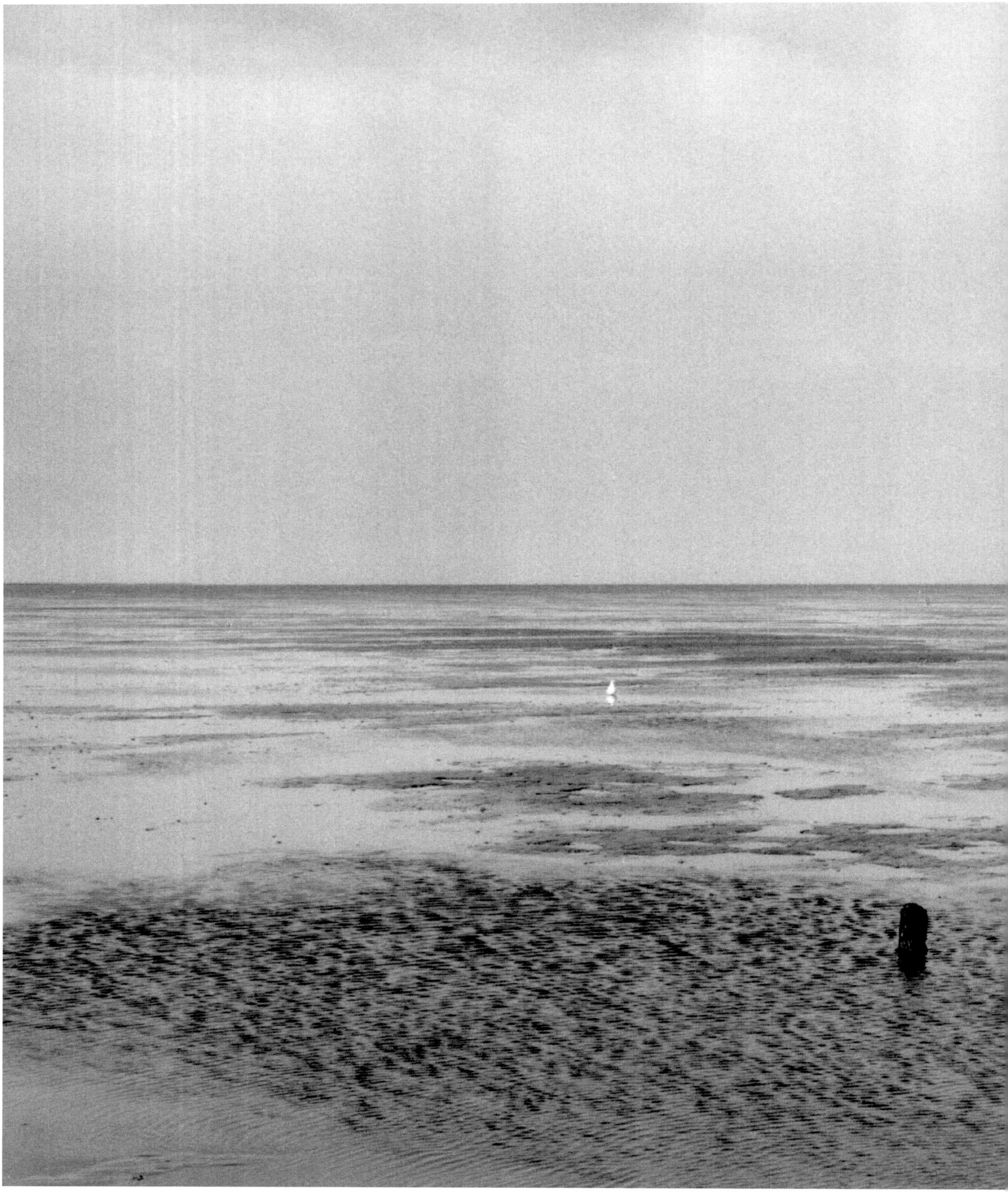

Himmel und Erde / *Heaven and Earth* / 天と地, 2004–2011, 34 × 50,7 cm, SW-Fotoserie, 15 Fotos

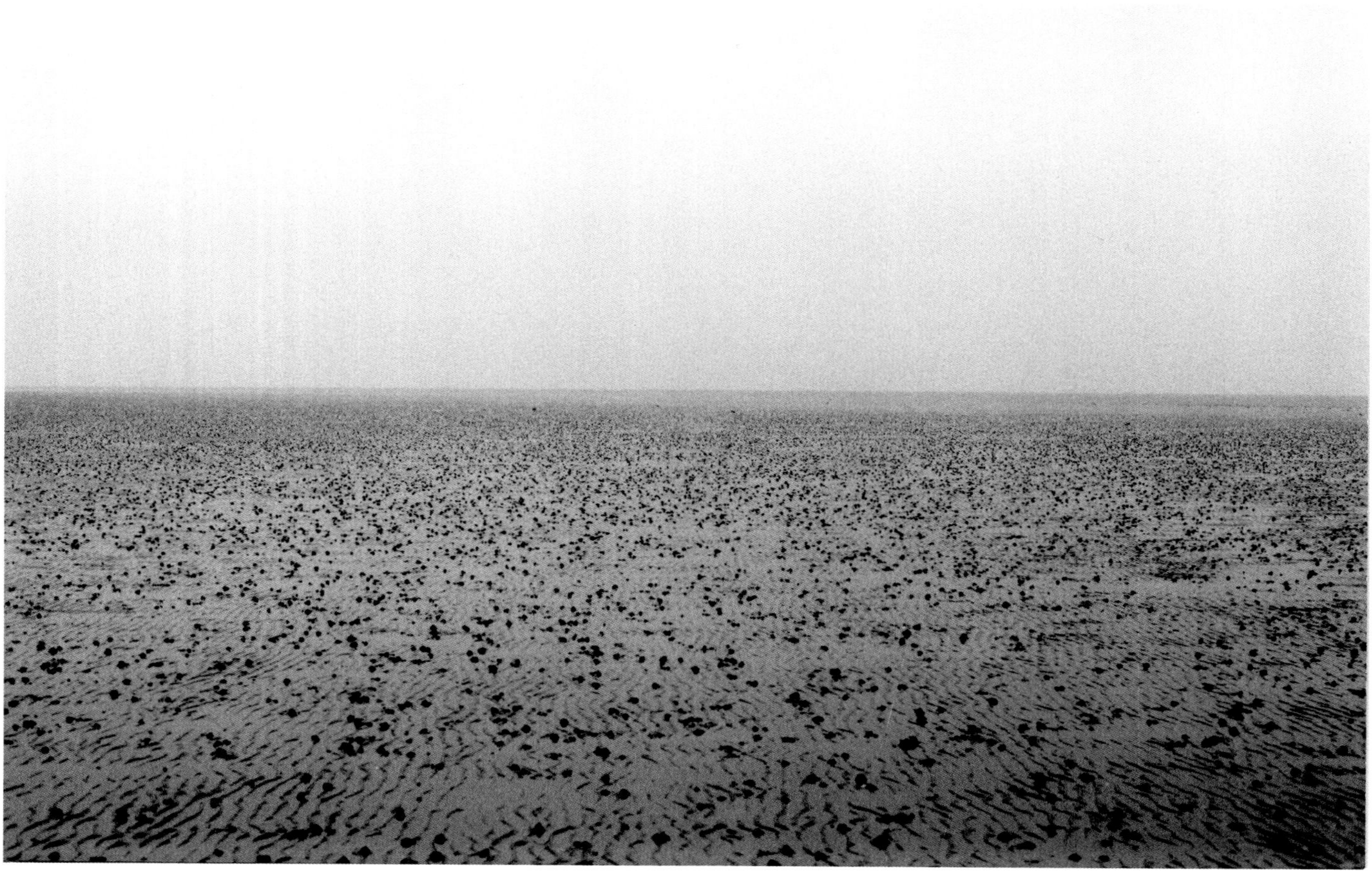

Himmel und Erde / *Heaven and Earth* / 天と地, 2004–2011, 34 × 50,7 cm, SW-Fotoserie, 15 Fotos

写真シリーズ

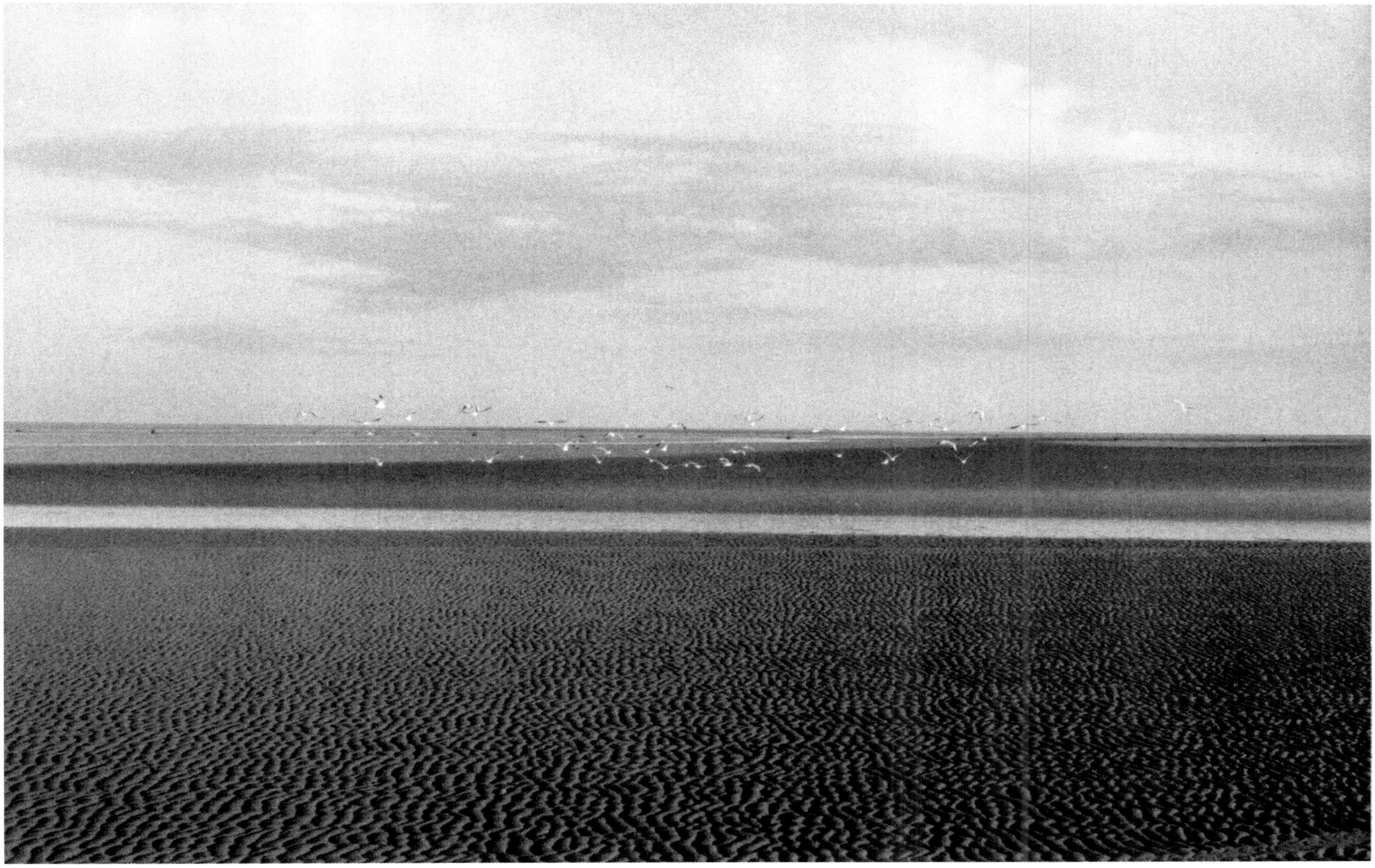

Himmel und Erde / *Heaven and Earth* / 天と地, 2004–2011, 34 × 50,7 cm, SW-Fotoserie, 15 Fotos

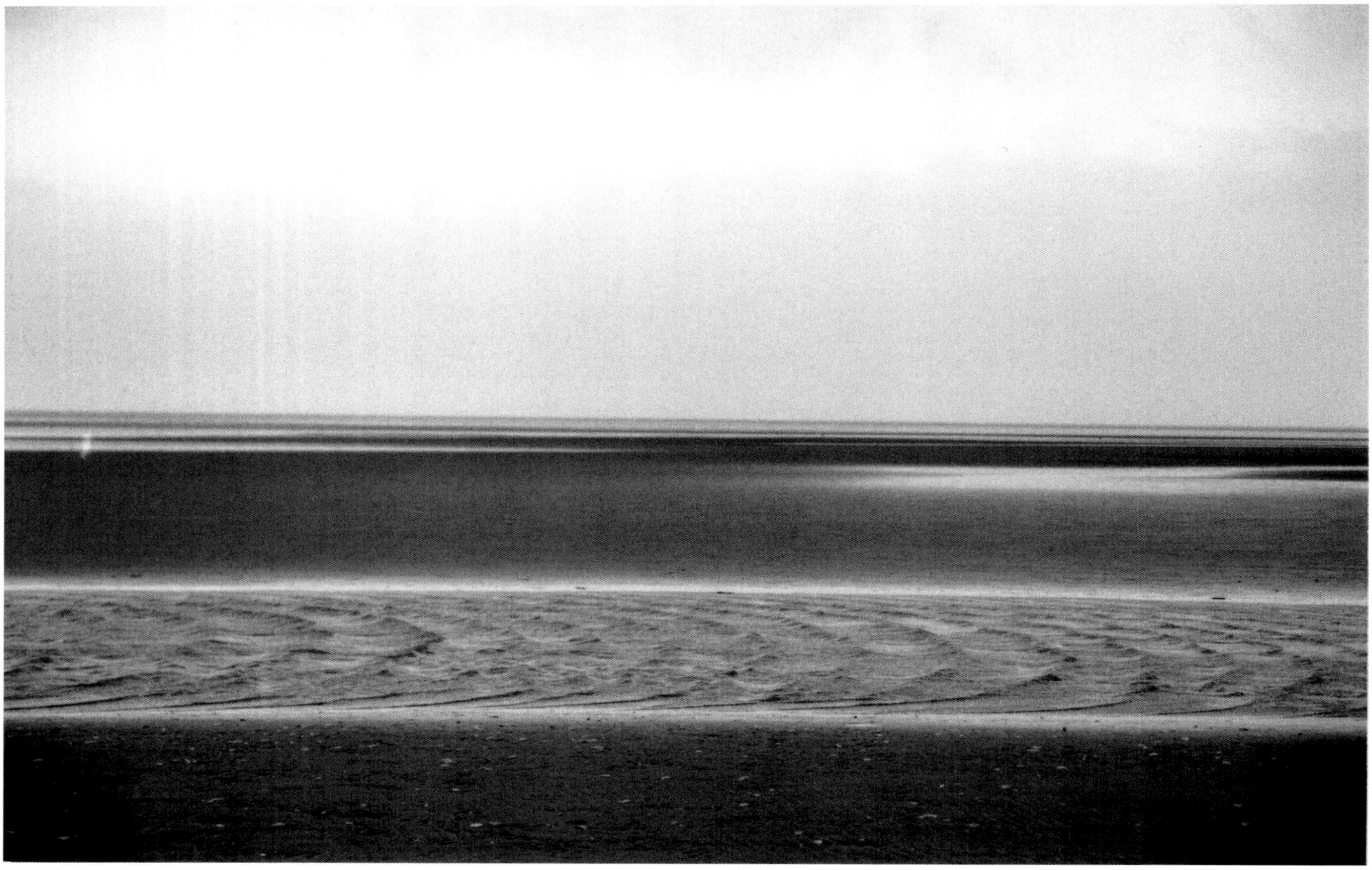

Himmel und Erde / Heaven and Earth / 天と地, 2004–2011, 34 × 50,7 cm, SW-Fotoserie, 15 Fotos

写真シリーズ

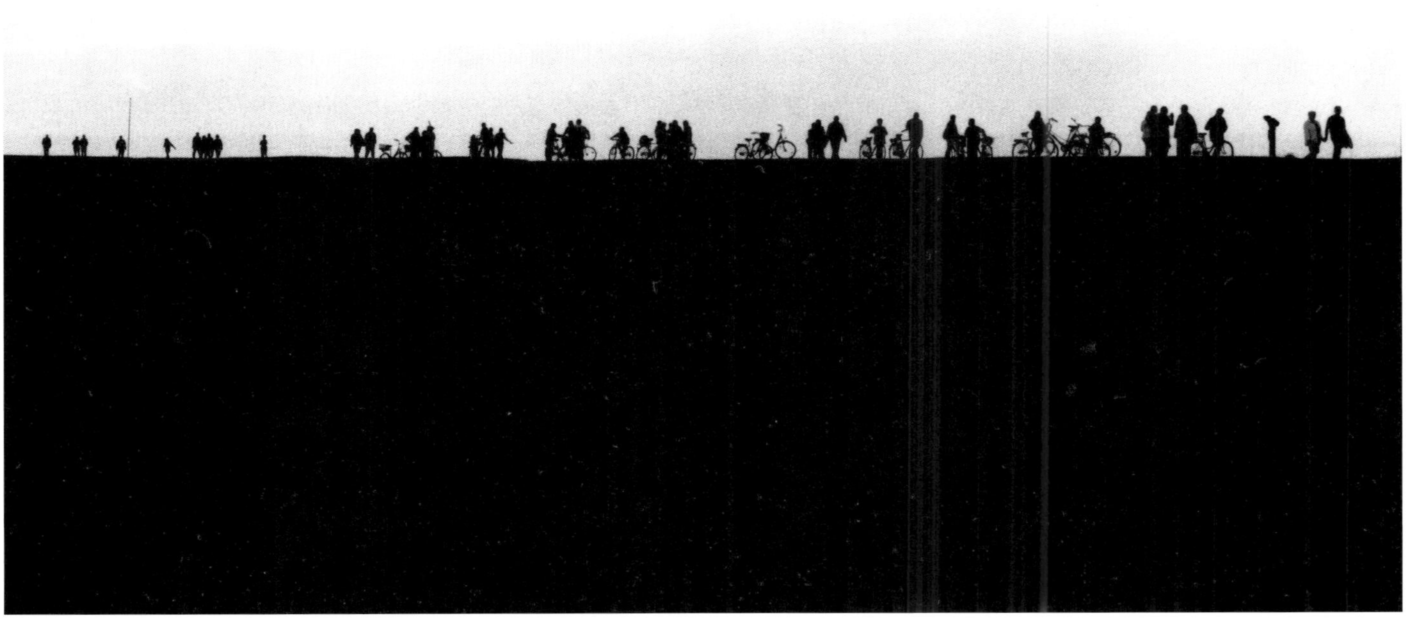

Himmel und Erde / *Heaven and Earth* / 天と地, 2004–2011, 34 × 50,7 cm, SW-Fotoserie, 15 Fotos

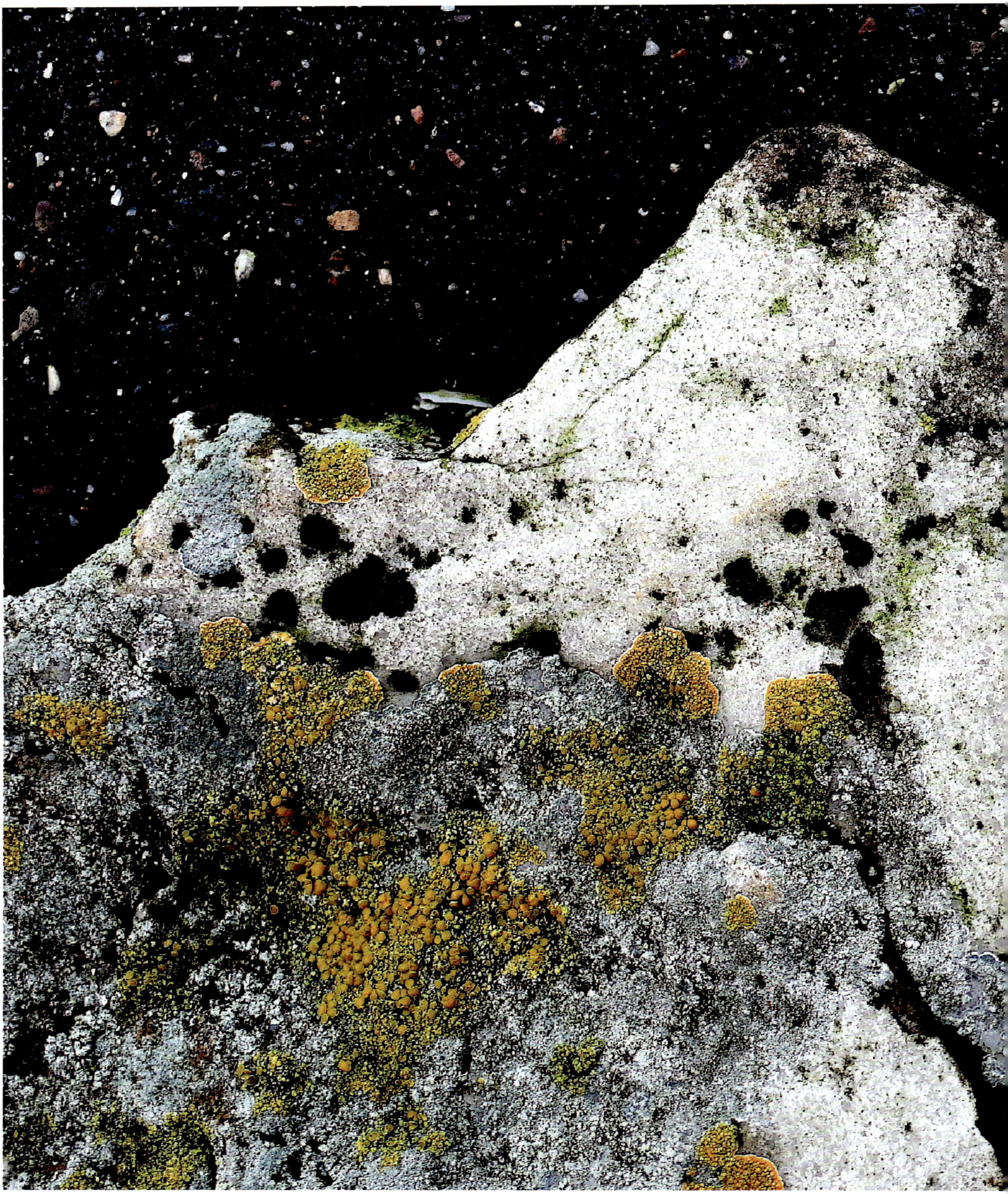

Steinwelt von Grimmershorn / Stone World of Grimmershörn / グリンマールスヘルンの石の世界, 2013,
19,5 × 25,8 cm, Farbfotoserie, 15 Fotos, Schloss Ritzebüttel, Cuxhaven

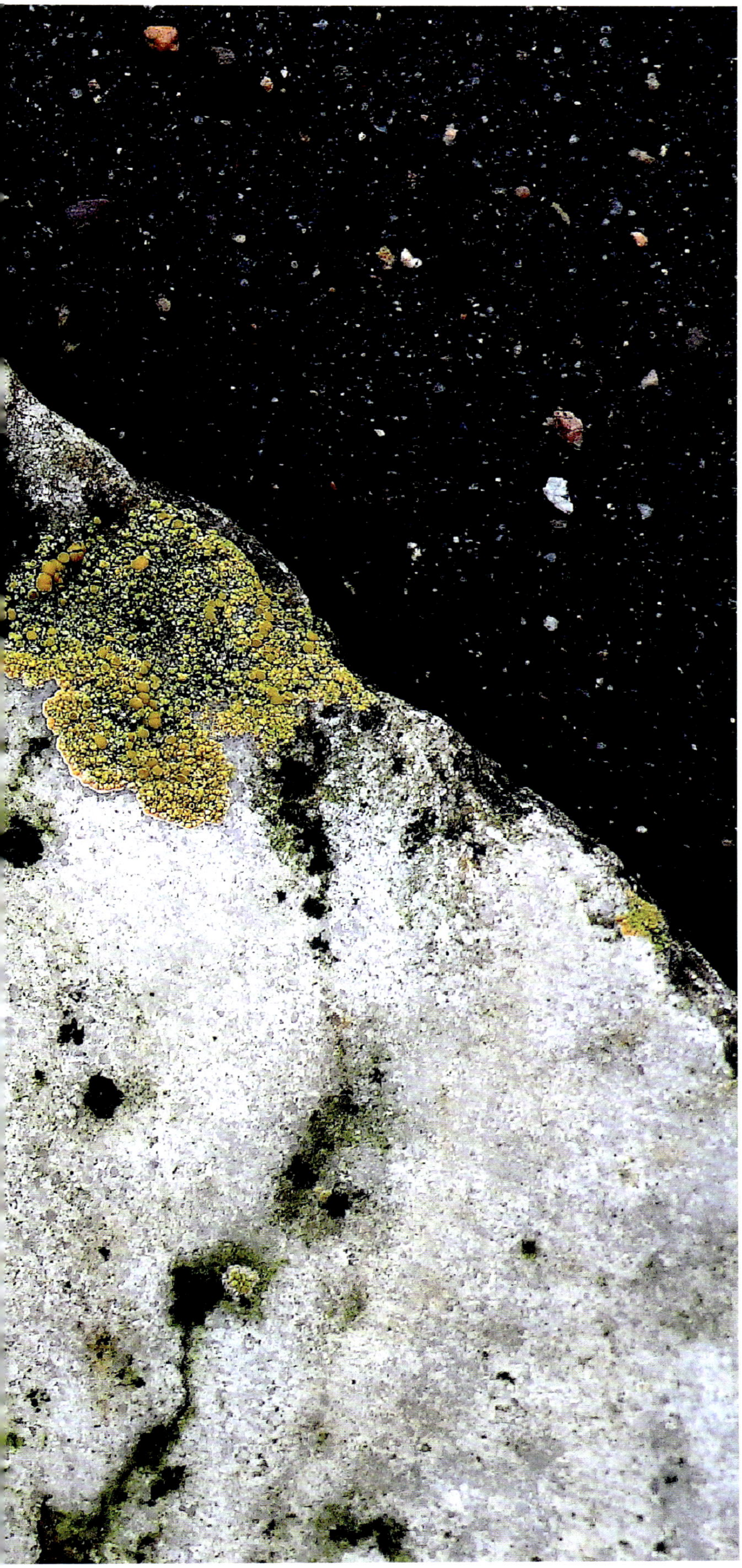

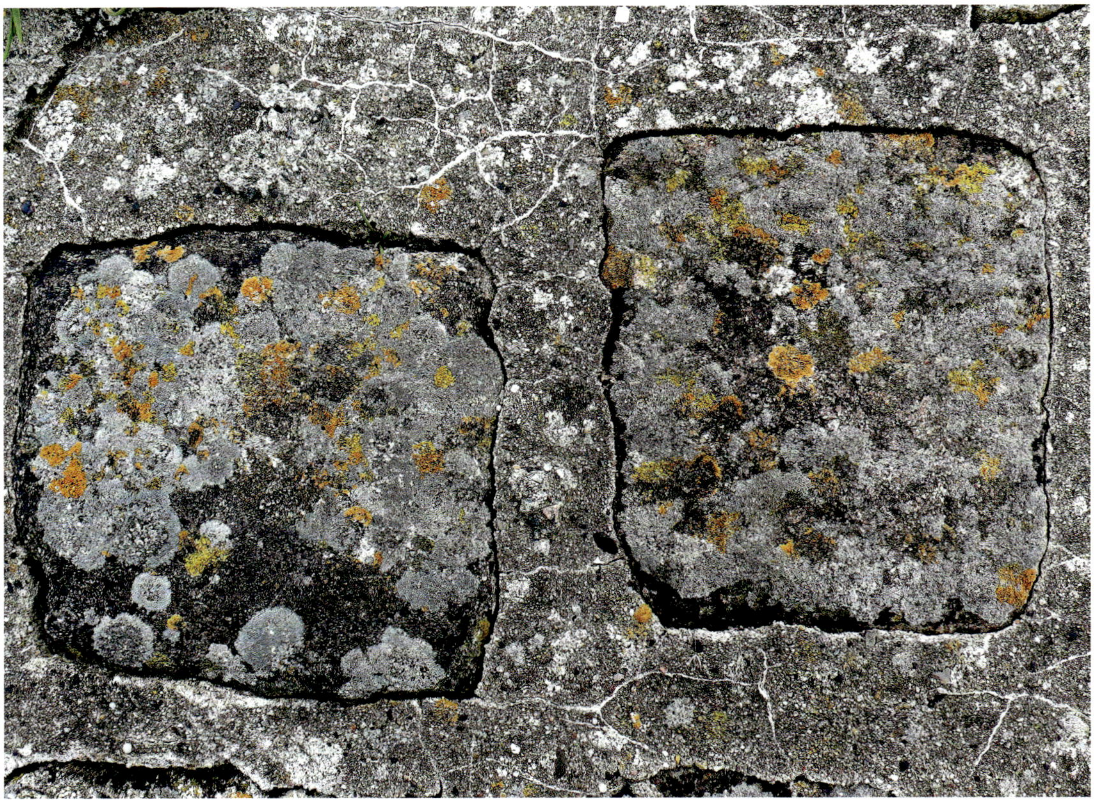

Steinwelt von Grîmmershorn / Stone World of Grîmmershörn / グリンマールスヘルンの石の世界, 2013,
19,5 × 25,8 cm, Farbfotoserie, 15 Fotos, Schloss Ritzebüttel, Cuxhaven

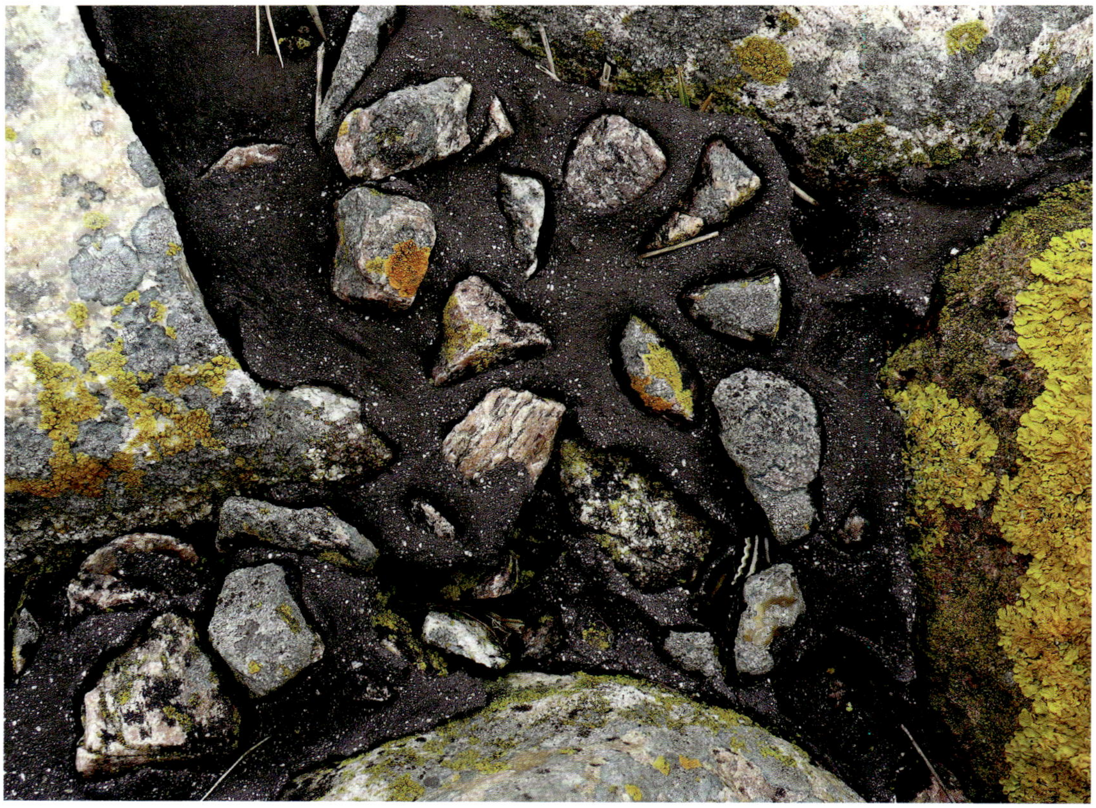

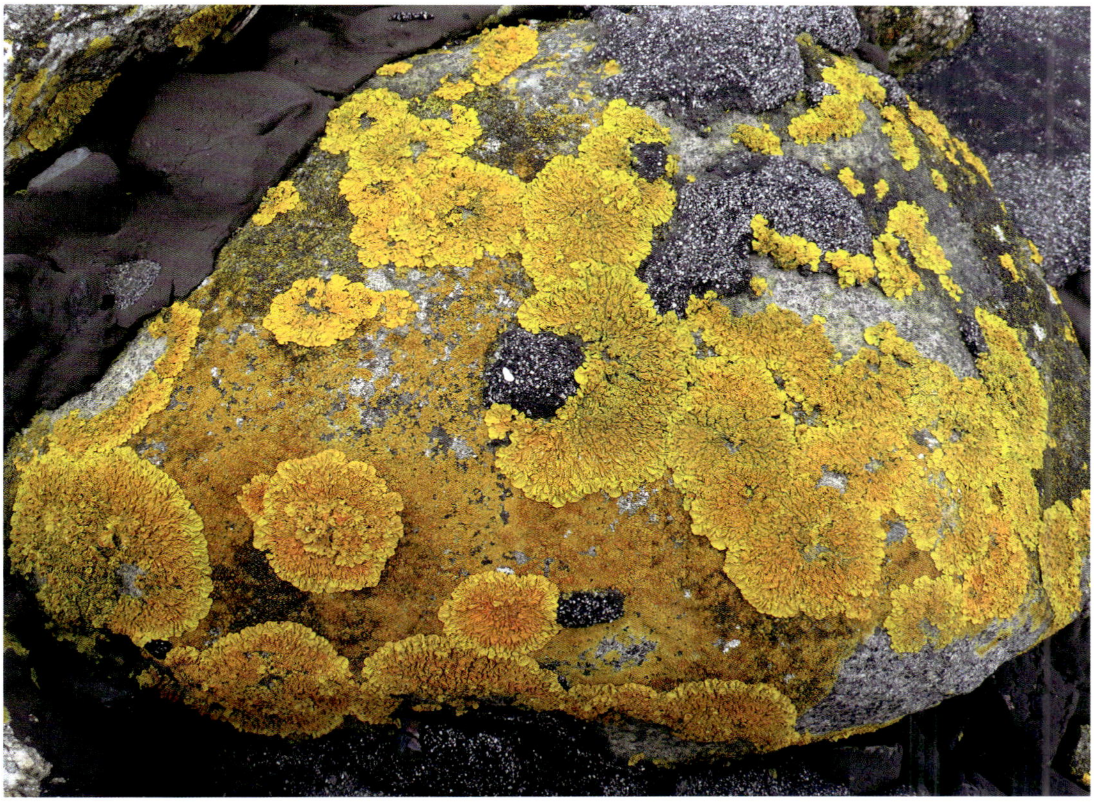

Steinwelt von Grimmershorn / *Stone World of Grimmershörn* / グリンマールスヘルンの石の世界, 2013, 19,5 × 25,8 cm, Farbfotoserie, 15 Fotos, Schloss Ritzebüttel, Cuxhaven

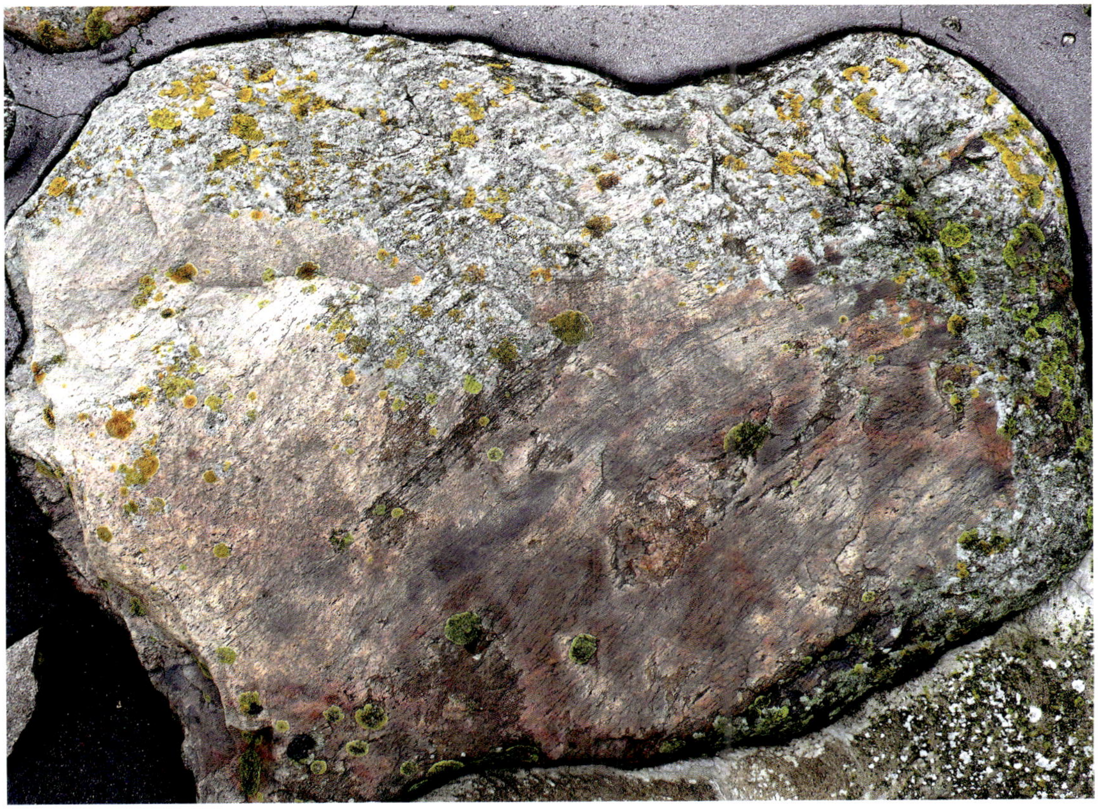

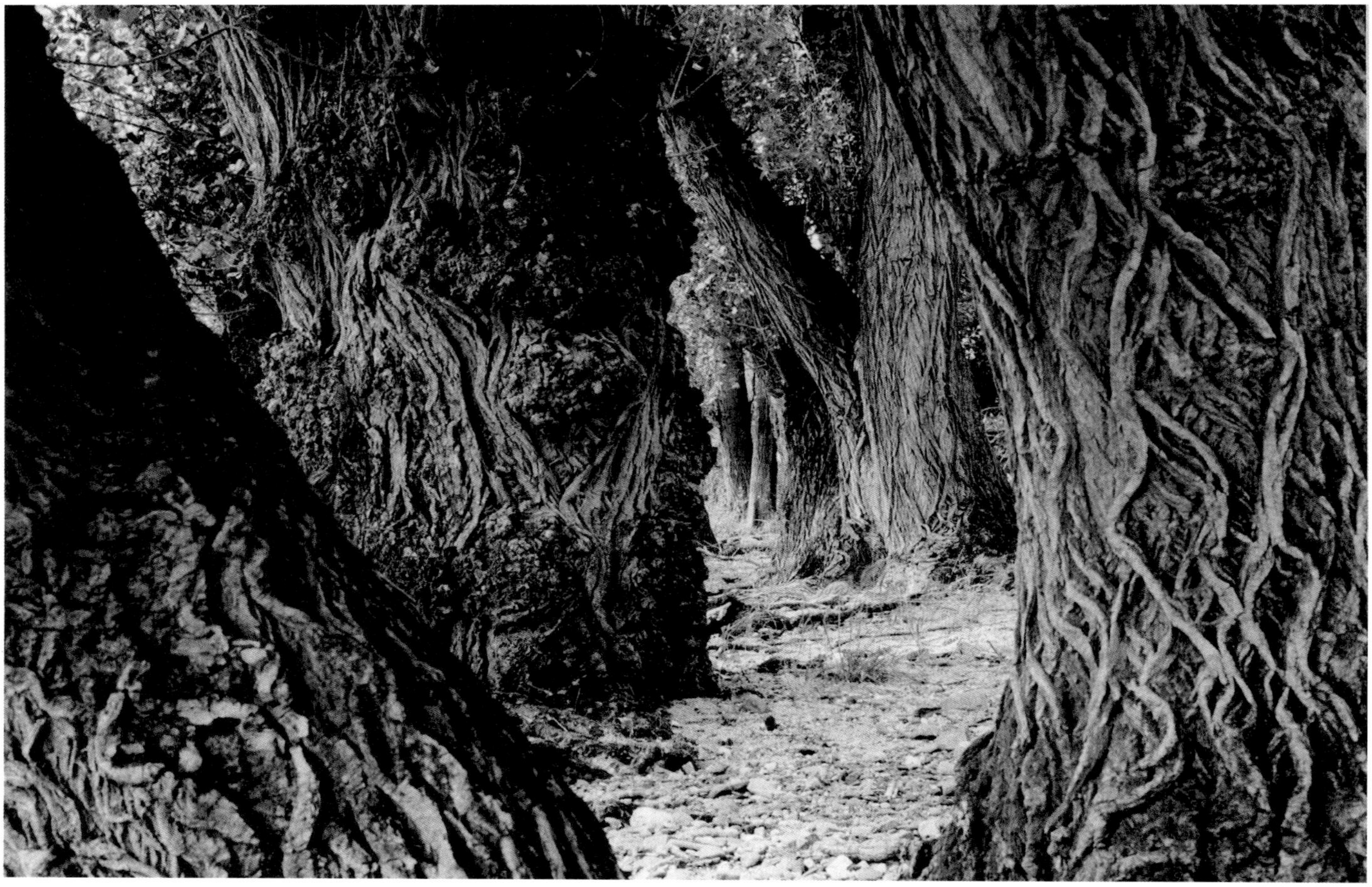

BaumeRäume | TreeSpaces | 木々／空間, 2004, 31 × 40,6 cm, SW-Fotoserie, 13 Fotos

写真シリーズ

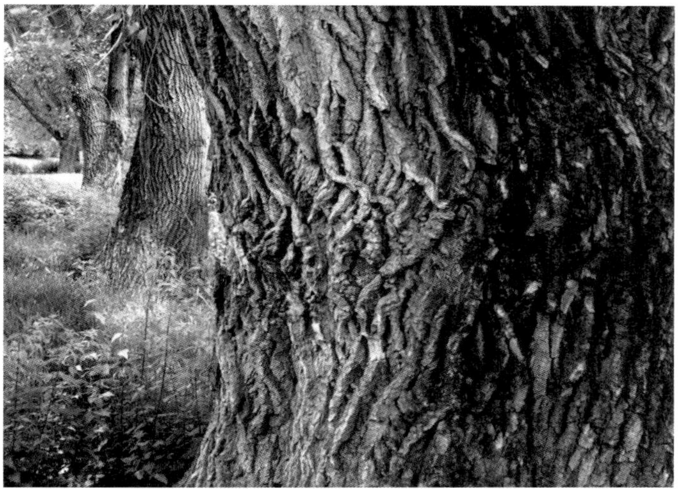

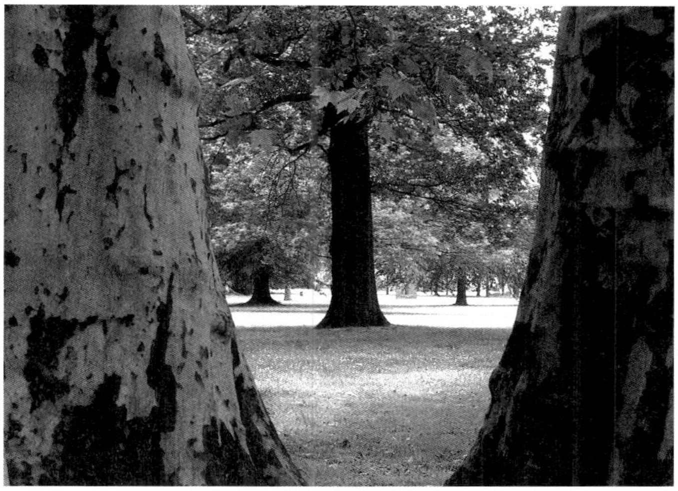

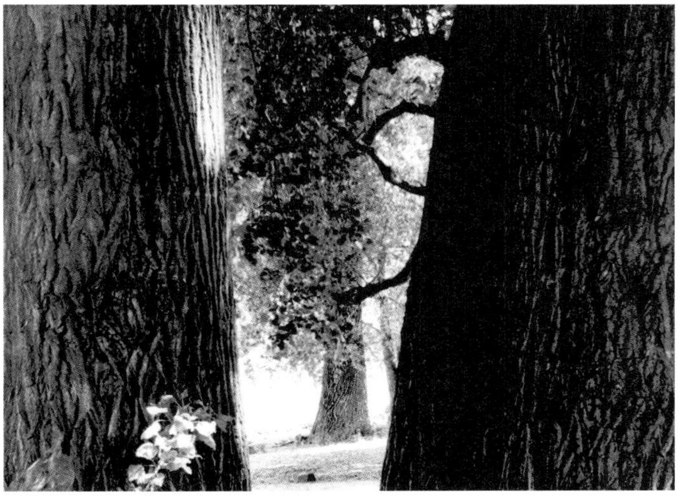

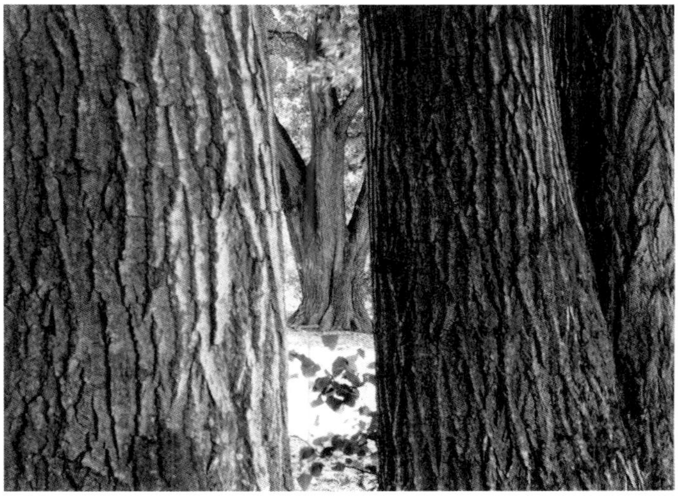

TAUSEND SONNEN | THOUSAND SUNS | 千の太陽

Tausend Sonnen | *Thousand Suns* | 千の太陽 → S. 17 ff.

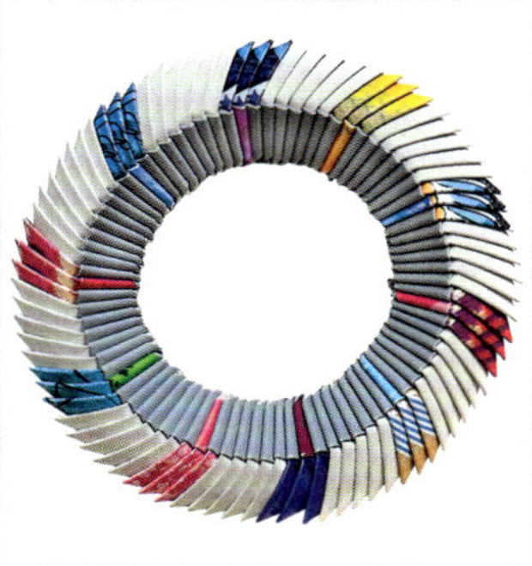

Die seit 1992 aufgebauten Installationen bestehen aus vielen einzelnen Ringen. Jeder Ring setzt sich aus ca. 90 gefalteten, dreifachen Papierquadraten (9 × 9 cm) zusammen und hat einen Durchmesser von 21 cm. Die Basis bilden also kosmisch-universale Grundformen: Vierecke, die zu Dreiecken gefaltet werden, die ineinandergesteckt einen Kreis ergeben.
Das Material wird aus alten Zeitschriften, Postern, Kalendern etc. gewonnen – Papier, das normalerweise nach der Erfüllung seines Zwecks weggeworfen wird. Es erfährt über das das reine »Nutzen-Recycling« unserer materialistischen Zeit hinaus eine ästhetische Verwandlung und Auferstehung.
Aufgrund der unbegrenzten Kombinationsmöglichkeiten der gefalteten Elemente, die durch die ca. 180 sichtbaren Linien auf der Vorderseite eines Ringes in Erscheinung treten, sind die Muster und Farbvariationen jedes einzelnen Ringes unerschöpflich. Das Gleiche gilt für die Kombination mehrerer Hundert Ringe zu einer großen Fläche oder Skulptur. Die Vielfalt verschmilzt zu einer komponierten Einheit. Gleichwohl spielt jeder Ring innerhalb dieser Einheit seine unverwechselbare individuelle Rolle. Mit Abstand betrachtet wirkt die großflächige Bildstruktur wie ein dynamisch sich bewegendes Bild.
Die Zahl der Papierringe wuchs kontinuierlich und jede Installation wird zum jeweiligen Raum passend erarbeitet. Das Projekt »Tausend Sonnen« bleibt auf diese Weise prozesshaft und unvollendet.

Franziska Ehmcke

INSTALLATIONEN UND SKULPTUREN | INSTALLATIONS AND SCULPTURES | インスタレーションと立体作品

Ort der Verdichtung | *Space of Concentration* | 凝縮の空間 → S. 38

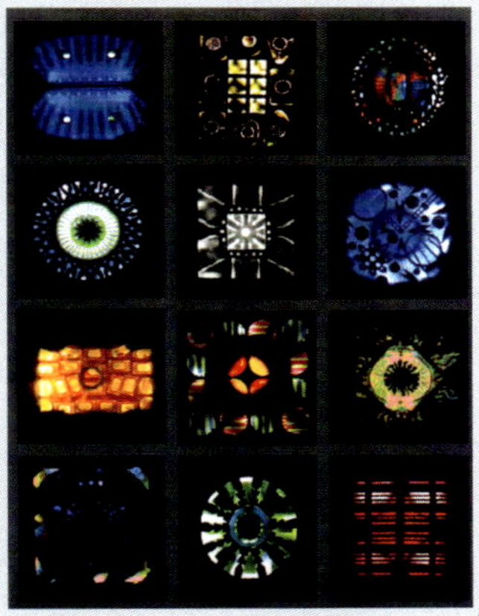

Die Installation ist von uralten heiligen Stätten wie Carnac in der Bretagne, den Steingärten der Zen-Klöster Japans oder auch besonders beeindruckenden Orten der Natur inspiriert. Die verdichtete Atmosphäre, die der Künstler an diesen Orten erfahren hat, ist die geistige Quelle seines eigenen Werkes. Die Installation soll zu Ruhe und Meditation anregen, zugleich aber auch Konzentration und kreative Gedanken wecken.
Nomura setzt die Schlichtheit und Gleichförmigkeit der etwa meterhohen schwarzen Kästen in ein Spannungsverhältnis mit dem höchst individuell gestalteten Inneren. Damit thematisiert er den Aspekt der »Einheit in der Vielfalt«, dem sein besonderes Augenmerk gilt.
Das Gestaltungsmaterial im Inneren der Kästen besteht aus alltäglichen Dingen, die ihre ursprüngliche Funktion abgelegt haben. Im Zusammenspiel von Licht und Dunkelheit werden sie zu ästhetischen Elementen von mehrschichtigen »Raum-Bildern«. Die unteren räumlichen Ebenen erschließen sich meist nur mittelbar durch die oberen Schichten. Dieser indirekte Zugang erinnert an die japanische Tradition, Götterstatuen hinter kleinteiligen Holzgittern zu platzieren und sie damit dem freien Blick zu entziehen. Die mit den Augen direkt erfassbare dreischichtige Komposition kann auf einem Foto nicht abgebildet werden, da die Kamera nur eine Materialebene – die untere – in den Fokus nimmt.
Die Gesamtkomposition aller »Raum-Bilder« schafft ein Netzwerk, in dem sich alle visuellen Eindrücke miteinander verbinden. So entsteht ein »Ort der Verdichtung« auf geistiger Ebene.

Franziska Ehmcke

Blick nach Innen *Inward Gaze* 内観 → S. 47

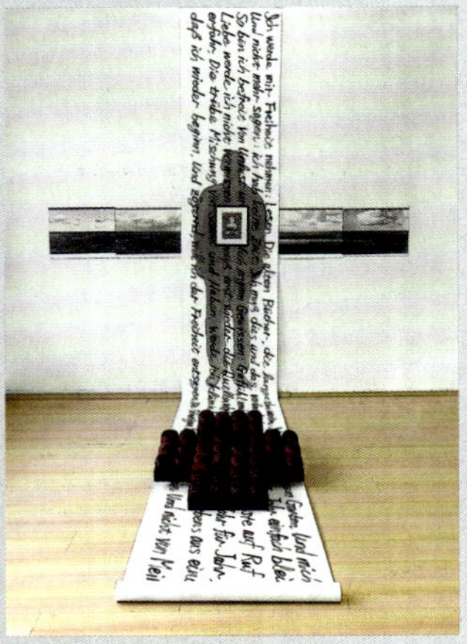

Die Installation »Blick nach Innen« thematisiert die Verschränkung von Innen- und Außenwelt sowie von östlichem und westlichem Gedankengut. Die Grundlage bildet das Gedicht »Quell« der Dichterin Eva Strittmatter (1930–2011) aus den Jahren 1981/83. Es wurde über den Umriss einer menschlichen Figur geschrieben. Strittmatter bringt darin zum Ausdruck, dass jeder seine eigene kreative Quelle besitzt, auch wenn sie manchmal verschüttet ist. Im Herzbereich der Figur hängt eine Zeichnung von Nomura, die im Inneren wiederum den Umriss eines meditierenden Menschen in einer sich weit öffnenden inneren Landschaft zeigt. Umgeben ist er von den sino-japanischen Schriftzeichen des kurzen buddhistischen »Herzsutras«, also der kosmischen Dimension des Menschen. Die ungerahmten monochromen Fotografien des Cuxhavener Wattenmeers stehen für den Zwischenraum, in dem Himmel und Erde sich treffen. Die farbig bemalten Holzköpfe repräsentieren alle Generationen vom Kleinkind über Jugendliche bis hin zu Greisen. Außerdem sind die stilisierten Gesichter verschiedenen Völkern entnommen. Die Kreuzform ist nicht religiös gemeint, sondern dass sich die Wege der Menschen ständig kreuzen. Der Mensch sollte nicht nur nach Außen schauen, sondern seinen Blick auch nach Innen richten. Wobei hier angedeutet ist, dass der Blick nach Innen dem Blick nach Außen entspricht. In uns haben wir den ganzen großen Makrokosmos ebenso wie unseren Mikrokosmos. Wo steht der Mensch? Er wird zum Schnittpunkt. Der Mensch sollte ab und zu einen Blick nach Innen riskieren, damit das Äußere und das Innere einen Ausgleich finden und grundsätzliche Fragen des Lebens gehört werden können. Franziska Ehmcke

»Quell«
Ich werde mir Freiheit nehmen:
Lesen. Die alten Bücher, die lange schon warten.
Ich werde leben in meinem Garten
Und mich auch seiner Pflege bequemen
Und nicht mehr sagen: ich habe keine Zeit,
Ich muß dies und das, vor allem schreiben ...
Das lasse ich dieses Jahr einfach bleiben,
Ich verweigre es mir. So bin ich befreit
Von Unlust und ängstlich engem Gewissen:
Gefühl vernachlässigter Treue und Pflicht.
Ich leiste auf Ruf und Echo Verzicht.
Und Liebe werde ich nicht vermissen ...
Ich muss erst wieder die Quellen aufgraben.
Die Ablagerungen von Pflicht Jahr für Jahr,
Was ich erlebe und was ich erfahr,
Die trübe Mischung von Sollen und Haben,
Werde ich klären in langsamen Tagen
Des Lesens und Lebens aus einem Sinn.
Nur wenns mich würgt, daß ich wieder beginn,
Und zögernd, will ich der Freiheit entsagen,
Die Schweigen bedeutet: Außerhalbsein
Und nicht von Meinung und Urteil umschlungen.
Einst war der Quell rein dem Grunde entsprungen
Und spiegelte rein meines Himmels Schein.
(Eva Strittmatter)

Lyrik-Wasserfall *Poetry Waterfall* 詩の滝 → S. 42

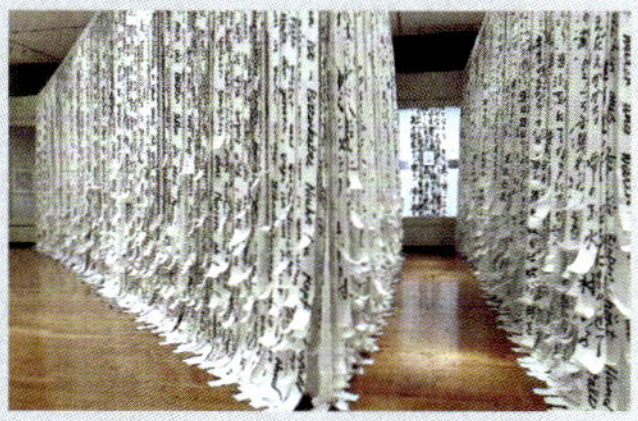

Wasserfälle sind in Japan nicht nur schöne Ausflugsziele, sondern besitzen auch kulturell-religiöse Bedeutung. Wasserfälle sind oftmals heilige Stätten, die gemalt und bedichtet wurden, und an denen religiöse Reinigungsrituale oder asketische, spirituelle Übungen durchgeführt wurden. Die Gedichte des »Lyrik-Wasserfalls« sind Haiku (Kurzgedichte). Das Haiku ist ein Kurzgedicht aus nur 17 Silben im Rhythmus 5 – 7 – 5. Wegen seiner unglaublichen Kürze muss man die lyrische Aussage sehr prägnant auf den Punkt bringen. Höhe und Breite der Installation variieren je nach Raum. Auf die acht Zentimeter breiten Papierstreifen habe ich mit Tusche Haiku geschrieben. Die Streifen werden bis zu achtmal übereinander gestaffelt – immer kürzere obenauf –, so dass der Lyrik-Wasserfall plastisch wirkt. Die Papierstreifen bewegen sich und rascheln, wenn man schnell an der Installation vorbeigeht oder wenn es einen Luftzug gibt.
Den Lyrik-Wasserfall kann man nicht nur an der Wand anbringen, sondern variabel dreidimensional in den Raum stellen. Der Grundriss dieser großen Installation ist dreieckig. Die beiden äußeren, jeweils zehn Meter langen Wände sind mit Haiku-Lyrik in deutscher Sprache bestückt. Von der Spitze aus geht ein ein Meter breiter Gang in die Tiefe, der auf beiden Seiten mit japanisch geschriebenen Haiku-Streifen behängt ist. Am Ende des Gangs befindet sich in der Vitrine die Installation »Blick nach Innen«. Geht man schnell am Wasserfall vorbei – besonders im Gang –, bewegen sich die Papierstreifen durch die Luftvibration, die Gedichte tanzen und rascheln. Außerdem hört man jede Stunde ein kurzes Vogelgezwitscher wechselnder Singvögel. Dadurch, dass die Besucher in die Installation hineingehen können, haben sie ein sinnliches Erlebnis parallel zur Auseinandersetzung mit den Gedichten. Koken Nomura

Lyrik-Wasserfall III *Poetry Waterfall III* 詩の滝 III → S. 43

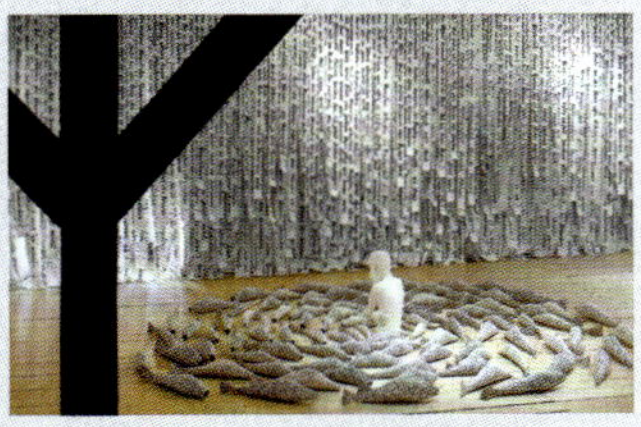

Alte und moderne Gedichte verstehe ich als nicht-materielle Kristallisierungen der Wechselwirkungen zwischen Mensch und Natur, weshalb ich sie in meine Installationen integriert habe. Die Faszination für das Material Papier ergibt sich für mich aus seinen gegensätzlichen Eigenschaften: es ist einerseits sensibel und verletzlich, andererseits sehr stabil, wenn es kompakt verwendet wird. Ein »Lyrik-Wasserfall« steht für die Lebens- und Heilkraft der Natur sowie unsere geistige Beschäftigung mit ihr. Die Fülle der sich in die Welt ergießenden Gedichte zeigt die unerschöpfliche Kreativität des Menschen. Koken Nomura

Horch – von fern und nah
hallt der Schall des Wasserfalls
durch den Blätterfall
(Matsuo Bashô, 1644–1694)

Du bist ein Fisch, der über Durst klagt *You Are a Fish Complaining of Thirst* きみは喉の渇きを訴える魚だ → S. 45

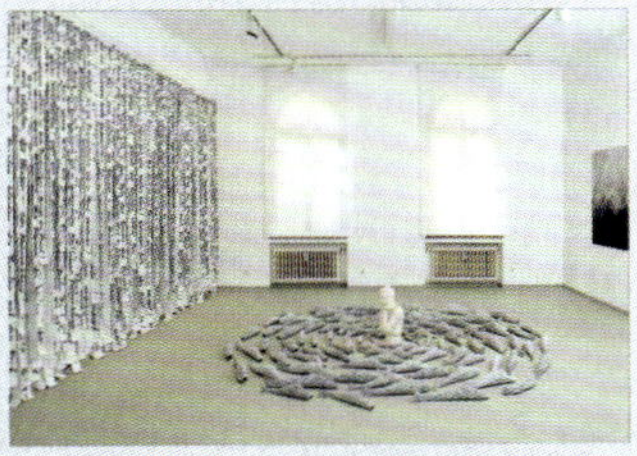

Die Installation »Du bist ein Fisch, der über Durst klagt« ist ein bekannter Spruch des chinesischen Zen-Buddhismus. Auch wenn man nichts über die buddhistische Weltsicht weiß, zeigt die Installation uns, dass wir in der Regel für das Offensichtliche blind sind. Es gibt ja die bekannte Redensart in Deutschland, dass man den Wald vor lauter Bäumen nicht sieht. Die Halbfigur des Mannes ist

eindeutig ein Abendländer. Er denkt darüber nach, wie er umgeben vom Wasser, – durch die wimmelnden Fische symbolisiert – seinen »Durst« stillen kann. Antworten dazu könnte er zum Beispiel in den Gedichten finden. Er zeigt einen nachdenklichen Ausdruck. Aber wenn man genauer hinschaut, scheint er zu lächeln. Vielleicht ist er einer Lösung schon nahe.
Die Fische sind neben japanischer Lyrik in deutscher Übersetzung vor allem mit deutschsprachigen Gedichten u.a. von Johann Wolfgang von Goethe, Friedrich Hebbel, Rose Ausländer, Hilde Domin oder Eva Strittmatter beschriftet. Franziska Ehmcke

Lyrik Baum *Poetry Tree* 詩の木 → S. 48

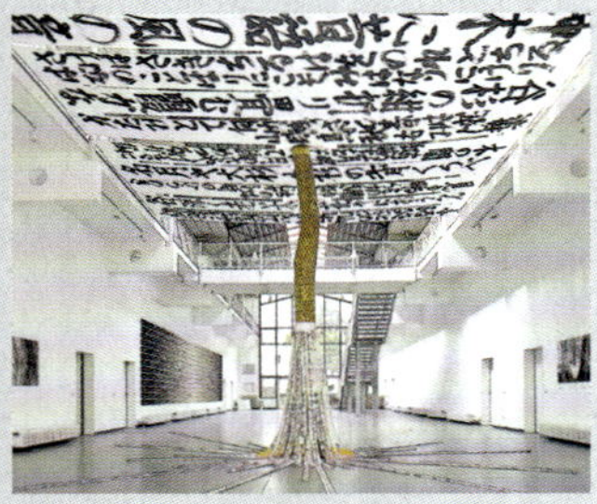

Ein langer Pappelstamm bildet das Zentrum der Installation »Lyrik-Baum«. Er stammt von gefällten Bäumen einer Pappelallee im Bergischen Land – durch Aushöhlung und Durchlöcherung ein Symbol der Vergänglichkeit –, verfremdet durch »Wurzeln« aus schmal-langen Papierbahnen, die mit zeitgenössischen oder Jahrhunderte alten Naturgedichten aus Deutschland und Japan beschriftet sind.
Franziska Ehmcke

Herbstvollmond!
Große Zedern, kleine Zedern spielen:
wer ist der Größte?
(Koken Nomura)

Seit langem wieder einmal
auf dem Berg stehend,
ach, auch ich
fühle mich
wie ein Baum
(Nobutsuna Sasaki, 1872–1963)

In der Höhe sind malerische Papierbögen mit japanischen Schriftzeichen als ein Himmel aus Worten und Zeichen gespannt. Dort hinauf wächst ein durchlöcherter Baum, dessen viele Wurzeln als Papierstreifen über den Boden wachsen. Darauf zu lesen sind Gedichte, auf Deutsch und Japanisch geschrieben. »Selbst im Himmel duften die Blüten der Bergkirschen«, heißt ein Vers von Fujiwara Nagaie. »Kein Lebendiges ist Eins. Immer ist's ein Vieles«, wird Goethe zitiert. Und von der Dichterin Rose Ausländer stammt die Zeile: »Der Himmel ist rot / in der Pappel / gärt die grüne Tinte«. Schöner können die Poesie einer Skulptur und die Poesie der Dichtung nicht ineinandergreifen. Flankiert wird der hölzerne, papierne Wörterbaum von schwarz-weißen Fotografien, welche die Stämme von uralten Bäumen zeigen.
Jürgen Kisters

Hommage à Kintaro und Himiko *Homage to Kintaro and Himiko* 金太郎と卑弥呼へのオマージュ → S. 50

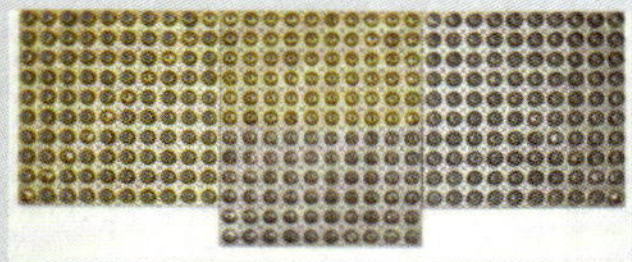

Unser Leben teilten der Kater Kintaro und die Katze Himiko. Ich wollte die leeren Futterdosen nicht wegwerfen, sondern für ein Kunstwerk bearbeiten. Jede einzelne goldene oder silberne Futterdose habe ich gesäubert, geschnitten, blütenartig geformt und daraus ein dreiteiliges glänzendes Objekt aus 320 Futterdosen geschaffen. Die Katzenleben waren relativ kurz, aber das sich auf sie beziehende Kunstwerk dauert an. Koken Nomura

Augen-Mandala | *Eyes Mandala* | 目の曼荼羅 → S. 52

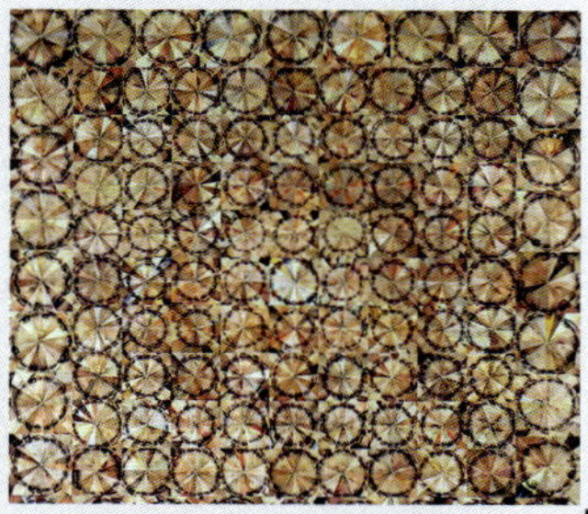

Die aus Zeitschriften ausgeschnittenen Augen wurden in drei unterschiedlichen Größen kreisförmig zu Quadraten geklebt, die ihrerseits mandala-artig angeordnet sind. Das Sinnesorgan Auge bzw. der Sehsinn ist durch die Digitalisierung immer wichtiger geworden. Liest man ältere Schriften, erkennt man, dass für die Betrachtung der Natur Hörsinn, Geruchssinn, Geschmackssinn oder Tastsinn genauso bedeutsam waren. Durch die Flut von digitalen Bildern und Informationen sieht man leider immer wenigerdie Natur selbst. Für unser Leben ist aber das unmittelbare Betrachten, Erleben und Erkennen der Natur mit all unseren Sinnen unverzichtbar, da der Mensch ein Teil der Natur ist. Koken Nomura

Baum-Mandala | *Tree Mandala* | 木の曼荼羅 → S. 53

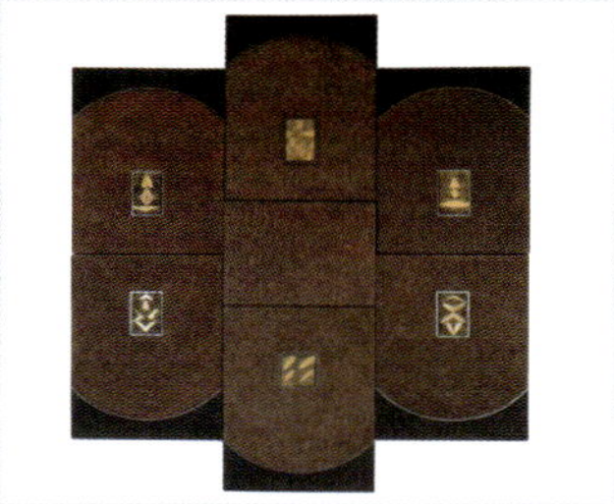

Sieben Holztafeln sind mit Acrylfarbe und Bleistift bemalt. Bei sechs von sieben wurde in der Mitte eine kleine Platte platziert, die aus zusammengeleimten Holzstückchen besteht. Die mittlere Tafel ist leer. Die Astlöcher wurden diagonal angesägt. Weil Astlöcher kaum Farbe aufsaugen, treten sie als helle Flächen in Erscheinung, obwohl sie mit dunkler Farbe übermalt wurden. Astlöcher sind verborgene Formen in den Bäumen, die wir, wie so vieles andere, selten wahrnehmen. Ein Mandala ist ursprünglich ein mehrfigürliches Kultbild, das graphisch in Kreis-, Rechteck- oder Quadratformen angeordnet ist. Es stellt eine Visualisierung des Zusammenhangs von Mensch und Kosmos dar. Meine Arbeit greift – ohne einen bestimmten Religionsbezug – die graphischen Formen eines Mandalas auf, Sinnbild der Einheit von Mensch, Natur und Kosmos.
Koken Nomura

Zusammen Getragen | *Collaborated* | 共に背負う → S. 54

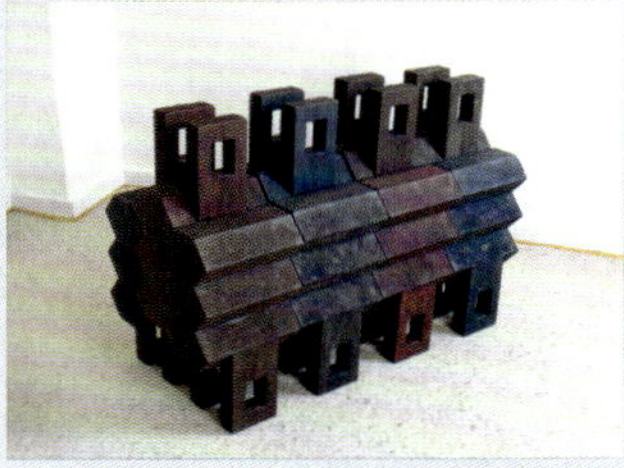

Die Arbeit besteht aus 8 identischen Holzskulpturen, die unterschiedlich mit Rot, Blau und Braun bemalt und danach mit Schwarz übermalt wurden. Die Skulpturen werden ineinander verkeilt und bilden ein Gebilde. Gemeinsam mit den anderen trägt jede Skulptur das Gewicht mit, so wie unser Staat und unsere Gesellschaft von den Einzelnen gemeinsam geschultert werden. Koken Nomura

Erscheinungsform ist Leere, Leere ist Erscheinungsform | Appearance disappears, emptiness appears | 色即是空 空即是色 → S. 56

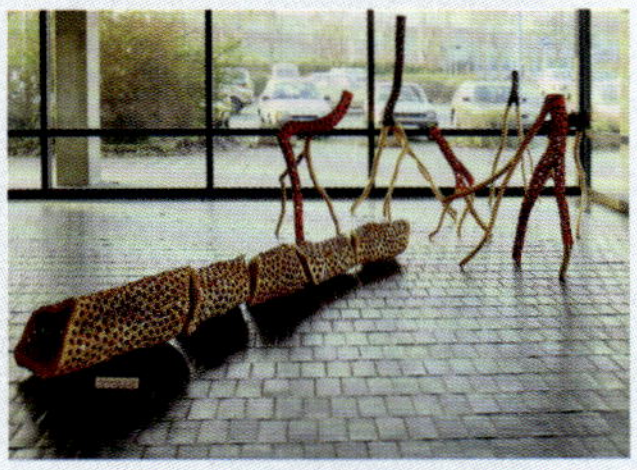

Dieses Kunstwerk ist meine erste Installationsarbeit nach der Schaffensperiode mit Holzskulpturen und beruht auf der Lehre des Zen-Buddhismus. Die Zweige und auf dem Boden liegenden Baumstämme sind ausgehöhlt, sodass nur die äußere Baumgestalt übrig geblieben ist. Die fröhlich tanzenden Zweige und die leeren Räume des Baums sind gegensätzliche Erscheinungen. Alle Erscheinungsformen sowohl in der Natur als auch in Kosmos werden irgendwann in Leere aufgelöst. Die Lebewesen sind als Gestalt geboren und verlieren wiederum durch den Tod ihre Gestalt. Die Lehre des Zen-Buddhismus besagt, dass die Existenz der Erscheinungsformen oder Gestalten nicht ewig ist und ständig Veränderung erfährt. Die Natur und die Lebewesen sind vergänglich. Man sollte deswegen nicht die Materie als unvergänglich betrachten und nicht habgierig sein. Koken Nomura

WV (WagenVolk) *WV (People of the Car)* WV(ワーゲンフォルク) → S. 57

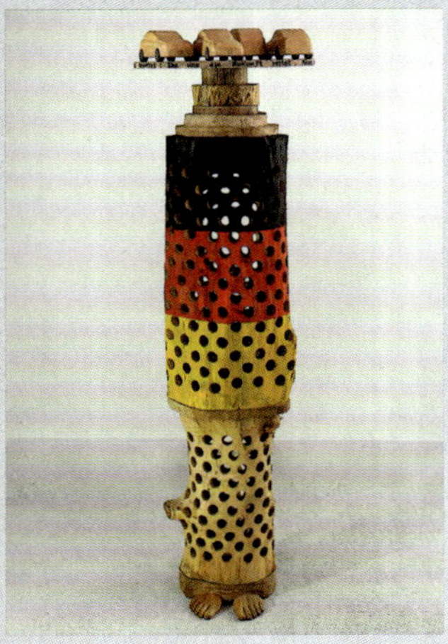

Der Titel »WV (WagenVolk)« ist von VW abgeleitet. Der Dieselabgas-Skandal der Firma VW hat mich veranlasst, dieses Thema in zwei Arbeiten mit Gedicht und Text aufzugreifen. Die erste plastische Arbeit zu diesem Thema war »Käferplage« (2018). Diese zweite Skulptur ist eine Figur, deren Körper aus zwei ausgehöhlten Baumstämmen besteht. Auf den Oberkörper sind die Farben der deutsche Fahne gemalt. Unten ragen geschnitzte Zehen aus Holz hervor. Den Kopfteil bilden vier Miniautos aus Holz auf einer Holzplatte: der besondere Bezug der Deutschen zu Autos. Koken Nomura

Das um die Holzplatte umlaufende Gedichtzitat stammt aus »Zukunft« von Marie Luise Kaschnitz

Stunde um Stunde sind verkettet: Ehe uns die Zukunft rettet,
Müssen wir die Zukunft sein.

Käferplage *Plague of Beetles* 害虫たち → S. 58

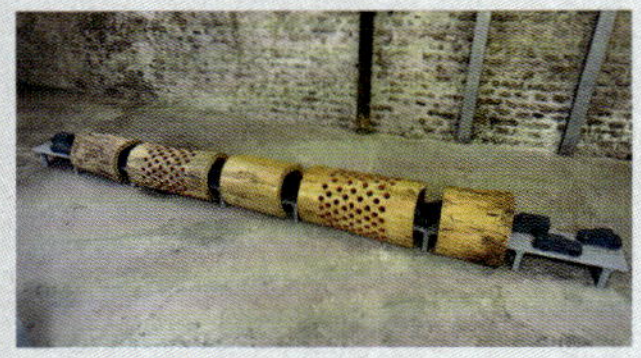

Die Aussage meiner Bodenskulptur »Käferplage« ist mehrdeutig: Einerseits weist der Titel direkt auf die Vermehrung der Käfer durch die Klimaveränderungen und andere Umstände, die Bäumen gefährlich werden können, hin. Wiederum verweist der Titel auf VW-Käfer und damit allgemein Autos, also eine »Auto-Plage«. Die ständige Vermehrung der Wagen und nicht zuletzt der Dieselskandal bedeuten Gefahr für Mensch und Umwelt, durch die jedes Jahr nicht nur Bäume, sondern auch Menschen und andere Lebewesen zu Tode kommen. Jede rasante Zunahme aller Art, selbst der Menschen, wird zur Plage. Mein Text an den Seiten der Fahrbahn lautet:

Der Tod und das Leben sind in Balance in der Natur, wird deren Gleichgewicht gestört, fängt der Tod an, unaufhaltsam die Erde kahl zu schlagen. Unsere Eltern sind Der Vater Sonne und Die Mutter Erde; alle Lebewesen, die auf dem Schoß der Mutter Erde leben, sind unsere Brüder und Schwestern. Koken Nomura

Post-Babel *Post-Babel* バベルの郵便塔 → S. 60

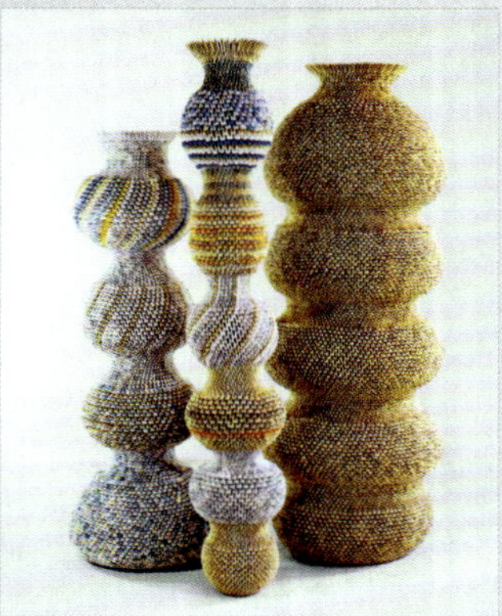

Korrespondenz ist das Thema der dreiteiligen Papierskulptur »Post-Babel«. Diese spiralförmig angelegten Turmskulpturen nehmen Bezug auf den Turm von Babel, der in der Bildenden Kunst häufig in dieser Form dargestellt wurde. Im Alten Testament wird der Turmbau zu Babel als Versuch der Menschheit gewertet, Gott gleichzukommen. Wegen dieser Selbstüberhebung straft Gott die Völker, die zuvor eine gemeinsame Sprache hatten, mit Sprachverwirrung. Der Austausch von Denkhaltungen ist folglich stark eingeschränkt, die interpersonelle Kommunikation in ihrem Fluss gestört. Kunst vermag es aber, in ihrer spezifischen Korrespondenzfähigkeit über Sprachbarrieren hinweg den Zugang zu anderen Gedankenwelten zu ebnen. Für sein Skulpturenensemble »Post-Babel« hat Nomura große Briefumschläge benutzt, die eigentlich zum Wegwerfen gedacht waren. Diese ausgedienten Korrespondenzmaterialien haben ihren ersten Zweck bereits erfüllt, sie transportierten Post von Japan nach Deutschland und umgekehrt, dienten folglich bereits einmal der Korrespondenz, d.h. der zwischenmenschlichen Kommunikation. Indem Nomura sie ein zweites Mal verwendet, nämlich für eine erneute Korrespondenz mit den Menschen, erfüllen sie einen noch wichtigeren Zweck. Sie dienen nun der Vermittlung der Umweltproblematik und dem Anprangern einer Wegwerfgesellschaft, der sie selbst zum Opfer fielen. Nomura visualisiert hier die Korrespondenz und recycelt sie gewissermaßen, verbunden mit der Aufforderung, das eigene Handeln im Hinblick auf den Umgang mit natürlichen Rohstoffen zu überdenken.

Michael Kuhl

Traum der Zeit *Dream of Time* 時間の夢 → S. 62

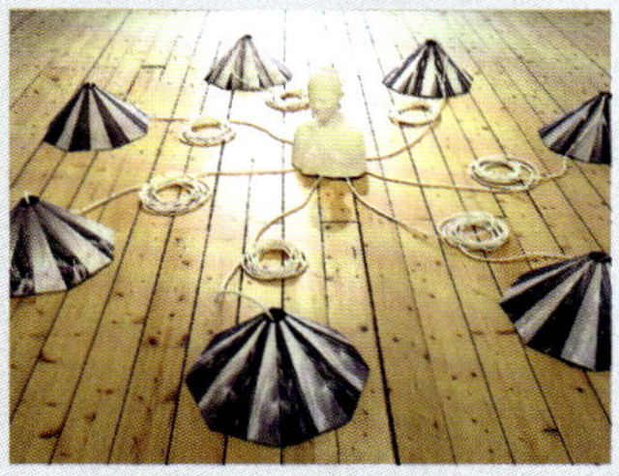

Die Halbfigur einer träumerisch lächelnden Asiatin bildet die Mitte der Installation »Traum der Zeit«. Sie ist von sieben achteckigen Gebilden umgeben, die aus zusammengefügten monochromen Fotografien des Cuxhavener Wattenmeers bestehen. Beim »Traum der Zeit« geht es um einen sehr langen Zeitstrom, in dem wir einzelne Menschen auch leben. Dafür steht das Wattenmeer mit seinen ewig wechselnden Gezeiten. Das Wattenmeer selbst ist durch Flut und Ebbe ein Zwischenstadium zwischen Land und Meeresgrund. Die Vulkane andeutenden Gebilde reflektieren Veränderungen aus Millionen von Jahren. Berge können zu Ebenen werden, flaches Land sich heben und die Trennung von Himmel und Erde sich verschieben. Die »Bergkegel« sind durch selbstgedrehte Papierschnüre mit der Figur verbunden – Sinnbild der ständigen Veränderungen durch die gegenseitige Beeinflussung von Natur und Mensch. Das Wattenmeer bietet aber auch ganz unspektakuläre, ruhige Ansichten, wie die drei gerahmten Fotografien an der Wand zeigen. Innen- und Außenwelten sind in dieser Installation in einander verschränkt. Der Mensch hat Träume. Wir sind Teil der Natur. So stellt man die Frage, ob nicht auch die Natur träumt?

Koken Nomura

Blindekuh *Blind Man's Buff* 目隠し鬼 → S. 64

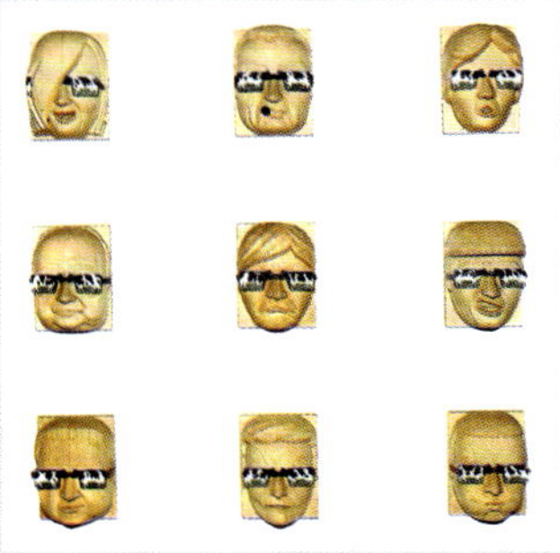

Das Wandobjekt »Blindekuh« besteht aus neun Gesichtern aus Holz. Die Menschen tragen alle eine Brille, deren Gläser Kühe auf der Weide zeigen. Die einzelnen, individuell gestalteten Gesichter symbolisieren Politiker, Unternehmer, Bauern, junge und alte Verbraucher. Ihr Gesichtsausdruck zeigt unterschiedliche Reaktionen auf die BSE Problematik. In dieser Situation tasten die meisten Menschen blind umher, suchen bei anderen die Schuld und erkennen nicht, dass unsere Esskultur eine der Hauptursachen darstellt. Die aufgesetzte Brille ist doppeldeutig: Einige sehen nur die »heile Welt der Kühe auf der Weide«, aber nicht die Missstände der Massentierhaltung und der Fleischindustrie. Andere sehnen sich nach »gesunden Kühen auf der Weide« in ökologischer Tierhaltung, wissen aber nicht, dass sie selbst ihre Essgewohnheiten ändern müssten, um dazu beizutragen. In der Gruppen-Ausstellung »zeitZeichen« wurden die Gesichter auf gleicher Höhe mit ca. 30 cm Abstand in einer Linie angebracht.

Koken Nomura

Unfähig zu staunen *Unable to Marvel* 驚嘆不能 → S. 66

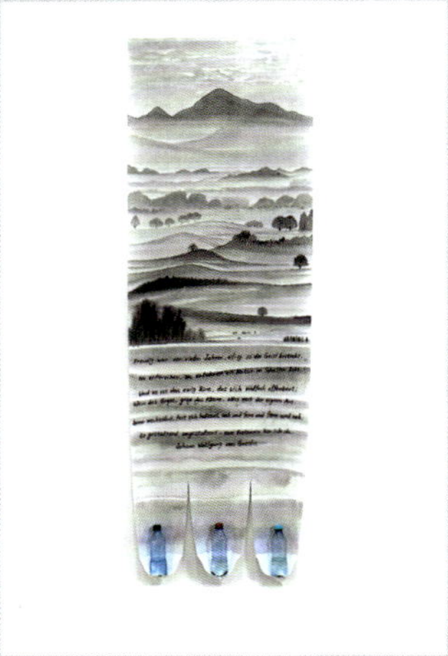

Der obere Teil des Rollbildes zeigt eine vielgestaltige dunstige Landschaft, die tuschmalereiartig bis hin zu den Bergen in der Ferne aus der Vogelperspektive gesehen ist. Die Mitte des Rollbilds nimmt ein Gedicht von Johann Wolfgang von Goethe ein, in dem er der heute oft verloren gegangenen Fähigkeit Ausdruck verleiht, die Natur staunend zu durchdringen. Der untere Teil des Rollbildes wurde eingeschnitten und zu drei Taschen zusammengefügt, in der drei Plastikwasserflaschen platziert sind, die die Natur mit allen Lebewesen bedrohen. Es werden drei Aspekte unserer heutigen Zeit thematisiert: die scheinbar noch intakte Natur, die Dichtung als menschliche Fähigkeit sie wahrzunehmen und Zusammenhänge herzustellen sowie die massenhaften künstlichen Gegenstände – symbolisiert durch die Plastikflaschen. Koken Nomura

Parabase
Freudig war, vor vielen Jahren, eifrig so der Geist bestrebt
zu erforschen, zu erfahren wie Natur im Schaffen lebt.
Und es ist das ewig Eine, das sich vielfach offenbart;
klein das Große, groß das Kleine, alles nach der eignen Art.
Immer wechselnd, fest sich haltend, nah und fern und fern und nah;
so gestaltend, umgestaltend – zum Erstaunen bin ich da.
(Johann Wolfgang von Goethe)

Mahnmal für die Unbekannten Toten *Memorial to the Unknown Dead* 慰霊碑 → S. 67

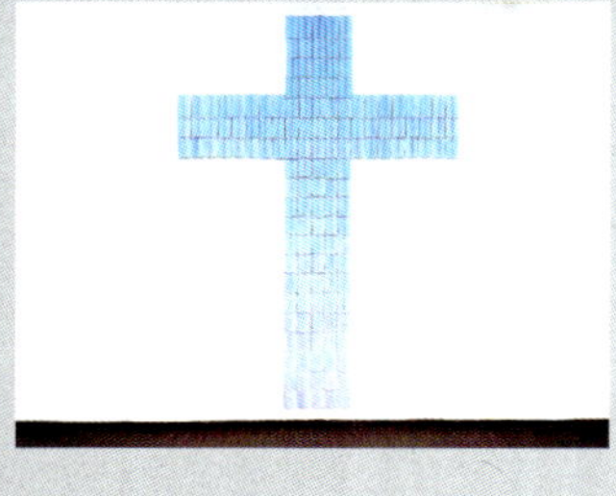

Die Wandinstallation »Mahnmal für die unbekannten Toten« bezieht sich auf die Corona-Pandemie und ist allen Corona-Patienten in der Welt, die im Krankenhaus ohne ihre Angehörigen einsam gestorben sind, gewidmet. Die Arbeit besteht aus 148 Papiermasken, die ich selbst gefaltet, blau gefärbt und mit Stoffschnur versehen habe. Sie sind in Kreuzform an die Wand gehängt. Koken Nomura

Öko-Ästhetica II *Eco-Aesthetica II* 生態系の美学 II → S. 68

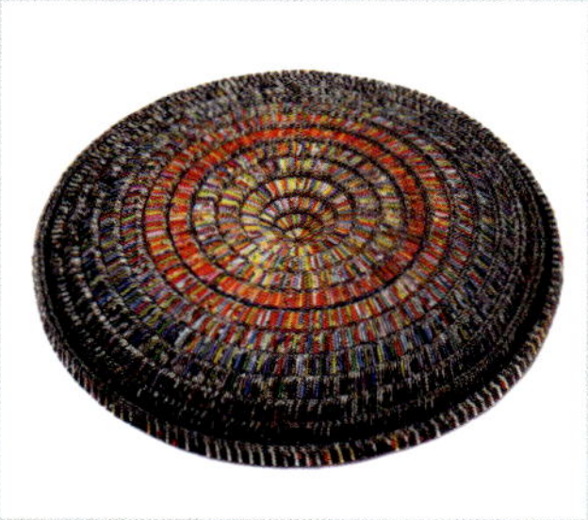

Die brunnenförmig runde Bodenskulptur »Öko-Ästhetica« besteht – wie seine bekannteren, vielteilig wandüberflutenden »Tausend Sonnen« – deutlich erkennbar aus Papier, und zwar aus bedrucktem, ausrangiertem Karton, Plakaten zu längst abgelaufenen Ereignissen und ähnlich »zweckentbundenem« Mitteilungsmaterial. Die quadratisch (neun mal neun Zentimeter) zugeschnittenen Blätter werden zu »Schiffchen« gefaltet und diese (ungezählt) hundertfach zur flachen Brunnenform zusammengesteckt. Eine einfach erscheinende und doch raffiniert überlegte Konstruktion: Aus dem wieder verwendeten »Recycling«-Abfallpapier als Werkstoff entsteht unter Anwendung der japanischen Handwerksfertigkeit des »Origami« ein aussagekräftiges Kunstwerk: eine »Quelle für Öko-Ideen« (Nomura) von fröhlich bunter ästhetischer Schönheit und aktueller thematischer Stringenz. Ralf Kulschewskij

Kraft des Sonnengeflechtes *Power of the Solar Plexus* 太陽神経叢の力 → S. 69

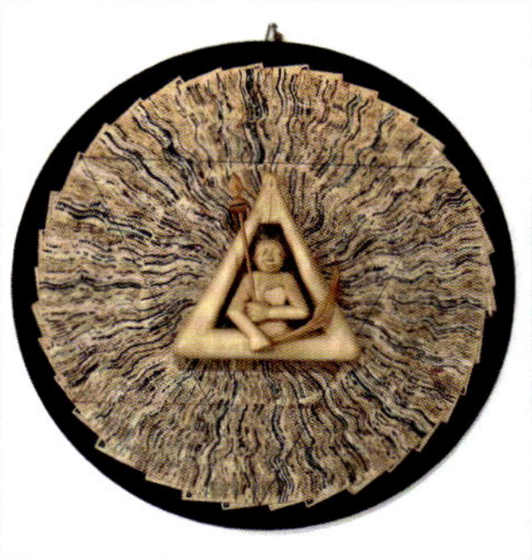

Auf eine runde Holzplatte wurden von Hand zerrissene TV-Programmzeitschriften kreisförmig geklebt, wodurch ein ausstrahlender Effekt entsteht. In der Mitte befindet sich eine stilisierte menschliche Holzskulptur, bei der die Beine den Körper in Dreiecksform umschließen. Der Mensch meditiert das Sonnengeflecht-Chakra in seiner Körpermitte um Kraft zu sammeln. Das Dreieck steht für die menschlichen Grundhandlungen Denken, Fühlen und Wollen. Die Füße über dem Kopf bilden die betende Handhaltung. Die linke Hand ergreift den Pfeil der Weisheit und die rechte hält die Flamme der Erneuerung. Auf dem Papier sind um den Körper zwei Dreieck eingezeichnet. Bei dem aus roten Linien geht die Kraft-strömung nach oben. Die Spitze des Dreiecks aus grünen Linien zeigt umgekehrt die nach unten auf die Erde gerichtete Kraft.

Koken Nomura

Mein Engel denkt nach *My Angel, Pondering* 私の天使はもの思いにふける → S. 70

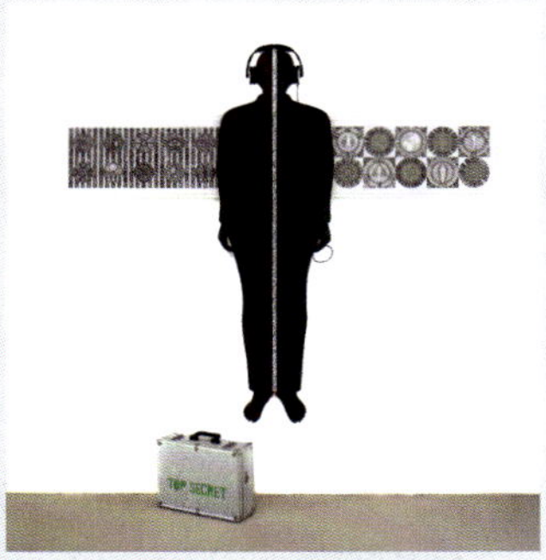

Die Holzplatte bedient sich meiner lebensgroßen Silhouette als Gestalt meines Engels. In der Mitte der Figur läuft vom Kopf bis zu den Füßen ein weißes schmales Band mit meinen persönlichen Daten. Der Engel ist durch das Band zweigeteilt. Die rechte Hälfte habe ich zunächst rot bemalt, die linke grün. Darüber wurde schwarze Farbe aufgetragen. Nachdem die Farben getrocknet waren, wurden sie leicht mit Sandpapier so geschliffen, dass die untere Farbe hindurchschimmert. Schwarz-Rot symbolisiert die menschliche Kraft oder Energie und Schwarz-Grün die Natur oder das irdische Dasein. Als Engelsflügel dienen zwei gerahmte Bilder. Das linke Bild ist mit konkreten Motiven aus den Religionen der Welt und der Wissenschaft versehen. Das rechte Bild besteht aus Collagen abstrakter Motive, Ausdruck der nicht formgebundenen Tätigkeit in Sprache und Denken. Der Engel lauscht mit Kopfhörern und sammelt digitale Informationen. Zu seinen Füßen liegt ein Koffer mit der grünen Aufschrift TOP SECRET. Mein Engel sieht sich mit der Digitalisierung der Persönlichkeit, mit den Konflikten der Weltregionen und der Problematik von Wissenschaft und Natur konfrontiert. Ob sein Koffer vollgepackt mit Ideen ist?

Koken Nomura

Kranichsonne *Crane Sun* 鶴の太陽 → S. 71

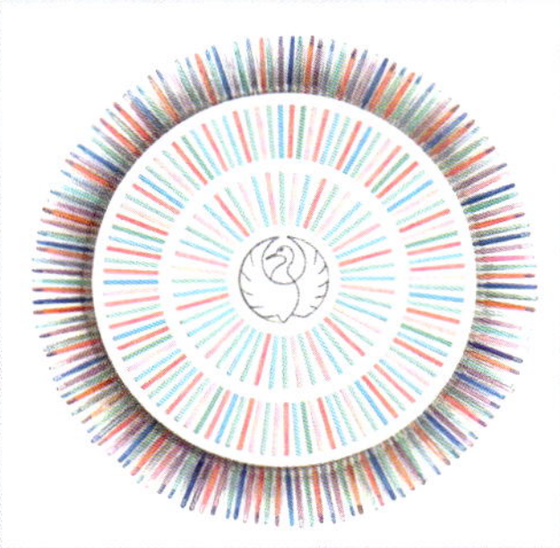

Das Objekt besteht aus Holz und unseren ausgedienten Zahnbürsten. Ich habe Zahnbürsten-Plastikstiele von zarter, durchsichtiger Farbe gewählt, um die Ausstrahlungskraft des Objekts zu intensivieren. In der Kreismitte befindet sich ein weißer Kranich, von mir aus einem alten japanischen Wappen zu schlichter Form stilisiert. Der Kranich gilt als Symbol des Friedens und des Wunsches nach Heilung, beispielsweise bei den Tausend Kranichen aus gefaltetem Papier. Mit diesem Objekt möchte ich meinen Wunsch ausdrücken, dass Friedensgesinnung und Heilkraft in die Welt hinaus strahlen mögen.

Koken Nomura

BILDER | DRAWINGS AND COLLAGES | 絵画とコラージュ

Hiroshima | *Hiroshima* | 広島 → S. 74

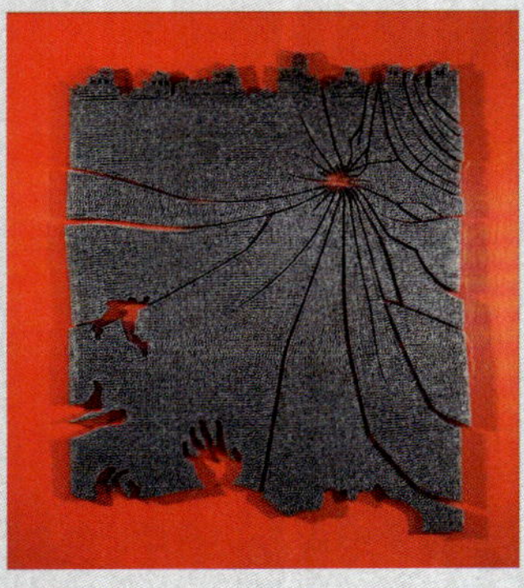

Am 6. August 1945 explodierte um 8:15 Uhr die erste Atombombe in 600 Metern Höhe über Hiroshima, eine von Menschen wissentlich herbeigeführte schreckliche Katastrophe.

Koken Nomura

Die Welt in der Hand | *The World in the Hand* | 手の上の世界 → S. 75

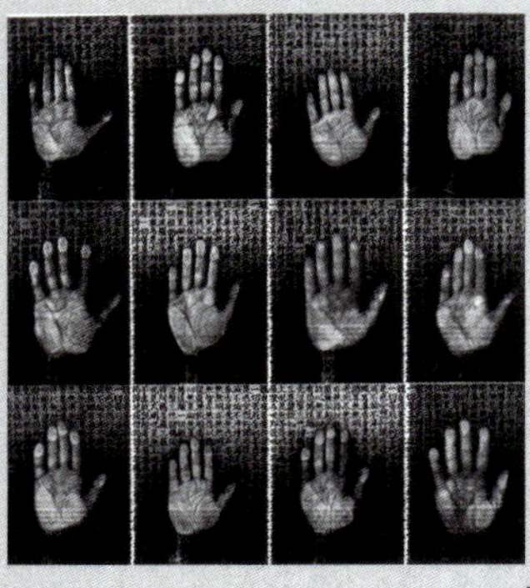

»Die Welt in der Hand« besteht aus 12 rechten Händen, die von 12 Personen aus dem Japanologischen Seminar der Universität zu Köln mit einem Kopierer abgelichtet wurden. Die Handflächen wurden wie beim Handlesen vom Künstler lange betrachtet und seine assoziierten menschlichen Figuren und Naturformen mit Bleistift in sie hineingezeichnet. Im Hintergrund der Hände ist das sogenannte Herzsutra, das besonders den Geist des Zenbuddhismus verdichtet, mit Pinsel und Tusche geschrieben, so dass die Hände aus dem geschriebenen Hintergrund hervorragen. Hier wird im wörtlichen Sinne »Die Welt in der Hand« eines jeden einzelnen Menschen präsentiert, aber auch die Frage nach Realität und Illusion gestellt.

Franziska Ehmcke

Das Leben | *Life* | 人生 → S. 76

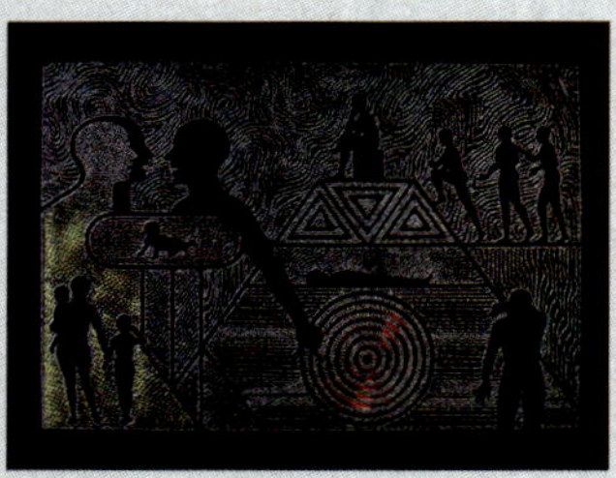

Die Nagelbilder von Günther Ücker haben mich sehr beeindruckt. Nägel als künstlerisches Material finde ich äußerst interessant und ästhetisch. Zuerst habe ich mich an plastischen Formen versucht. Dann habe ich entdeckt, dass glänzende Flächen und Strukturen entstehen, wenn die Nägel dicht beieinander eine Fläche bilden. Bei den Nagelbildern fungieren die glänzenden Flächen als Räume, in denen die Figuren, Formen und Linien als ausgesparte Leere in Erscheinung treten. Hier ist das Bildthema der Lebensweg des Menschen zwischen Geburt und Tod.

Koken Nomura

Gezeiten | *Tides* | 干満 → S. 78

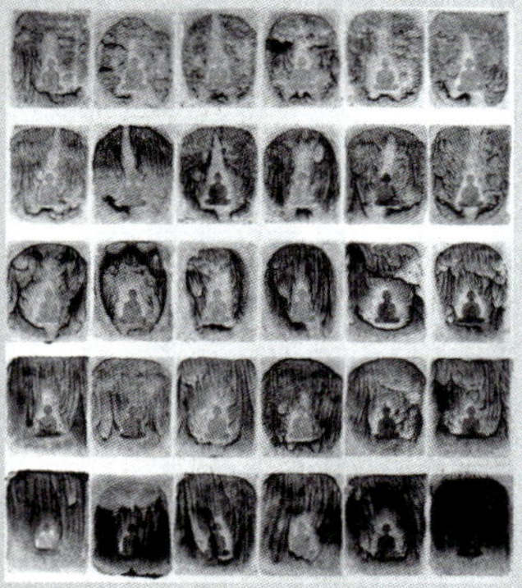

Die Gezeiten sind ein Naturereignis; Ebbe und Flut ändern ständig das Sandmuster. Besonders im Wattenmeer sieht man das deutlich. Bei meinem Kunstwerk »Gezeiten« handelt es sich um 30 in der Natur meditierende Figuren. Es meint mit anderen Worten »Gedanken, die ständig kommen und gehen«, wobei die Erneuerungen stets auf der seelischen und der geistigen Ebene stattfinden. »Gezeiten« ist eine Komposition aus 30 Blättern von kleinformatigen, schwarzweißen Bildern. In einer landschaftsähnlichen Struktur sitzt jeweils eine umrissartige meditierende Figur. Die Einzelbilder der unteren Reihe sind am dunkelsten, die Reihen werden nach oben hin immer heller, so dass ein Weg hinter der Figur immer deutlicher hervortritt. Durch Meditation wird immer deutlicher, welchen Weg man gehen sollte. Dabei spielt die Zeit eine große Rolle. Nicht nur während der sitzenden Zeiten, sondern auch während der geistigen Beschäftigung im Alltag schwankt man zwischen den beiden Polen Vergangenheit und Zukunft hin und her.

Koken Nomura

Blick nach Innen II *Inward Gaze II* 内観 II → S. 80

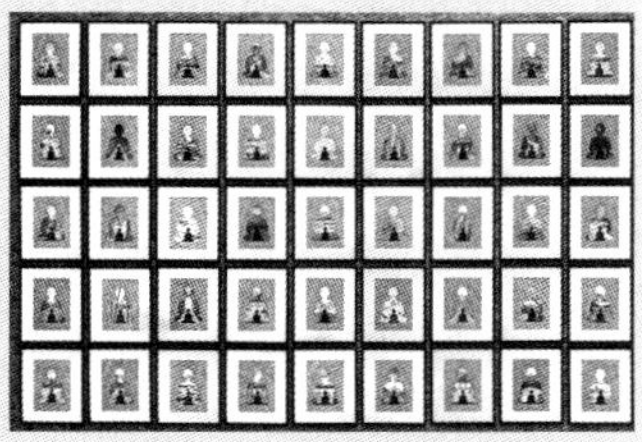

»Blick nach Innen II« ist eine Serienarbeit, die fast 90 kleinformatige gerahmte Bilder umfasst. Die Bilder können einzeln oder zusammen als Wandinstallation eine große Fläche bildend ausgestellt werden. Ein Bild besteht aus zwei Papierblättern. Aus dem oberen Blatt wurde in der Mitte eine sitzende meditierende Figur ausgeschnitten und um deren Umriss herum das buddhistische »Herzsutra« auf Japanisch in Endlosschleife geschrieben, so dass es von der Figur her ausstrahlend wirkt. Das »Herzsutra« ist das kürzeste Sutra, in dem die Lehre auf das Wesentliche komprimiert dargestellt ist. Der Bodhisattva Avalokiteśvara (jap. Kannon-bosatsu) gelangte durch seine tiefen Übungen zu der Erleuchtung, dass alles – Phänomene, Körper und Geist – unbeständig, vergänglich, leer ist. »Leere« ist nicht leer im gewöhnlichen Verständnis der Abwesenheit von etwas, sondern verweist auf den Zustand vor der Scheidung in Substanz und Nichtsubstanz, Sein und Nichtsein oder Subjekt und Objekt. Die »Leere« bringt jedes Phänomen hervor und jedes trägt damit die »Leere« in sich. Das meint der Ausdruck »Erscheinungsform ist Leere, Leere ist Erscheinungsform«. Dieses Sutra ist besonders im Zen-Buddhismus wichtig. Das zweite Papier unter dem ersten zeigt Orte bzw. Landschaften in schwarz-weiß, in der dieselbe Figur wie der große Umriss sitzt, nur kleiner und schwarz. Die Landschaftsbilder sind für die Meditation geeignete Plätze, die sich der Künstler vorgestellt und visualisiert hat. Ein Teil der Landschaftsbilder sind ausgewählte existierende Landschaften, die ihm besonders reizvoll erschienen. Die äußere Figur ist das gegenwärtige Ich, das durch Meditation die Erkenntnisse gesammelt hat. Die kleine dunkle Figur im Inneren stellt das vom täglichen Leben noch beschäftigte und getrübte Individuum dar. Nomura möchte mit seinen Bildern zeigen, dass jeder – ob Buddhist oder nicht, religiös oder nicht – durch geübte Innenschau von allen materiellen, körperlichen und seelischen Gegebenheiten unabhängig werden kann.

Franziska Ehmcke

Einheit ist Vielfalt I–VII *Unity Is Diversity I–VII* 統一性から生まれる多様性 I-VII → S. 82 ff.

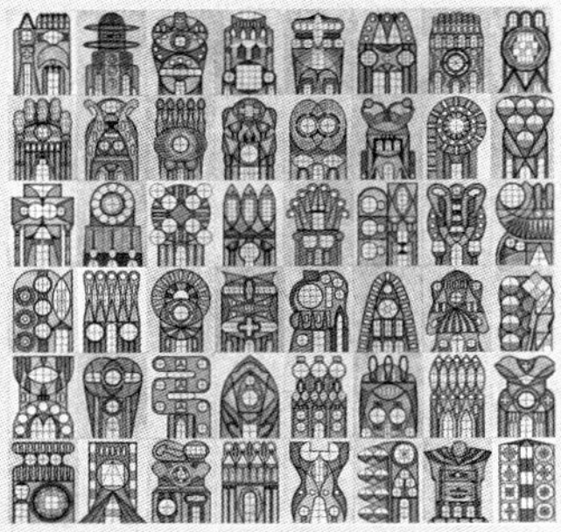

Jede Arbeit dieser mehrteiligen Serie besteht aus jeweils 48 unterschiedlich gemalten Einzelbildern im Kleinformat (14 × 11 cm). Sechs Arbeiten sind schwarz-weiß, eine ist farbig gehalten. Jede einzelne Gesamtkomposition aus abwechslungsreichen Bildchen hat einen völlig anderen Charakter. In jeder harmonischen Einheit bleibt dennoch jedes einzelne Bild in seiner Individualität erhalten. Die Betrachter verweilen freiwillig länger vor dem Bild, weil sie die Vielfältigkeit der kleinen Bilder erfassen möchten.

Koken Nomura

Ein Gedicht von Johann Wolfgang von Goethe drückt es so aus:
Und es ist das ewig Eine, das sich vielfach offenbart;
klein das Große, groß das Kleine, alles nach der eignen Art.

Tausend Augen-Mandala *Thousand Eyes Mandala* 千の目の曼荼羅 → S. 89

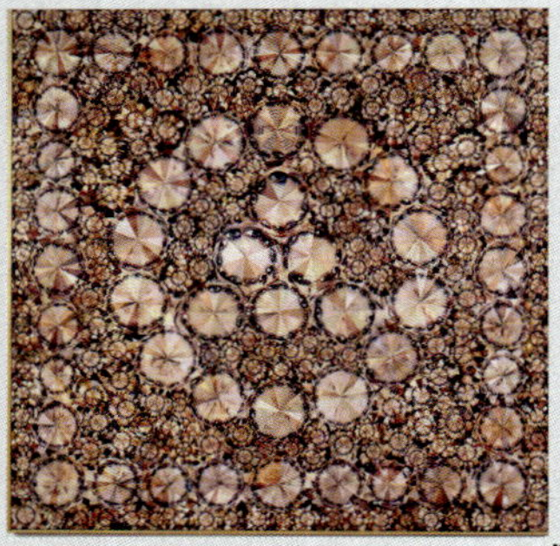

Die Augen sind eines unserer wichtigsten Sinnesorgane. Sie transportieren einerseits Außenbilder ins Innere und erzeugen andererseits im Bewusstsein ein dreidimensionales Bild. Damit können wir Entfernung und Farbunterschiede erkennen, uns orientieren und sogar Erkenntnisse über die menschliche Existenz erlangen. Die Augen können mit Unterstützung der anderen Sinnesorgane die Außenbilder umfassend vervollständigen und die Beobachtungsgabe erhöhen. Anderseits machen die Augen innere Gefühle oder Krankheiten nach außen erkennbar, so dass man mit anderen kommunizieren kann. Sprichwörtlich: Augen können sprechen. In der heutigen digitalen Zeit können Videos, Kameras, Mikroskope oder Fernrohre als Ersatzaugen Beobachtungsaufgaben teilweise übernehmen und über große bzw. minimale Entfernungen und Zeitdifferenzen die Bilder aufzeichnen. Sie können weit in den Kosmos hineinschauen. Trotzdem muss man am Ende selber die eigenen Augen benutzen, um Erkenntnisse aus den gezeigten Bildern zu bekommen. Die Augen sind insofern unverzichtbare Organe.
Zahlreiche Lebewesen, die sich auf der Erde bewegen, besitzen diese Organe. Das heißt: Es gibt unzählige Augen überall auf der Welt und diese erzeugen unzählige Spiegelbilder des Außen. Die auf das Bewusstsein gespiegelten Bilder zeigen individuelle Differenzen, weil die Trübheit des einzelnen Bewusstseins das durch die Augen Gespiegelte nicht exakt wiedergibt und man öfter die Dinge nicht genau erkennt. Meine Arbeit »Tausend Augen-Mandala« ist eine Collagenarbeit. Die aus Zeitschriften ausgeschnittenen Augen wurden kreisförmig geklebt. Die unterschiedlich großen Augenkreise (4 – 16 cm) wurden zu einem großformatigen Bild mit den Grundelementen Viereck, Kreis und Dreieck arrangiert. Diese Arbeit versucht die unfassbar große Dimension unzähliger Spiegelbilder in der Welt visuell darzustellen um geistige und gesellschaftliche Aspekte einzubringen.

Koken Nomura

Augenschein I *Watchful I: Behind the Scenes* 歴然 I → S. 90

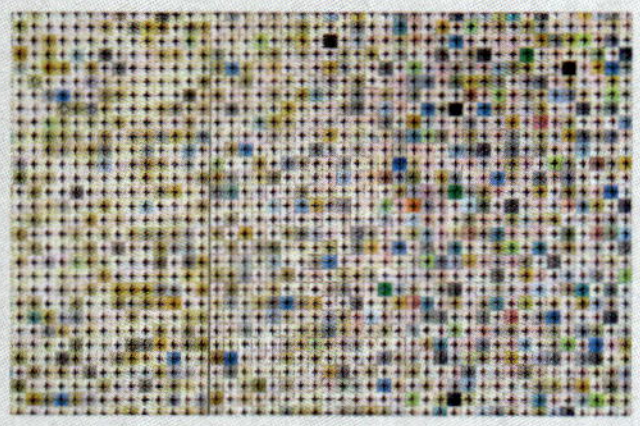

Für die Collage »Augenschein I« wurden kleine, quadratisch gefaltete Papierausschnitte von ausgedienten Briefumschlägen nebeneinander geklebt. Die zarte farbige Erscheinung der Arbeit trügt. Wenn man sich dem Bild nähert und die Details betrachtet, schauen einen in den Quadraten versteckte Augen an, die ebenfalls aus Zeitschriften ausgeschnitten wurden. Das scheint anzudeuten, dass wir unter Überwachung stehen. Der Betrachter wird überraschenderweise selbst zu einem Objekt der Beobachtung.

Franziska Ehmcke

Augenschein II *Watchful II: Appearances Deceive* 歴然 II → S. 92

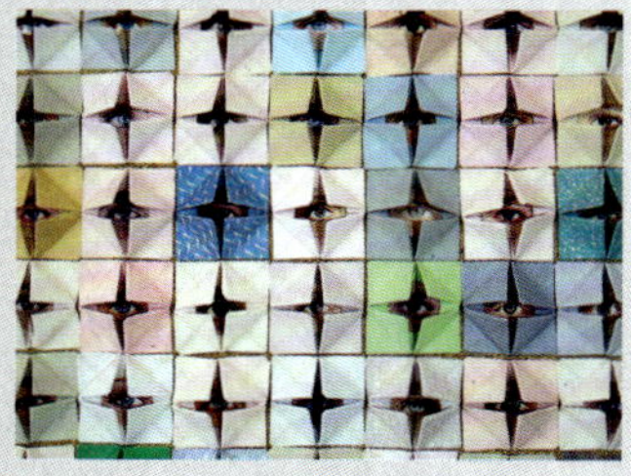

Diese Arbeit sieht auf den ersten Blick wie ein ästhetisches Objekt aus gefalteten, beschrifteten Papierquadraten aus. Bei näherem Hinsehen entdeckt man viele Augen in den jeweiligen schmalen Schlitzen, die ihrerseits den Betrachter betrachten. Hinter einer harmlosen Fassade verbergen sich Kontrolle und Zensur nicht nur des Geschriebenen. Im weitesten Sinne heißt das, dass in unserer digitalen Zeit alles und jeder unter ständiger Beobachtung steht. Der Augenschein trügt und die Wahrheiten sind oftmals andere.

Koken Nomura

MU 無 → S. 94

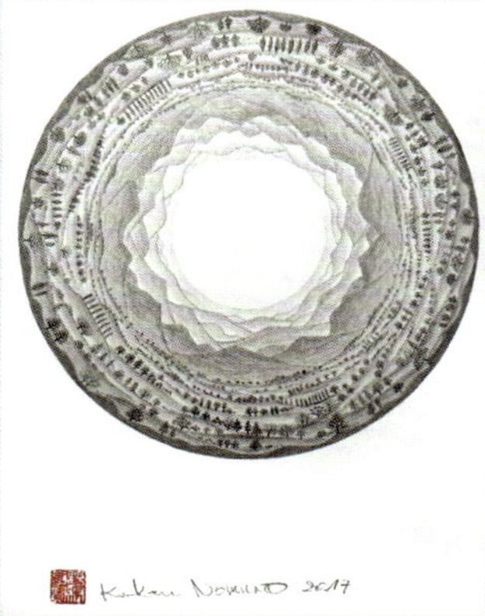

Mu wird mit »Leere« oder »Nichts« übersetzt. In meinen Bildern wird das Verhältnis von Natur und Leerraum verhandelt. Rundliche Landschaftsbilder sind schwarz-weiß gemalt und das Zentrum bleibt ausgespart, so als ob man in einen Trichter hineinschaut und in dessen Innenseite eine Landschaft sieht. Der Vergänglichkeit der Natur ist hier Ausdruck verliehen. Man könnte die Bilder auch so interpretieren, dass es eines noch nicht konkretisierten Leerraums bedarf, aus dem dann die konkreten Landschaften hervorgehen.

Koken Nomura

Steinkreis *Stone Circle* 石の輪 → S. 96

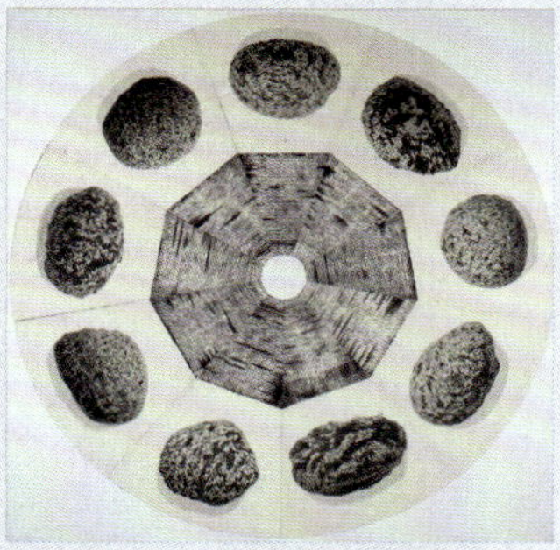

In der japanischen Kultur haben Steine eine große Bedeutung; man schätzt sie zum Beispiel als Kunstobjekt in einem Garten. Ich habe mich immer für die Strukturen oder Formen großer und kleiner Steine interessiert und viele gesammelt. Hier habe ich versucht, ihren Charakter auf Papier zu bannen.
Den äußeren Kreis bilden Bilder von Steinen, die durch ihr langes Leben in Flüssen rund geschliffen wurden, wie es ein Gedicht des japanischen Mönchs und Buddhabild-Schnitzers Mokujiki (1718–1810) zum Ausdruck bringt:

Möge das ganze Menschenherz
rund werden, vollkommen rund –
hier, dort, überall:
rund, vollkommen rund

Die trichterartigen Linienstrukturen in ihrer Mitte bergen dagegen einen leeren Kreis. Wenn man das Bild lange betrachtet, fühlt man sich in die Mitte wie hineingezogen. Die Menschheit hat sich in ihrer Geschichte immer mit Steinen und Räumen beschäftigt und verschiedene, häufig kosmische Gedanken damit zum Ausdruck gebracht.

Koken Nomura

Menschensonne *Human Sun* 人間太陽 → S. 95

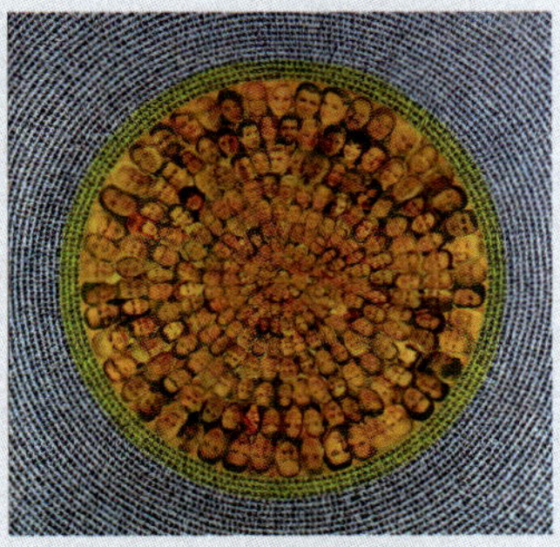

Aus Zeitschriften habe ich größere und kleinere Gesichter ausgeschnitten und kreisförmig aufgeklebt, wobei sie von außen bis zur Mitte hin immer kleiner werden. Das Gesicht ist der ausdrucksstärkste Körperteil des Menschen und strahlt seine inneren Stimmungen aus. Der Kreis aus Gesichtern wurde mit Gelb übermalt und wirkt wie eine Sonne. Die übrige Fläche ist hellblau gestrichen und um den Umriss der Menschensonne herum mit dem buddhistischen »Herzsutra« in Endlosschleife beschrieben, so dass es von der Sonne ausstrahlend wirkt. Das »Herzsutra« hat mir einige Antworten zu Lebensfragen gegeben. Wenn alle einzelnen Menschen zukunftsorientiert und kreativ denken, liebevoll miteinander und auch mit der Natur umgehen und unsere Zukunft tatkräftig füreinander gestalten, dann strahlt unsere Welt sonnenhaft wie dieses Bild.

Koken Nomura

FOTOARBEITEN PHOTO SERIES 写真シリーズ

36 Ansichten des Kölner Doms *36 Views of Cologne Cathedral* ケルン大聖堂三十六景 → S. 100

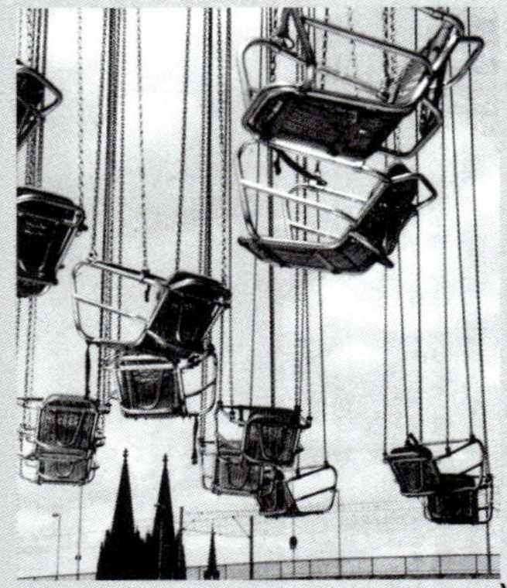

Von Albrecht Dürer sagt man, er habe in einen vorgegebenen Kreis mit sicherem Stift den geometrisch exakten Mittelpunkt einzeichnen können. Wahrscheinlich ist dies nur eine Legende, aber sie ist kennzeichnend, denn sie geht davon aus, dass der Künstler intuitiv weiß, wo oder was der Mittelpunkt ist. Daran musste ich denken, als ich die Vergrößerungen der Photos sah, die Koken Nomura zum Kölner Dom vorgelegt hat. Natürlich zweifelt niemand daran, dass der Dom der Mittelpunkt der Stadt Köln ist. Auch ist es kaum zu verwundern, dass bei irgendwelchen Photos der Stadt, ganz gleich, von wo sie aufgenommen wurden, der Dom im Hintergrund erkennbar wird, hat er doch nicht nur eine beachtliche Größe, sondern auch eine unverwechselbare Gestalt. Doch bei diesen Bildern spürt man sogleich, dass nicht der Vordergrund der eigentliche Inhalt ist, nicht das wilde Gestänge von Kirmesgeräten, nicht die altertümlichen Kräne von Hafenanalagen oder die Strenge moderner Bürogebäude, sondern einzig und alleine der Dom, mag er auch noch so klein irgendwo in der Ferne erscheinen... ...Er (Koken Nomura) verwendet keinen Gedanken an die mittelalterliche Frömmigkeit, die den Bau des Doms einst in Gang gesetzt hatte, keinen Gedanken an die Preußen, die ihn vollenden halfen, aber auch keinen an das Unbehagen, das die Kathedrale den Intellektuellen des zwanzigsten Jahrhunderts bereitete. Vielmehr sieht er den Dom wie einen Berg in der ihn umgebenden Stadt stehen, sieht ihn stehen in einem Meer, das diesen Berg umbrandet, ein Meer aus Häusern und Bäumen, aus Natur und Technik, aus Ordnung und Unordnung. So ist es nicht verwunderlich, dass er an seine Heimat zurückdenkt, wo auch ein solcher Berg, der als göttlich verehrte Vulkan »Fudschijama«, das flache Land mit seinem Getümmel aus Regen und Sonne, Aus Felsen und Bächen, aus Äckern, Tieren und Menschen überragt, unnahbar und unbeeindruckt, aber ebenso unübersehbar wie in Köln der Dom. Ob der Photograph diesen Dom nun aus der Ferne betrachtet, ihn als Ganzes ins Bild setzt oder ihm hautnah zu Leibe rückt, stets schwingt ein Erzählen mit, ein literarisches Moment, das alles vergessen lässt, was die Kathedrale uns mit historischem Wissen überladenen Mitteleuropäern bedeutet. Hier schaut Japan auf den Berg, auf den geheimnisvollen Mittelpunkt des Landes, auf den Ruhesitz seiner Seele. Und wir wundern uns und fragen uns, warum wir unseren Dom, unseren Berg, bisher nie so gesehen haben.

Arnold Wolff

36 Ansichten des Kölner Doms *36 Views of Cologne Cathedral* ケルン大聖堂三十六景 → S. 108

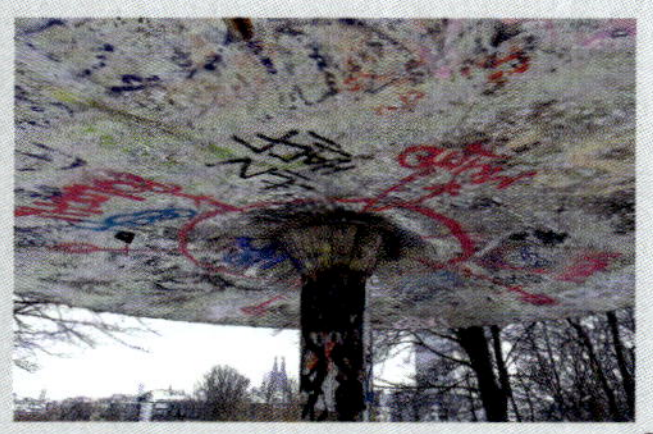

Neun Jahre nach den Schwarz-Weiß-Aufnahmen begann ich mit farbigen Fotos des Kölner Doms. Hatte ich doch bemerkt, dass der Kölner Dom noch viel mehr Gesichter zeigt, obwohl er nur ein Objekt ist. Dieses Mal möchte ich sie im Zusammenhang mit den Vier Jahreszeiten und dem Kölner Stadtcharakter über einen längeren Zeitraum einfangen. Anfang der 1970er Jahre erlebte ich den Dom zum ersten Mal als Tourist und bin seither von ihm fasziniert. Seit 1978 bin ich in Köln ansässig, aber der Dom thront noch immer in meinem Zentrum.

Koken Nomura

Bahnschienen *Train Tracks* 線路 → S. 110

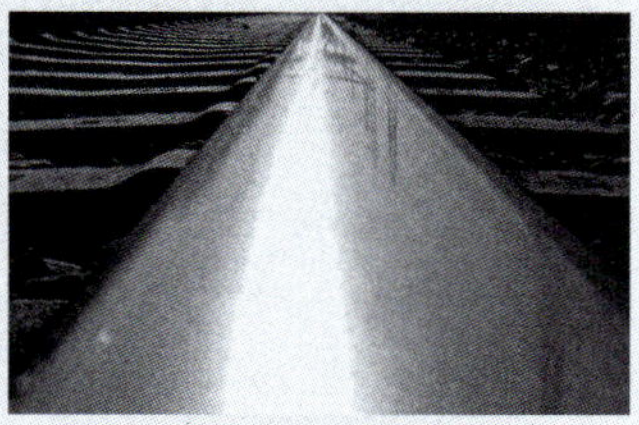

Auf den ersten Blick bleiben die trichterförmigen, metallischen Formen rätselhaft; erst durch die Betrachtung der Umgebung erkennt man, worum es sich handelt. Durch die extrem nah aufgenommenen geraden Schienen entstehen unerwartete Bilder, die mit bloßem Auge nicht erfasst werden könnten, wie Muster auf den Schienenoberflächen selbst oder Spiegelungen der Umgebung: Mikrokosmos und Makrokosmos ineinander verwoben. Koken Nomura

Himmel und Erde *Heaven and Earth* 天と地 → S. 112

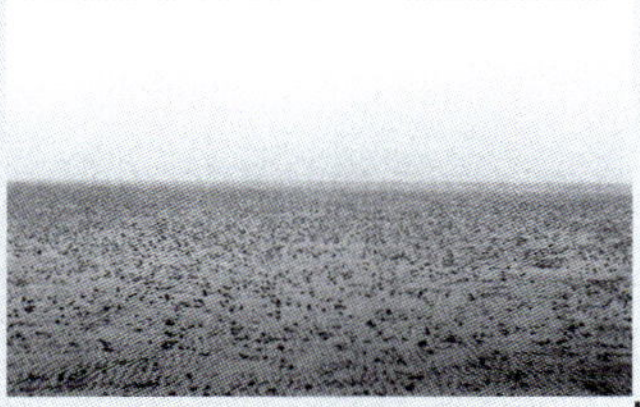

Die Fotografien des Cuxhavener Wattenmeers sind auf den ersten Blick eher unspektakulär, von der Natur geschaffene, flüchtige Spuren auf der Erde. Ein Bild zeigt die auf dem Schlick durch Wattwürmer verursachten, ein anderes die von Wind und Wasser erzeugten Muster. Die Mittellinie der Fotos bildet den Horizont zwischen Himmel und Wattenmeer. Die Bilder verweisen auf den Zwischenraum, in dem Himmel und Erde sich treffen, eine Erweiterung unserer Wahrnehmung bis in den unendlichen Horizont. Franziska Ehmcke

Steinwelt von Grimmershorn *Stone World of Grimmershörn* グリンマールスヘルンの石の世界 → S. 118

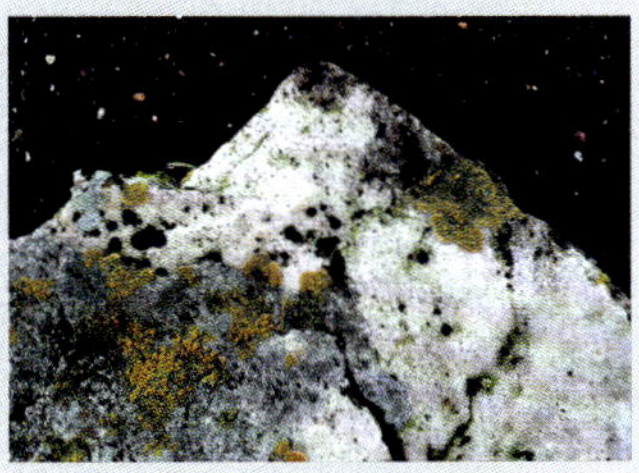

Die in Asien noch immer stark verwurzelte Verbindung von Mikrokosmos und Makrokosmos zeigt sich in der Farbfotoserie »Die Steinwelt von Grimmershörn« in Cuxhaven. Die von Moos und Flechten überzogene Uferbefestigung aus Steinen und Beton ist ein wunderschöner Mikrokosmos, wenn man wie der Künstler ganz genau hinschaut. Die meisten Menschen gehen allerdings achtlos daran vorbei. Je weiter man von den Fotografien zurücktritt, desto mehr erschließen sich andere Welten wie Landschaften, Berge und Sternenhimmel, riesige Mauerquader oder was auch immer man darin entdecken mag. Franziska Ehmcke

BaumeRäume *TreeSpaces* 木々／空間 → S. 122

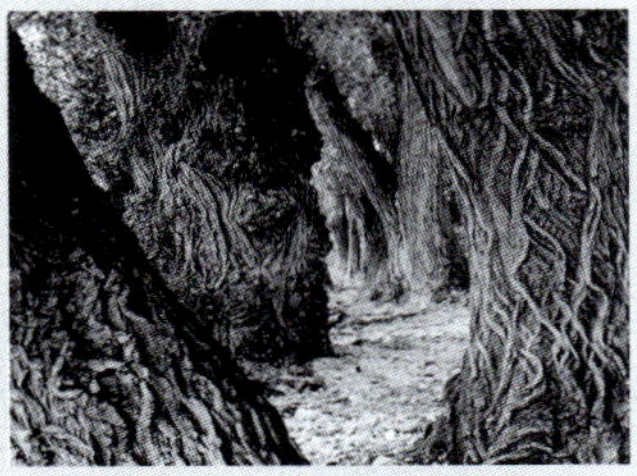

Diese Serie beschäftigt sich mit Baumgruppen. Im Vordergrund sind im Kölner Raum meist nur noch selten anzutreffende große, alte Bäume mit ihrer charakteristischen Rindenstruktur zu sehen. Dahinter sieht man weitere Bäume, wodurch die Bilder Raumtiefe erhalten. Denn Bäume leben nicht allein, sondern haben eine gemeinsame, manchmal ein paar Hundert Jahre alte Geschichte. Sie gestalten unseren fruchtbaren Lebensraum Erde. Mir kommt ein Haiku von Sôoku (?–?) in den Sinn:

Im Götterbaum
von alten Zeiten erzählend
das Raunen des Windes

Der ungewohnte Ausschnitt der Bilder sowie Licht- und Schattenfall machen eine dichte Atmosphäre erlebbar, an der man normalerweise achtlos vorübergeht. Koken Nomura

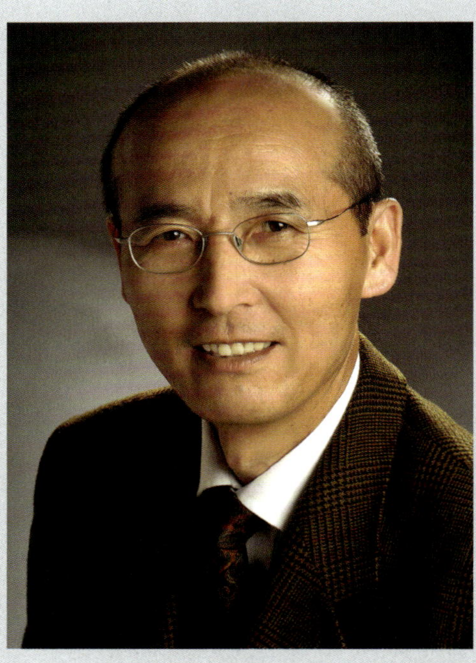

Koken Nomura
Geboren 1948 in Echizenshi, Japan

1971 Studienabschluss an der Kanagawa-Universität in Yokohama als Elektro-Ingenieur
Seit 1972 in Deutschland
1975–78 Anstellung in einer japanischen Firma in Hamburg
Seit 1978 verheiratet mit Franziska Ehmcke
1980–1987 Fachhochschule Köln, Kunst & Design, Freie Bildhauerei bei Prof. Karl Burgeff
Seit 1981 zahlreiche Ausstellungen im In- und Ausland
Verstorben 2021 in Köln

Koken Nomura
Born 1948 in Echizenshi, Japan
1971 degree in electrical engineering, Kanagawa University, Yokohama
1972 emigration to Germany
1975–78 employed at a Japanese company in Hamburg
Since 1978 married to Franziska Ehmcke
1980–1987 degree in free sculpture under Prof. Karl Burgeff, Cologne University of Applied Sciences
Since 1981 numerous exhibitions in Germany and abroad
Died 2021 in Cologne

野村享賢
1948年 越前市（武生市）にて出生
1971年 神奈川大学電気科卒業
1972年 西ドイツに渡る
1975ー78年 在ハンブルク日系企業にて勤務
1978年 フランツィスカ・エームケと結婚
1980ー1987年 ケルン専門大学芸術デザイン科彫刻専攻
1981年より国内外にて展覧会多数
2021年 ケルンにて死去

GRUPPENAUSSTELLUNGEN (AUSWAHL)

1985 »Sui-Moku-Kin«, Japanisches Kulturinstitut, Köln

1986 »Drei Dimensionen«, Japanische Kunsttage 1986, Japanisches Kulturinstitut, Köln

1987 »1. Rhein-Kunst-Triennale«, Kunstverein zu Frechen

1992 »4. Internationale Biennale der Papierkunst«, Leopold-Hösch-Museum, Düren

1993 »FASCINATIE TEXSTYLES 2 (Soft Sculpture)«, Museum van Bommel-van Dam, Venlo, Niederlande
»Internationaal Werkcentrum Beeldende Kunstene«, Zeist, Niederlande

1994 »MINI ARTS MINI OBJECTS«, Gmünder Kunstverein, Schwäbisch Gmünd

1995 »Köln Kunst 4«, Josef-Haubrich-Kunsthalle, Köln

1996 »4th International Betonac Prize«, Provinciaal Museum voor Religieuze Kunst, Begijnhofkerk, Sint-Truiden, Belgien
»Paper – Art – Fashion«, Museum für Kunst und Gewerbe, Hamburg

1997 »4th International Betonac Prize Tour«: Textilmuseum, St. Gallen, CH; Museum of Decorative Arts, Prag, CZ; Odder Museum, DK

1998 »Köln Kunst 5«, Josef-Haubrich-Kunsthalle, Köln

2000 »Japanische Kunst der Gegenwart«, Museum des Landkreises Waldshut, Schloss Bonndorf

2001 »8. Triennale der Kleinplastik, Fellbach«; »Ludwig Gies-Preis für Kleinplastik« der Letter Stiftung und »Bürgerpreis«
»Köln Kunst 6«, Josef-Haubrich-Kunsthalle, Köln
»»... eine Sonne... Zwischen Abgrenzung und Weltoffenheit – Auf den Spuren Engelbert Kaempfers«, Institut für Lippische Landeskunde, Lemgo

2002 »zeitZeichen«, Kunstverein Hürth
»Die Grosse, Kunstausstellung NRW«, Düsseldorf (Ausstellung zum 100jährigen Jubiläum)

2003 »Washi Japanisches Papier. Handwerk und Kunst«, Theodor-Zink-Museum, Kaiserslautern

2004 Paris Photo, Paris

2005 »KölnKunst«, Kunststation Kleinsassen
»KUNST-TAGE 2005 – JAPAN«, Galerie Beckmann, Rheine

2009 »Heimatkunde«, Kölnisches Stadtmuseum
Galerie Hexagone, Aachen
»fünfjahre«, Neues Kunstforum, Köln

2013/14	»Macht. Wahn. Vision. Der Turm in der Skulptur«, Kunsthalle Vogelmann, Heilbronn
2015	»100 Jahre nach dem SCHWARZEN QUADRAT«, Galerie Seidel, Köln
2017	»Unzertrennlich«, Galerie Seidel, Köln
2018	Gründungsausstellung der Künstlergruppe »Spiegelbild«, Galerie Seidel, Köln »Trugbild oder Täuschung«, Galerie Seidel, Köln
2019	Zweite Ausstellung der Künstlergruppe »Spiegelbild«, Galerie Seidel, Köln Künstlergruppe »Spiegelbild«, State Art Museum of the Republic Krim, Simferopol, Russland V Kazan International printmaking biennale »Rider«, State Fine Arts Museum of the Republic of Tatarstan, Kazan, Russland
2020	Dritte Ausstellung der Künstlergruppe »Spiegelbild«, Galerie Seidel, Köln
2021	Vierte Ausstellung der Künstlergruppe »Spiegelbild«, Galerie Seidel, Köln
2022	Fünfte Ausstellung der Künstlergruppe »Spiegelbild«, Galerie Seidel, Köln
2023	Sechste Ausstellung der Künstlergruppe »Spiegelbild«, Galerie Seidel, Köln
1985–22	»Die Grosse, Kunstausstellung NRW«, Kunstpalast, Düsseldorf

EINZELAUSSTELLUNGEN (AUSWAHL)

1985 Handwerkskammer Köln

1990 Internationaal Werkcentrum Beeldende Kunstene, Zeist, NL (mit Tatsuhiko Yokoo)

1995 Galerie Lommel, Leverkusen

1996 »Tausend Sonnen«, Japanisches Kulturinstitut Köln (mit Dorothee Rocke)

1997 Galerie Claudia Delank, Bremen (mit Sally Tsang)
»Ort der Verdichtung«, Museum für Ostasiatische Kunst Köln (Disegno)

1998 Galerie Brehm, Köln
»Tausend Sonnen«, Museum für Angewandte Kunst, Köln

2000 Galerie Hexagone, Aachen

2003 Galerie Claudia Delank, Köln (mit Annette von Dewitz)
Galerie der Stadt Fellbach

2004 »36 Ansichten des Kölner Doms«, Galerie Claudia Delank, Köln
Museum für Ostasiatische Kunst, Staatliche Museen zu Berlin
Galerie Hexagone, Aachen

2008 »Dem Baum entsprungen«, Neues Kunstforum, Köln

2009 »Himmel und Erde«, Galerie Hexagone, Aachen

2010 »Himmel und Erde«, Christuskirche, Köln-Dellbrück
Tenri Japanisch-Deutsche Kulturwerkstatt, Köln

2011 »Horizonte«, Städtische Galerie Schloss Borbeck, Essen
»Installationen und Skulpturen aus Papier«, EKO Haus der Japanischen Kultur, Düsseldorf
»Rund – Rondo«, Galerie Art Engert, Eschweiler (mit Masaki Yukawa)

2013 »Papierkunst«, Galerie Seidel, Köln
»Mensch und Natur«, Schloss Ritzebüttel, Cuxhaven
»Die Schönheit des Raums. Installation und Fotografie«, Städtische Galerie Kôkaidô, Echizenshi, Japan

2016 »3-D Reflexion«, Galerie Seidel, Köln (mit Christine Kaul)
»Gezeiten«, Haus Iona, Köln

2017 Künstlertreff EESDRON, Hückelhoven

2019 »Einheit ist Vielfalt«, Galerie Seidel, Köln (mit Ria Gerth)

2021 »Mein Engel denkt nach«, Galerie Seidel, Köln

2023–24 »36 Ansichten des Kölner Doms« (Auswahl), Villa Kamogawa, Goethe Institut Kyoto, Japan

DANKSAGUNG

Vor einigen Jahren beschloss mein Mann eine Werkschau seiner Arbeiten aus vier Jahrzehnten zu publizieren. Er wählte die Kunstwerke aus, entschied die Reihenfolge und arbeitete mit mir an den Texten zu jedem Werk. Dann kam Corona, und dann starb er nach kurzer schwerer Krankheit. So wurde das geplante Buch zu meinem Projekt.

An der Verwirklichung haben viele mitgeholfen. Mein Dank geht zuerst an Kiyotaka Matsumoto. Während Corona besuchte er uns und unterstützte die Idee einer Werkschau mit seinem Angebot, das Layout des Buchs zu machen. Nach Corona hatte er aber mit seiner Firma Letterpress 77 viel zu tun und stellte mir Morphoria Design in Düsseldorf vor. Das war ein Glücksfall. Mein großer Dank gilt Daniela Herweg und Andreas Ruhe, die mit unerschöpflicher Kreativität und Geduld das Buch gestalteten. Durch sie bekam ich auch Kontakt zum Kettler Verlag. Ich bedanke mich bei dem Redaktionsleiter Matthias Koddenberg für die Aufnahme in das Verlagsprogramm.

Ich danke auch unserem befreundeten Fotografen Leszek Hirch, der die Copyrights für die vielen Fotos bereitstellte, die er im Laufe der Jahrzehnte von den Werken meines Mannes gemacht hatte. Mein Dank gilt weiterhin Moira Walsh, die die wunderbare Übersetzung ins amerikanische Englisch leistete sowie Akiko Okamoto, die durch die Vermittlung von Kiyotaka Matsumoto eine großartige Übersetzung ins Japanische beisteuerte. Makiko Takahashi danke ich für das gründliche Korrekturlesen nicht nur des Japanischen.

Nicht zuletzt möchte ich mich bei allen bedanken, die mich durch ihr unermüdliches Interesse ermutigten, nicht aufzugeben.

Franziska Ehmcke — Köln, im Dezember 2024

Herausgeberin und Redaktion
Franziska Ehmcke

Englische Übersetzung / English Translation
Moira Walsh, Stuttgart

Japanische Übersetzung / 日本語訳
Akiko Okamoto, Düsseldorf

Lektorat Japanisch
Makiko Takahashi, Leipzig

Fotonachweise
Fotostudio Dipl.-Ing. Hirch
Koken Nomura

Zitatsnachweise
S. 128: Jürgen Kisters über »Lyrik-Baum« in: Zusammenspiel von Poesie und Skulptur. Kölner-Stadtanzeiger – Nr. 123 – Donnerstag, 29. Mai 2008
S. 131: Michael Kuhl über »Post-Babel« in: Installationen und Skulpturen aus Papier. Koken Nomura. 10. Mai–29. Mai 2011. EKO-Haus der Japanischen Kultur e.V.
S. 132: Ralf Kulschewskij über »Öko-Ästhetica II« in: Kulschewskij, Ralf (2001) Seine Sicht unserer Welt – einige Gedanken zum plastischen Werk Koken Nomuras. In: 8. Triennale der Kleinplastik Fellbach 2001. Vor-Sicht Rück-Sicht. Herausgegeben vom Kulturamt der Stadt Fellbach, 2001, S. 285
S. 138: Arnold Wolff über »36 Ansichten des Kölner Doms« in: Wolff, Arnold (2003) Vorwort. In: 36 Ansichten des Kölner Doms. Koken Nomura. Herausgegeben von Claudia Delank. Köln: Edition Rosenbaum 2003, S. 7; S. 12f

Gestaltung
Morphoria Design, Düsseldorf

Gesamtherstellung
Druckerei Kettler, Bönen

Erschienen im
Verlag Kettler
Robert-Bosch-Str. 14
59199 Bönen
www.verlag-kettler.de
info@verlag-kettler.de

1. Auflage

ISBN 978-3-98741-181-6